公共管理名著译丛

陈振明 主编

并不容易的领导艺术

LEADERSHIP WITHOUT
EASY ANSWERS

〔美〕罗纳德·A.海费茨 著

伍满桂 译

陈振明 校

LEADERSHIP WITHOUT EASY ANSWERS

by Ronald A. Heifetz

Published by arrangement with Harvard University Press

through Bardon-Chinese Media Agency

感谢“厦门大学哲学社会科学繁荣计划”
之公共管理项目的支持

“公共管理名著译丛”
总　　序

作为当代管理科学和社会科学研究与教学的一个重要领域或专业，公共管理（学）以公共部门（特别是政府）的管理作为研究对象，其前身是形成于19世纪末20世纪初的传统公共行政学。在百余年的发展历程中，该学科的视野、范围、理论和方法不断地发生改变，出现多次“范式”的转移。在当代，随着全球化、信息化和知识经济时代的演进，国外的公共管理的理论与实践发生了深刻的变化。在国外出现了声势浩大的公共部门改革或政府治理变革的浪潮。这场改革不仅改变了公共部门管理的实践模式，而且也改变了公共部门管理的理论形态以及知识体系，出现了被称为“新公共管理”和“（新）公共治理”之类的实践模式与理论范式。较之于传统的公共行政学，今天的公共管理的研究视野、学科框架、学科分支、理论主题、知识体系以及知识的应用都已今非昔比、大异其趣了。

20世纪80年代初中期，我国恢复了公共管理领域的教学与研究。经过了三十余年的发展，我国公共管理学科的学术研究、人才培养、知识应用以及学科的社会建制（学科的制度化建设）成就斐然，公共管理作为一个一级学科的地位得以确立，学科的社会影响也逐步增强。然而，与西方相比，我国公共管理学科发展的起步较晚，存在着学科视野狭窄，基础不牢，学科知识体系不完整，理论研究落后于实践发展，本土化特色不够鲜明，以及对国外尤其是西方公共管理理论和方法缺乏系统全面的了解，对它的新发展及新趋势的跟踪不紧与批判、消化和吸收不足等问题。

我国全面深化改革和经济社会的快速发展，对公共管理研究提出了更高的要求。党的十八届三中、四中全会分别做出的《中共中央关于全面深化改革若干重大问题的决定》和《中共中央关于全面推进依法治国若干重大问题的决定》，对我国在新的历史起点上全面深化改革和依法治国做出了战略部署，提出了“完善和发展中国特色社会主义制度，推进国家治理体系和治理能力现代化”以及依法治国的改革总目标。全面深化改革，国家治理现代化，依法治国，建设法治国家、法治政府、法治社会，决策的科学化、民主化，都迫切需要公共管理理论的指导及其知识的更广泛应用。这为中国公共管理学科的发展提供了前所未有的发展机遇，改革与发展中的大量公共管理与公共政策问题需要系统研究，政策实践及其经验需要及时总结。新形势要求我们迅速改变公共管理理论发展滞后于管理实践的局面，推动中国公共管理的理论创新，以适应迅速变化着的中国公共管理实践发展的需要。

中国公共管理的学科发展及理论构建需要世界眼光，既要突出本土化及其传统，采取中国立场，解决中国问题，发出中国声音；又要具有全球视野，面向世界，开放包容，兼容并蓄，海纳百川，彰显中国特色。习近平总书记在2014年2月17日省部级主要领导干部学习贯彻十八届三中全会精神全面深化改革专题研讨班上的讲话中指出：“中华民族是一个兼容并蓄、海纳百川的民族，在漫长历史进程中，不断学习他人的好东西，把他人的好东西化成我们自己的东西，这才形成我们的民族特色。”公共管理的学科发展及理论构建必须具备世界的视野和开放的心态，继续紧密跟踪研究国外公共管理学科的发展、演变及其动态与学术前沿，注意借鉴和吸收全人类包括西方公共管理的理论和方法的成果，立足于我国的国情及现实的公共管理实践进行深入研究,批判、改造、消化和吸收其中的科学成分以及合理因素,进而形成有我们自己民族特色的公共管理学或中国特色的公共管理学。因此,当前我国公共管理学科发展的一项重要的任务仍然是要在突出本土化研究的同时,紧密跟踪研究国外公共管理学科的发展与演变中出现的新理论、新方法,大胆借鉴其新成果。

正是基于这种想法,我们组织翻译出版这一套“公共管理名著译丛”。所选的首批书目包括:格雷厄姆·艾利森和菲利普·泽利科的《决策的本质》(第2版),马克·H.穆尔的《创造公共价值》,小约瑟夫·S.奈、菲利普·D.泽利科和戴维·C.金主编的《人们为什么不信任政府》,梅里利·S.格林德尔主编的《打造一个好政府》,罗纳德·A.海费茨的《并不容易的领导艺术》,托马斯·沃尔夫的《管理21世纪的非营利组织》(第4版),梅里利·S.格林德尔和约翰·W.托马斯的《公共选择与政策变迁》。这些著作都是世界顶尖公共管理学院——哈佛大学肯尼迪政府学院的教学用书,主要作者是肯尼迪政府学院名师,也是美国乃至整个西方的公共管理学界的名家。

艾利森和泽利科的《决策的本质》是公共政策与公共管理以及国际关系领域的“大”经典,更是案例研究的杰作。该书的主旨是通过古巴导弹危机的案例分析,说明政府决策的过程及其本质,以理解国家的政策选择和所采取的行动。在书中,作者分别用三种概念模式——理性行为体模式(rational actor model)、组织行为模式(organizational behavior model)和政府政治模式(governmental politics model)来解释古巴导弹危机中美国政府的决策过程。该书的基本观点是:政策制定者和政策分析者以及一般的公民是根据大部分隐藏着的概念模式思考政策方面的问题,这些模式对思考产生重要影响。《决策的本质》是肯尼迪政府学院的MPP和MPA以及在职官员培训项目(executive programs)“政策分析”课程长期使用的教材。

穆尔的《创造公共价值》一书倡导公共管理的一种新途径,即公共价值及战略管理途径。作者所要回答的问题是:公共部门的管理者应该怎样根据所处的环境来思考和行动,以创造公共价值。该书的目的是创造一个概念框架,帮助公共部门管理者找出各种机遇,并充分利用它们来创造公共价值,为社会做出更大的贡献;同时也为公共事业的管理者提供一个找出问题症结的框架。作者假定,在寻求创造价值方面,社会不仅需要私人部门的管理者具有丰富的想象力以及相应的技巧,也需要公共部门的管理者具有这种能力。他在书中明确界定了什么是公共价值和战略管理,并运用大量的案例来说明公共价值及战略管理的概念框架以及在公共管理实践中如何应用公共价值及战略管理途径。作为公共价值管理途径的开山之作及政府战略管理的代表作,《创造公共价值》曾被大量引用,学术影响大。它也是包括肯尼迪政府学院在内的众多院校“政府战略管理”之类课程的教材或必读书目。

小约瑟夫·S. 奈、菲利普·D. 泽利科和戴维·C. 金主编的《人们为什么不信任政府》一书集中探讨了不信任的根源,澄清了人们许多似是而非的认识,得出了意料之外的结论。作者们发现,不信任多半与国民经济状况、全球化挑战、冷战、官员无能、腐败等无关,不信任的原因“是一种文化与政治纷争互相影响的混合物,后者被不断增长的带有腐蚀性的新闻媒体所激化”。此书的出版在西方引起了较大的反响,不仅被公众当作理解“不信任政治”这一政治现实的权威性理论文献,而且因全书展现了当代公共管理研究的新的宽广视野,集纳了许多著名学者对前沿问题的学术见解,被许多大学列为公共管理学、政治学等领域的必读书目。

梅里利·S. 格林德尔主编的《打造一个好政府》是一本专门探讨好政府以及发展中国家如何打造好政府(即政府能力建设)问题的学术著作,它主要从如何通过能力建设提升政府的治理能力方面来讨论发展中国家的治理问题。“本书力求帮助人们理解政府如何能够获得激励从而更好地运行，也力求帮助人们理解国家的能力如何能够以某些繁荣市场与民主的方式而获得发展。从那些设计用以推动公共部门人力资源开发、强化有助于实现政府公共目的的组织、改革为经济和政治交互作用设立规则的制度的特定努力中，作者们得出了比较性的经验与教训。"（该书英文原版封底说明）。该书的作者们达成了以下共识：政府能力应该包括政府的人员、组织与制度能力，因而能力建设就要从这三个方面着手进行，即人员的开发、组织的强化与制度的建设，这具有相当的理论洞察力。该书是哈佛大学肯尼迪政府学院公共管理特别是政府能力建设课程的教材。

海费茨的《并不容易的领导艺术》是一本具有独特性的领导学著作，主旨是提出的一种经验理论，以应对真实领导问题带来的挑战。作者围绕以下两个重要差异来构建他的领导理论：一是技术性问题和适应性问题的差异；二是领导和权威的差异。前者表明，对于需要创新和学习才能解决的问题，其行动模式不同于常规问题；后者提供了一个框架，使人们可以根据自己是否有权威来评估资源和制定领导战略。围绕这个思路，作者先界定"领导"、"适应性"和"权威"等概念，然后着重讨论有权威和无权威的领导策略，最后用具有实际指导意义的建议对如何领导和保持生存加以总结。《并不容易的领导艺术》是肯尼迪政府学院的 MPP 和 MPA 以及在职官员培训项目的"领导学"课程使用的教材。

梅里利 · S. 格林德尔和约翰 · W. 托马斯的《公共选择与政策变迁》是政策变迁研究方面的有影响的著作。作者提出的问题是："到 20 世纪 80 年代，在有关促进发展的政策中，把政策重心的基础看作是刺激和维持经济增长和社会福利的观念已经广为接受。然而，难以理解的是为什么这样的政策能够替代那些已经存在的政策的过程。"作者力图解释 20 世纪 80 年代发展中国家改革政策的选择和变迁过程，他们的研究结论表明：政府官员在变革政策的采纳、范围和追求上具有显著的不同，人们在理解政府官员追求自身利益、阶级利益或组织利益的复杂动机和行为上存在广泛的误解,他们基于不同的动机和观点从事政策调整,既可能是受到个人和职业价值的鼓舞,也可能是出于关心公共利益和社会公共福利的目的。事实上,为公共利益做出变革追求的决策既不会更好也不会更坏,但是影响政策制定和执行的因素为将来的矫正和变化提供了前进的机会。

托马斯·沃尔夫的《管理21世纪的非营利组织》是非营利组织管理领域最早的教科书之一。该书系统介绍了非营利组织管理的理论与实务,涉及非营利组织的性质和类型、董事会、人事管理、财务管理、资金筹措、计划、领导和可持续性等方面的内容。该书初版于1983年问世(是作者在哈佛大学上课的讲义)。如作者在序言中所说,"之所以写下第一版手稿,是因为当时没有涵盖我的学生所需知识的教科书,大多数学生有一些在非营利组织工作的经验,但是他们急需一些简单、实用的建议。这些课堂资料是为满足那些完全没有受过训练或是通过工作实践略知一二的小型非营利组织的员工和志愿者的要求而写的"。到2012年的第四版出版,该书已历经四十年,不仅被许多大学用作非营利组织或第三部门管理课程的教材或列为必读书目,也被实务界的管理者及专业人士作为参考书及指南而广泛使用。

"公共管理名著译丛"所译介的这些著作已经成为公共管理与公共政策领域的经典之作。它们凝结了作者多年的研究心得与教学经验,被经常引证,并被许多大学用作教材或教学参考书,在美国及西方的公共管理和政治学界产生了广泛影响。这些论著大都经过较长时间的检验,有的经过修订、再版,学术水准高。这些著作还具有很强的现实性、应用性和可读性。它们立足于当代公共管理实践尤其是美国及西方的公共管理实践,探讨公共管理实践中出现的重要问题;作者用大量的案例材料以及实践经验来说明相关的理论原理,或从大量的事实材料中提炼出可检验的理论；作者所提出的理论与方法往往具有针对性和可操作性，因而具有较高的实际应用价值。

本译丛从一个侧面反映了西方公共管理学科的研究与教学的发展与演变及其现状和理论成就，展示出其学科框架、研究途径和知识体系，可以为我国公共管理学科的教学和科研提供参考与借鉴，为我国读者特别是公共管理各专业的师生、研究人员提供公共管理学科的教学与研究资料，为我国公共管理知识体系的创新提供参考和借鉴。这些著作所提供的理论、方法、案例及经验对于我国公共部门管理者更新观念、开阔视野、增强理论素养和实践技能，对于推进国家治理体系和治理能力现代化，具有一定的实际参考价值。

这是一套迟到了十年的译丛，好在经典不会过时。本译丛的翻译出版缘起于2000年我作为“燕京学者”在哈佛大学肯尼迪政府学院和燕京学社的访学，尤其是旁听了肯尼迪政府学院举办的一个为期两周的“发展中的领袖”培训班（对象为发展中国家及转轨国家的部长和国会议员）之后的一个想法。该培训班的部分教师与参考资料是本译丛的作者及其著作，这给了我一次了解本译丛的几种主要著作的机会，觉得这是公共管理领域中难得的好书。回国前在哈佛书店买了这几本书带回来，着手组织翻译，并确定由商务印书馆出版。2003年基本完成了译丛各书稿的翻译，由于编辑等方面的原因，本译丛未能按时出版。去年我们与商务印书馆重启了本译丛的翻译出版，对各书再做了一次校译（其中的《管理21世纪的非营利组织》则按2012年新的版本重新翻译）。作为主编和主译，我选择并指定了各书的译者，在翻译过程中与各书的译者就翻译中的难点进行了认真的讨论，并最后通读了各书的译稿。我也为其中的部分著作写了译者序言，包括“政府能力建设与‘好政府’的达成：评梅里利·S.格林德尔主编的《打造一个好政府》一书”（载于《管理世界》2003年第8期）；“战略管理的实施与公共价值的创造：评穆尔的《创造公共价值》一书”（载于《东南学术》2006 年第 2 期）和“政府信任与民主治理——评小约瑟夫·S. 奈等人的《人们为什么不信任政府》一书”等。

本译丛的翻译出版得到了“厦门大学哲学社会科学繁荣计划”之公共管理项目的支持，其中的《决策的本质》一书的翻译还得到了教育部人文社科基金后期项目的支持，特此说明。

陈振明

2014 年 12 月 28 日

目　　录

第四部分　生存

前言

这本书是教学的产物。

哈佛大学肯尼迪政府学院对学生的教育分四个层次：没有学分的学习小组，主要对象是自愿参加的大学生；二年制硕士课程，主要对象是刚毕业的大学生；一年制硕士课程，主要对象是平均工作十年以上的在职学生；被称为“执行官项目”(executive programs)的短期课程，主要对象是高级文职和军事官员。我们教学的许多内容来自经济学、政治科学、政治哲学和社会学等传统学科，它们与公共政策及政策分析紧密相关。

然而，一些课程并非根据学科构想而设置，而是围绕有实践经验的学生在公共部门工作时遇到的问题而设置的。我们面向所有研究生开设了“实施领导”(exercising leadership)课程。这门课程有好几个版本，主要目的是提升学生们对不同工作的洞察力，同时教授他们一些适用于不同职务的工作方法。不论这些职务是正式的，还是非正式的，要有效地完成相应的工作，对他人进行领导都是必不可少的。部分学生在选举政治中担任这类职务,另一些在军队、法律或医疗机构中担任这类职务,更多的则是在文职机构、公共部门、非营利和私人企业中担任这类职务。但不管怎么样,他们都要充当领导的角色。在他们看来,这种领导角色有时是外部强加的任务,有时则是找上门的好机会。这种情况出现的原因,则是由于他们的职业生涯或个人生活与众不同。许多成熟的学生从切身经历中了解这一点以后,都迫切要求学习领导艺术,并将它们应用到自己的工作中去。

十年前,我们向海费茨(Heifetz)博士(一位年轻的精神病学家、音乐家,此前和我们一起学习过,因此相互比较了解)提出了这个问题,并要求他与我们的学生一起研究。自那以后,他一直在做这项工作。本书就是他的研究成果。

我发现本书是一项惊人的成就。它以直接相关的假设为依据,为在任何社会形势和组织条件下从事领导工作的人都开出了具体的药方。海费茨以介绍公共部门最高职务担任者以及医生亲密的人际关系所具有的优势为出发点,运用许多案例阐明了自己的方案。这儿既有像林登·约翰逊、马丁·路德·金和穆罕默德·甘地这样的成功者或悲剧式人物,也有军事官员和士兵、医生和病人、大学生和地方公民团体。一些人从事管理,一些人具体执行,他们是领导者和追随者的关系。还有一些人,如林登·约翰逊,既做过管理者,也做过执行者。本书对读者感兴趣的众多人物进行了准确、生动的描述。这些人物有很深刻的象征意义,阐明了实践工作者(他们有时具有权威的地位,有时并不如此)在实施领导的具体过程中,应该尽力去做(或避免去做)的事情。

这便是本书区别于大部分关于领导的作品的地方。仅是在英语国家范围内,本书便列举了从莎士比亚到当代社会学家,从塞缪尔·佩皮斯(Samuel Pepys)到当代的自传和传记作者等许多人物。他们主要对事实进行描述,只在很少的情况下才采用推理的方法。“如果鞋子合脚,就穿上它。”这句话准确地反映了他们的风格。相反，海费茨使用此描述只是为了说明问题，仅是为强化其规范化的分析服务。他的分析依赖于社会互动的假设，这些假设部分源于弗洛伊德心理学，部分源于人类学，部分源于音乐，但所有这些都是从实践工作者长期的公共部门工作经历和生活中提炼出来的。

海费茨与这些实践工作者兼学生度过的十年对他产生的影响，就如我在华盛顿度过的七年对我产生的影响一样巨大。30 多年前，我在《总统权力》(*Presidential Power*)一书中涉及了众多的领域，而海费茨的这一经历同样使他涉足了我曾经研究过的领域。这些领域由具有政治系统最高正式权威的决策者占据，其他人则把期望或者抵制这些决策者的领导视为理所当然的事情。我处理过这样一件事：在当时的美国总统所处的环境中，我试图用经验方法来帮助他进行战略性的思考。在当时的环境下，我建议他在做选择时必须考虑它们对未来的影响，特别是对其威望和声誉的影响。就其作用来说，这也许是个好建议，但由于它混淆了长期和短期观点，因此是模棱两可和难以应用的。后来的奉行者(包括总统本人)都发现了这一点。

海费茨的建议极其丰富并富于建设性，因而也更具实用性。他对那种类型的权威人物能做什么进行了深入分析，从而使权威本人和那些所谓的追随者对此有清晰的认识。从社会压力的角度来看，它们指出了必需的工作。从对你的攻击的角度来看，它们提示你怎样才能避开这类攻击。切记，不要亲自动手；相反，要给追随者一个扶持环境，使你能向他们提出挑战。然后站在一个制高点，指出行动过程中的陷阱，并采取纠偏行动，必要时改变步伐或路径。这些都是文艺术语，我将它们留给海费茨来界定。但我高兴地承认，对那些处于首席执行官或类似地位的人来说，在帮助他们建立有效的策略时，海费茨的经验方法比我的更恰当。

海费茨的深刻之处，在于以经验方法表达出的战略性思考，不仅有益于处于权威地位的领导者，也适用于没有这种地位的人，可以帮助他们从侧面或后部来影响周围的人。几年前，我曾与两位国会议员有过交谈。他们都感到从海费茨的课程中获益颇丰。其中一个是委员会主席，课程结束后，他自信能比以前更好地掌控委员会。另一位年轻些，是一个"后座议员"，学完海费茨的课程后，他觉得能对比他资历深的议员产生更大的影响，从而对自己的前途产生积极的作用。

因此，对于海费茨来说，"领导"截然不同于权威地位，而在一般人看来，权威地位则是"领导"的起点。他的经验方法、原则适用于每个渴望通过他人以及与他人一起来完成工作的人。很多人都有这种渴望。在民主社会，这种渴望尤为强烈。海费茨这本书是为民主社会写的，因此，我相信这本书将被广为传阅、使用和讲授。

理查德·E.诺伊斯塔特

剑桥，1994

引言

1992 年 4 月 29 日，星期五，洛杉矶市爆发了这一世纪以来美国最激烈和最具破坏性的城市暴乱。[1] 四个白人警察残忍地殴打了一位黑人驾驶员罗德尼·金（Rodney King）却被宣判无罪，这件事经电视报道后激起了一阵抢劫、纵火和杀人的狂潮。这是 20 世纪 60 年代苦难的再版。在成千上万联邦部队的帮助下，该市最终恢复了秩序。但在此之前，已有 52 人死亡，数百人受伤，超过十亿美元的财产遭到破坏。[2] 两天后的星期五晚上，乔治·布什总统在一个全国电视演讲中，对造成事件的直接原因表示了关注，谴责暴力并承诺迅速恢复秩序。同时，他还建议联邦政府采取行动，以确保金得到公平对待。他没有利用其权威对潜藏在暴乱之后的问题——即种族主义和悬殊的经济不平等——做出任何承诺。[3]

在暴乱期间，我刚好在华盛顿特区为政府提供咨询服务。我反复思考以下几个问题：布什是在实施领导吗？在事件发展过程中，我们应该用什么标准来判断他的行为？他是否过于狭隘地关注于症状，而不是事件的真正起因？他的行为是服务于某个更宏伟的战略的短期战术吗？作为作者在哈佛大学肯尼迪政府学院十年的研究和教学成果，本书要解决的正是这些关于领导、权威的问题，旨在告诉人们如何应对各种难题带来的挑战。

今天，公共和私人生活的许多领域都面临着领导危机。然而，我们经常误解领导危机的性质，把问题归咎于政治家和执行者，似乎他们才是问题的原因所在。我们经常拿他们作替罪羊。尽管有权威的人可能并不拥有所有问题的答案，但他们也很少是我们痛苦的来源。将责任归咎于当权者为我们提供了一个简单的出路，使我们不必直面当前的困境。人们说："赶走恶棍！他们才是我们陷入困境的原因！"然而，我们目前的危机与当代经济和政治生活的规模、相互依存和不可控性有密切的关系。虽然领导的缺乏会使我们难以摆脱所处的困境，但它很少是这些困境出现的基础。

此外，当陷入危机时，我们总是倾向于寻找领导的错误。我们需要一个能提供答案、善于决策、拥有力量和对未来形势判断准确的人，他知道我们应走向何方，拥有使棘手问题简单化的能力。但是，像洛杉矶暴乱这样的事并不简单。我们不应去寻找救星，我们应去寻找这样一位领导，他能使我们直面那些复杂的问题，并通过不断学习去找出解决方案。

我们有许多类似的问题，如没有竞争力的工业、毒品滥用、贫困、劣质公共教育、环境公害、种族冲突、预算赤字、经济混乱以及难以建立建设性的外交关系。要在这些问题上取得进展，不仅需要能在高层次上提供答案的人，而且需要我们在态度、行为和价值观方面的转变。为迎接这些挑战，我们需要截然不同的领导观念和全新的社会契约，它能提高我们的适应能力，而不是对权威抱不切实际的期盼。我们需要重新理解和恢复我们的市民生活及公民身份的含义。

这些挑战便是本书的主题。为了更好地讲述它们，也为了公平起见，我必须先做个自我介绍，并说明我带到这个研究中的材料和资源。在肯尼迪政府学院，我是一个精神病学家、音乐家和公共政策讲师，负责学院的领导教育项目（Leadership Education Project）。作为医生，我有许多偏见。第一种偏见是我相信复杂和互动的系统存在着许多问题。例如，在医学上，我们想知道，当疾病入侵时，身体将如何对防御系统的缺口做出反应。

大部分专业人士具有一种系统偏好。汽车技工、企业执行官和城市规划者们总是系统地考虑问题，他们关注汽车、企业或城市的互动部分。他们经常从系统中远离症结的某个部分着手处理问题。当一辆车早上不能启动时，技工很少将问题确定为钥匙开关本身，而是认为几英尺外的电池、启动器、电路或转换器出了问题。当洛杉矶的市民以暴乱来回应法院对罗德尼·金案的判决时，问题不仅仅是警察的残酷，而是广泛存在的不公正，如失业、贫困、不平等和歧视等。

第二个偏好来自生物学，它假定，人们的许多行为反映了对环境的适应。有机体对压力的反应体现了发展进化过程中的适应性，不管这种压力是来自气候、竞争、食物供应、性活动还是来自作为父母的身份。通常，生物适应性是有转变能力的，它使新物种在环境变化时也能茁壮成长。最典型的例子是人类的手的进化，它似乎是一系列主要适应性飞跃（包括直立姿势和人脑）的引发器。[4] 这些对生态挑战的反应也向我们提供了各种方法，使我们能够改造世界。

社会适应性是指根据价值与目标来开发组织和文化能力以成功地解决问题。关于价值和目标的冲突经常发生，而当这种冲突发生时，对不同价值的澄清和整合本身就成为适应性工作。

在生物学中，社会适应性既包括微小的变革，也包括重大的变革。适应一词不是指接受现状或将我们自身置于一个全新且不利的形势中。作为对伊拉克和科威特事件的回应，布什总统会晤了内阁成员。针对伊拉克待在科威特并使石油价格居高不下的假设,财政部长尼古拉斯·布雷迪(Nicholas Brady)提出了一个在近期、中期和长期处理石油价格高企的策略。但是布什断然拒绝对这次事件做出适应性反应。[5] 他合理而清晰地使用了“适应”(adapt)一词,却不是我使用这个词的方式。就适应性而言,我的意见不仅仅是应付(coping),尽管应付有时也是适应的一个关键部分。

将许多国家团结在联合国周围,以迎接伊拉克带来的挑战是适应性工作的开始。要打破中东神话,形成新的国际联盟,为联合国注入新的力量,团结世界各国,就需要全球各族人民表明其价值观并转变态度、信仰和行为。要建设世界新秩序,就需要全世界人们学习更好的共处方式。这将是一项巨大的社会适应性工作。当然,适应不但需要对未来的向往之情,更需要现实的成就。

作为第三个偏好,我从服务的角度来考虑权威关系。作为医生,我的工作是利用自己的专长帮助别人解决问题。那也是他们视我为权威的原因:权威是一种信任。如果在一些特殊情形下,我的活动范围——即我的权威——必须扩展,那么,我的信任基础也必须改变。

此外,以服务为导向意味着要有一种实际和可行的观念。从“实际”的角度来说,我寻求用理论和研究解决日常问题。从“开处方”的角度来说,我给出建议,建议的基础不仅是病人述说的痛楚,也包括对这些痛楚的内在原因的诊断。引发痛楚的原因通常很模糊。我不仅把痛楚理解为生物学上的压力症状,也将其看作对个人工作和支持系统中的心理或社会不平衡的反应。因此,我要分析的问题还须包括病人的外部环境。同样,在医学领域以外,如果一位 CEO 抱怨自己丧失了权力,我也会把这看成组织内潜在问题的症状。也许,这位 CEO 影响力减弱的主要原因是他最近提出了一项扰乱人心的动议,因此在组织内产生了孤立他的反应。从医学观点来看,如果某位医生仅仅根据病人关于痛楚的陈述就给出治疗建议,他肯定不是一个好医生。要开出一个好处方,还需要在一个更大的系统中对病因做出分析。

听起来这是很显然的事情,但它的含义并非如此。一些有关领导学说的顾问和理论家认为,在向执行官和政治家提供了如何获得更多权力的建议后,自己就完成了任务。在某些情况下,他们也许是对的。然而,给某人他想要的东西并不总是一件简单的事。一个人也许不得不分析组织面临的问题的来龙去脉,才能理解执行官的愿望。只有这样,他才能帮助执行官澄清系统问题,使执行官看清楚什么是他想要的。也许他宁愿使组织去面对一个被回避的问题,而不仅是重获权力。也许他情愿动用权力来使人们关注这个问题。也许他已确定了一个问题,但组织关注此问题的时机尚未成熟,因此他需要放慢在这一方面的节奏。权力的丧失也许还表明他需要采取不同的策略来处理问题。

作为精神病学家,我相信许多适应和交流的过程是无意识的。我是根据推论得出这一结论的。人们并不会总是说出他们真正想要的东西,或知道他们为什么做正在做的事情。再者,解决问题的障碍通常来自不协调和未化解的冲突,如价值、信仰和习惯中的内在冲突等。而且,我也相信人们的防御心理值得尊重。在确定和提出问题方面,我假定人们在面对挑战时,他们及其社会系统会尽其所能。即使他们的工作方式不正常,并试图努力回避问题,我仍会假定他们正在处理真正的问题。他们的行为是努力适应的反映。作为结果,我带着提高人们适应能力的目的对其生活和社会系统进行分析。适应能力指的是他们澄清价值观和在由价值观界定的问题中取得进展的能力。

最后,精神病学在看待人们如何完成适应性工作方面有一种偏见。在心理治疗中,在目标和价值一定的条件下,通过直面痛苦的环境和形成新的态度与行为,病人往往能更成功地适应他们的环境。他们学会了将现实和幻想区分开来,解决内部冲突,并以长远目光来看待难以解决的问题。他们学会了容忍不可改变的事情并为能够改变的事情承担责任。通过提高他们的反思能力,加强对挫折的忍耐能力,以及理解自己面对问题时的盲点和抵触模式,他们提高了应对未来挑战的适应能力。

政策专家具有同样的偏见。他们通过解释和分析问题、区分原因和结果、事实和虚幻以及形成和提供可行方案来帮助社会。他们也相信面对问题比忽视它们好得多。当然,可以理解的是,他们也抱怨在收集、分析和提供令人烦恼的信息时所遇到的阻力。

作为一名音乐家,我将音乐中的比喻用于领导研究。音乐告诉我们,不和谐是和谐的一个内在部分。没有冲突和压力,音乐就会缺乏动力和韵律。作曲家和即席演奏音乐家一样,必须将不谐和音融入音乐,才能抓住听众的注意力。

音乐还教我们区分以下各种各样的沉默:烦躁不安的、动力澎湃的、空虚无聊的、平静的和庄严的。[6] 沉默给听众以短暂的间隙,使他们能听到新的东西。同样,沉默可以保持听众或工作团体的紧张心理,强化某些重要的信息,使这些信息充分为人所理解。

音乐创造与结构和听众紧密相关。结构限制为创造力提供了框架。柏拉图(Plato)说:"如果没有矛盾的印象,就没有什么能唤醒记忆。"[7] 人们总是根据相关的事和人来创造。尽管作曲家在创作时可能会考虑听众的反映,但听众带来的各种制约仍然存在。因为我们没有意识到创造力是联系的产物,所以,听众往往不知道自己的力量。在一个5,000人的大厅中,一个坐在二楼后部的人与邻座讲话,或者起身离开,是对演奏者一个真正的打击。因此,在政治活动和组织中,人们也会错误地去寻找一位权威人物,并相信他或她能独立于他们而行动。

音乐教导我们用心思考和学习的意义。从一方面来说,这意味着可以进入情感世界,并将情感视为资源而非责任。另一方面,它也意味着要找到各种隐含的意义,就必须要有耐心。当我还是格里高利·皮亚蒂戈尔斯基(Gregor Piatigorsky)(伟大的俄罗斯大提琴家)的研究生班的一名学生时,我们这些大提琴演奏者经常要演奏一小段勃拉姆斯(Brahms)或肖斯塔科维奇(Shostakovich)的乐章。完了之后,皮亚蒂戈尔斯基会讲一个好像与我们正在做的事毫无联系的故事。有时候,他会主动讲出故事与我们所做的事之间的联系,有时候,我们必须自己找出二者之间的联系。如果我们努力寻找,我们通常能识别他的意图,有时甚至能得到超出其意图之外的教训。我们必须对自己的学习负责。

正是在这种背景下,我过去十年的时间都在哈佛大学教授领导和权威方面的课程。我的学生大都是年轻有为的在职执行官,他们来自全美或外国的政府部门、非营利组织和企业。他们当中,既有公共机构和私人企业的中高层管理者、国会议员、议会职员、市长、立法者、市政官员、初级公务员、外交官、各个级别的军事官员、外国官员、新闻工作者和社会组织者,也有银行首脑。他们有的已经具有法律、商业、教育、神学、医学、公共健康和国际发展等专业的硕士学位。

到目前为止,这些有实践经验的学生中,已有好几百人给了我拓展、证明和界定一系列领导思想的方法。我从他们的智慧中受益匪浅。这本书就是我们日常合作与努力的成果,它包含了对他们成功和失败的解释。

为了教授这些有实践经验的学生,我不得不去寻找普遍性和实践指导性之间的界限。由于学生来自于各种组织和文化类型,因此教给他们的东西需要具有普遍性。如果不寻求普遍适用的观念,便很难教授一个具有如此广泛背景的学生群体。然而,在任何时候,我都不能使理论与实践脱节,正如我教一个本科班所做的那样。实践工作者很少对那些脱离实践经验的思想有耐性。我的学生使我形成了具有实践应用性的普遍理论。[8]

我的学生将我的注意力引向实施领导过程中遇到的困难,并使我的理论倾向于解释各种适应性工作,这些工作是面对变革的人们失败感的主要来源。与此相反,我很少在适应性工作的其他形式上花费时间。例如,我不会纠缠于以下问题:企业如何发现和抓住转瞬即逝的机会,或如何维持一个良好的运作态势。

从某种意义上说,本书提出的是经验理论,它反映了真实问题带来的挑战。但从严格意义上说,在对检验和证明假设的全部事实进行分类与选择时,它是非经验性的。在一个领导分析方法层出不穷的领域中,这本书重在构筑理论,以提供一个有力的概念框架。人们可以从这个框架出发,进行更细致的经验研究。它不但包含了各种主意、解释和假设,并且对它们进行了详细的阐述。然而,本书并没有对这些主意、解释和假设进行证明。

我围绕以下两个重要差异来组织领导观:一是技术性问题(technical problem)和适应性问题(adaptive problem)的差异,二是领导(leadership)和权威(authority)的差异。第一个差异表明,对于需要创新和学习才能解决的问题,其行动模式不同于常规问题。第二个差异提供了一个框架,使人们可以根据自己是否有权威来评估资源和制定领导战略。从这方面来看,我们关于布什的领导和洛杉矶暴乱的问题就变成了以下问题:是全美和洛杉矶的什么适应性挑战引发了这次暴乱?为了应对这些挑战,布什在实施领导时,具有哪些与总统权威相联系的资源?受什么制约条件限制?此外,没有权威或只有极少权威的人怎样才能实施领导而不是坐等总统采取行动?

由于我对美国的组织系统有一定的了解,所以我的领导观也基本是以这一组织系统为根据形成的。如果我的论点对于社会中从事其他政治活动的人也合适,那纯属偶然。我认为,领导战略最适合于民主社会、在现代社会中追求竞争的经济组织和那些需要唤起成员献身精神(特别是那些遵从现代民主和自我表达原则)而不仅仅是顺从的组织机构。

本书共分为四部分。第一部分阐述了对领导含义的总的看法,它着重讨论适应性和权威的概念。第二、三部分着重讨论有权威和无权威的领导策略。第四部分用具有实际指导意义的建议对如何领导并生存下去做出总结。

在以上讨论中，我采用了不少案例。但是，采用这些案例的意图，不在于将它们用作证据，而是为了说明要阐述的理论，并推导如何在不同环境中考虑领导问题。读者自己可能也经历过案例中描绘的情形。这些案例不但反映了人际的、小团体的以及组织面临的问题，也反映了地区、国家和国际事务。它们当中，有一些是我们最近共同经历过的历史的一部分，如"星球大战"、公民权利和越战等。尽管大部分的事例来自公共领域，但这些观点也在其他领域，如商业、宗教机构、学校和非营利组织得到了检验。

这本书是为那些正在从事领导工作的人而写的。尽管我期待学术界同仁能分析、检验、提炼和深化这些观点，但我的主要目的是希望为实践者提供一点关于领导的实践哲学。它们仅是帮助实践者做好各种准备的一系列问题与选择，将使领导者在处理最棘手的问题时，不至于被害、受伤或落马。

注释

1. 据估计，1863 年的纽约市征兵暴乱是美国历史上最惨重的一次，大约每 100 万城市人口中死亡超过 100 人。1943 年底特律的种族暴乱按人口计算更具破坏性，但持续时间较短。Eric Monkkonen, "The Past and the Riot," *The Urban History Newsletter*, October 1992, p. 13；UCLA 历史教授埃里克・蒙克尼（Eric Monkkonen）的个人通信，1993 年 2 月 27 日。

2. 在洛杉矶殴打案中的四个官员有两个被定罪：居民们对裁决的欢呼缓解了紧张局势。《纽约时报》（*The New York Times*），1993 年 4 月 18 日，p. A1。

3. 正如布什提出的，"我们昨晚和前晚在洛杉矶所看到的既不是人权，也不是所有美国人必须坚持的平等，更不是抗议。它是完完全全的暴民的暴行。"布什关于洛杉矶暴乱演讲的摘要："Excerpts from Bush's Speech on Los Angeles Riots: 'Need to Restore Order'," *The New York Times*, 1992 年 5 月 2 日, p. A8；另请参见 Robert Dallek,

"Post-riot Rhetoric has a 60's Ring: Now, as Then, There's No Instant Cure-all," *The Boston Globe*, 1992 年 5 月 10 日, p. 73。

4. Richard Leakey and Roger Lewin, *Origins: What New Discoveries Reveal about the Emergence of Our Species and Its Possible Future* (New York: Dutton, 1982).

5. 摘自尼古拉斯·布雷迪(Nicholas Brady)个人通信, 1992 年 11 月 17 日。

6. 这些沉默类型在音乐中并非正式的分类。我提出它们仅作为例子。

7. Plato, *The Republic*, trans. Cornford (New York: Oxford University Press, 1941), p. 240.

8. 关于从数据中产生实践理论的重要性和困难, 参阅 Barney G. Glaser and Anselm L. Strauss, *The Discovery of Grounded Theory: Strategies for Qualitative Research* (Chicago: Aldine, 1967)。

第一部分　确立框架

第一章　领导的价值

领导能唤起激情。仅仅是对领导(leadership)的研究也能激发我们的情感,更不用说担任领导职务了。之所以会这样,主要是因为它与我们的价值观紧密相关。其实,这个词本身就富含了价值观意味。当组织和政治需要领导时,我们认为领导是应该珍惜的。如果有人问:“你希望世人将你看作一个领导者(leader),还是管理者(manager)? 一个追随者(follower),还是领导者?”对这个问题的回答通常都是“领导者”。领导这个词与我们的自我形象和道德准则紧密相关。

然而,我们讨论领导的方式非常混乱。一方面,我们用这个词来表示人和有价值的行为。在选举年中,我们希望总统是一个“领导者”,而不是“另一个政治家”。在组织中,我们用管理者的“领导才能”来评价他们。在这里,这个词意味着一系列有价值的能力。当我们将眼光放到其他国家,我们会将这个词与戈尔巴乔夫(Gorbachev)、瓦文萨(Walesa)、德克勒克(De Klerk)或曼德拉(Mandela)等人联系起来。我们崇拜这些人的价值观、勇气、忠诚与技巧。另一方面,我们坚持认为领导这个词是价值中立的。尽管我们憎恶其价值观,我们仍坚持认为麦德林毒品卡特尔的首脑帕布洛·艾斯科巴(Pablo Escobar)是一位"领导者",因为他激励部下去实现他对未来的构想。[1] 媒体通常用领导这个词来表示有权威或拥有追随者的人。我们讨论那些被他人赋予非正式或正式权威的人,如犯罪集团、暴民或组织的首领,而不管他们表现出的价值观以及他们生产出来的产品如何。

我们不可能同时采取两种立场。在科学与数字的时代,我们或许希望将"领导"这个词看成是价值中立的,这样,我们就能前后一致地对广泛的现象和人进行描述。然而,当我们这样做时,我们忽视了自身的另一半。当我们在下一秒又谈起领导时,我们可能又希望领导有更多的内涵。我们不能刚讨论了领导危机然后又说它是价值中立的。我们是否认为只有很少一部分人能召集起追随者?当然,我们不是要求有更多像瓦科(Waco)和琼斯汤(Jonestown)这样的弥赛亚通过提供诱人的愿景(vision)来满足人们的需要。[2] 我们脑海中的矛盾不仅模糊了我们的思维和学术研究,还影响了我们所颂扬、传授和获得的领导的特征。[3]

可以理解的是,那些研究"领导"的学者倾向于赞同这个词的价值中立内涵,因为这样更易于达到分析理性和接受经验检验。[4] 但是,对那些每天都参与组织和社会实践的领导者来说,这样做毫无益处。社会科学追求严谨,但并不要求我们忽视价值取向,它仅是要求我们明确地表达出自己研究的价值取向。从这一点到领导理论与概念的构建之间没有中立地带,因为领导本身就包含了感情因素,带有隐含的习惯准则与价值取向。例如,当我们将领导与位居高位或具有巨大影响力同等看待时,我们就有一种强化价值地位和权力的趋势。我们不仅仅是研究或使用权力,我们无意中表达了这一观点,即权力有其内在的价值意义。

我们不得不采取某种立场。当我们传授、记录和模仿实施领导时,我们将不可避免地支持或挑战人们关于其自身及其扮演的角色的看法，更重要的是，我们还要支持或挑战他们对社会系统如何取得进步的看法。因为人们思想中暗含的领导观念是一种社会契约概念，所以领导是一个规范概念。想象一下具有以下两类看法的人在行为上的差异：一类人认为“领导意味着影响社会，使它顺从领导者的想法”，另一类人认为“领导意味着影响社会，使其直面困难”。在前一种情况中，影响是领导者的标记：领导者使人们接受他的思想，社会依赖他来提出问题。如果出现差错，责任全在领导者。[5] 第二种情况中，在困境中取得的进步是衡量领导者的标准，领导者动员人们直面困难，而公众在困境中进步是因为领导激励和支持他们这样做。如果有差错，领导者和公众二者都有责任。

领导的第二种概念——即动员人们解决棘手问题——是本书的核心议题。这个概念建立在占据统治地位的文化观念上，但又有所不同。例如，在一般政治观点中，领导通常指施加影响：领导者处于突出的位置，通常具有较高的职务并影响他人。这个人也可以是某个运动中最有影响力的成员，他在有很少或没有权威的状态下实施领导，如取得政治地位之前的莱希·瓦文萨、阿约托拉·霍梅尼（Ayotollah Khomeini）等。

我们可以在工商业领域看到领导概念的演变。几十年来，领导这个词指的是处于高级管理职位的人和他们负有的职责。在我们通常的用法中，它依然是这个含义。然而，最近工商业人士对领导和管理做了区分，赋予了领导新的含义，即提供一个愿景并通过非强制性手段来影响别人以实现愿景。[6]

在军队中，领导这个词通常指处于命令地位、指明方向的人。也许是由于战争在领导和权威概念的发展中扮演着核心角色，因此这个词的古代语言学词根“领导”（to lead）的意思是“冲锋，死亡”。[7] 在我们这个时代，军队领导旨在通过影响——而不是强制——激起一个人的最好的品德。“做你能做的”暗示着以士兵入伍时的潜质为基础完成相应的准备，并在最后的考验中达成统帅提出的目标。[8]

在生物学上，领导既可以指在一群鹅中领飞的行为，也可以指维持灵长类动物的社会关系或食物采集时的秩序。领导者有一系列与众不同的特性，如体大、艳丽、快捷以及自信等。领导者是团体其他成员本能的关注焦点，所有成员都根据领导者的意愿进行自我组织。在这里，领导等同于卓越和控制。

有些人认为赛马与政治有相似之处，即领导仅仅意味着跑在队列的前面。头马的骑师除了在某种程度上促使其他骑师采取策略超过他以外，他没有领导任何人。

这些不同观点似乎有两个共同特性：地位和影响。因此，在过去的200年中，许多对领导的学术研究均把焦点集中在杰出和有影响力的人身上。[9]理论家提出了以下重要问题：在一个组织或社会中，特殊个体怎样以及为什么获得权力？他们的个人品质是什么？他们负有何种职责？他们如何实现自己的愿景？他们如何改变历史，或历史如何改变他们？是什么激励他们而他们又怎样激励别人？[10]

领导理论中隐含的价值

最早的领导理论也许出现于19世纪。那时存在这样一种观念，即历史是伟人的故事及他们对社会产生的影响。这种理论在美国文化中仍然盛行（妇女甚至没有被考虑作为伟人的候选者）。托马斯·卡莱尔（Thomas Carlyle）在其1841年的著作《论历史中的英雄、英雄崇拜和英雄事迹》（*On Heroes, Hero-Worship, and the Heroic in History*）中详尽阐述了这种观点。尽管种种科学研究使这种观点的可信度大打折扣，但这种性格决定论依然成为大众讨论的基调。[11]在20世纪80年代，它甚至再度流行。[12]自卡莱尔以来的性格论理论家以这种观点为基础检验了伟人的个人性格，并假设权力的增强源于一系列英雄式的个人天赋、技能和身体素质。正如西德尼·胡克(Sidney Hook)在《历史中的英雄》(*The Heroes in History*)(1943)中所描述的,一些人经历了大事,而另一些人则是事件的制造者。[13]

作为对伟人历史理论的回应,环境决定论者争论道,历史并不仅仅是这些人对其时代的影响。甚至像赫伯特·斯宾塞(Herbert Spencer)这样的社会理论家也坚持认为,是时势造英雄而不是相反。在一定程度上,环境决定论者对领导本身并不感兴趣。"历史创造者"(Historymakers)是令人感兴趣的,因为他们身处各种强大的政治和社会力量的旋涡之中,而他们自己也对其中的各种力量抱有极大的兴趣。因此,美国第一代领导人如杰斐逊、华盛顿、亚当斯、麦迪逊、汉密尔顿、门罗、本杰明·富兰克林等人几乎同时出现。这并不是由于人口统计的偶然性,而是由于他们处于一个特殊的时代。环境决定论者认为,时代需要各种各样具有不同才能和领导风格的人,而不认为这些领导拥有共同的品质。其实,他们中的许多人在某些工作中表现完美,而在另一些工作中则乏善可陈。[14]因此,"个体领导者实际上要做什么在很大程度上依赖于他行使职责时的时势特征。"[15]

从20世纪50年代开始,理论家开始综合性格决定论者和环境决定论者的观点。经验研究表明,没有任何一种人物性格与领导必然相关。尽管这个研究结果并不否认个人"创造"历史,但它确实表明,不同的形势需要不同的性格和不同的行为。这种综合方法中最重要的是"权变理论"(contingency theory),它假设,恰当的领导风格的出现取决于特定形势的需要。例如,在某些形势下,社会需要控制或独裁行为,而在另一些形势下,则需要参与和民主行为。[16]

研究范围很快就扩展到领导者及其追随者的互动方面。互动是一种交易(transaction),通过交易,个体获得影响力并长期维持这种影响力。[17]这个过程建立在互惠基础之上。领导者不仅影响其追随者,同时也处于后者的影响之下。[18]领导者按照追随者的期望调整自己，并通过这样做来获得影响力。交易理论的一个分支认为，领导者尽力减少不确定性并向追随者提供采取行动的基础，以此获得领导地位及其带来的利益和影响力。[19]交易理论的另一个分支认为，讨价还价和说服是政治权力的本质，它需要对不同利益相关者的利益有深刻的认识。[20]

一般认为，这些理论都是价值中立的。但事实上，它们只是隐藏了自己的价值取向。伟人或性格决定论者认为，历史制造者——即具有超凡影响力的人——最为宝贵。尽管这种观点并没有指明应在什么方向上施加影响才能被称为领导。这种观点还认为，伟人的标志是他对社会产生的历史影响，从而为我们认定伟人提供了一个特殊的视角。将希特勒与甘地和林肯划为同类并不会使该理论实现价值中立，相反，这仅会隐藏其核心价值——影响力。[21]

具讽刺意味的是，环境决定论也是同样如此。它彻底偏离了伟人观，认为那些人显得突出是因为时代和社会力量呼唤他们的出现。然而，领导者依然被认为是那些在社会中有显著地位的人。性格论理论家从历史中挑选出来的研究对象，环境决定理论家同样会选择他们。

权变理论综合了伟人观和环境决定论，它也以自身的价值中立观为论述起点。它研究何种决策风格适合何种形势，以便使决策者保持对过程的控制。有时候，命令式或以任务为导向的风格最有效，但另外的时候，参与式的、以关系为导向的风格最有效。然而，即使在这种对传统观念更为明确的表述中，领导的标志依然是影响或控制。[22]

互动论的提倡者关注如何获得和保持影响力，它们也认为自己是价值中立的。尽管他们精致地描述了与影响力相关的各种关系变化，但他们既没有估计到影响力被赋予的目的，也没有回答目的是怎样来的这一问题。由于这些理论家宣称领导的标志是对结果产生的影响力，他们无意中闯入了价值领域。认为影响力就是领导的观点将影响力当成最重要的价值，这使得关于手段和目的的困惑长久不散。[23]

这四种方法都试图在不做价值判断的前提下，对领导做一个客观的定义。然而，当这些理论家根据声望、权威和影响来界定领导时，他们没有对其引入的价值取向做任何介绍，也没有表明价值引入的必要性。[24]从研究角度来看，这并不会产生太大的问题。事实上，它甚至简化了分析工作。在一些文化中，领导是一个规范概念，它代表一系列的定向价值（orienting values），如“英雄”、“冠军”等，因此，当我们将这些描述当作“领导”时，问题就出现了。[25]如果我们在教学与尚未着手的实践中放弃其中隐含的价值意义的话，也许我们在无意中鼓励了人们去追求巨大影响力或高官厚禄，而不管他们在那儿做什么。[26]如果我们完全抛弃领导一词所具有的价值意义，仅从声望、权力、影响和历史因果关系来描述它的话，我们无疑会做得更好。[27]

尽管这些理论被认为是价值中立的表述和分析，但它们依然对如何考虑实践有所启发。例如，性格决定论者使我们相信，确实能对个体做出区分。没有那个假设，行为者就无法行动，而且，那些数十年来审视和分析一般技巧的学术研究为我们提供了一个基础，使我们能够确立领导教育的目标。环境决定论引导我们审视为何不同领导行为依赖于不同环境。权变理论则告诉我们，领导的核心工作是对背景进行诊断。除此之外，它在分析不同形势和可能应用的领导风格方面提供了许多可供思考的变量。对那些从事领导工作的人来说，这一点非常重要。例如，权变理论提出了以下重要问题：何种形势需要独裁行为，何种形势需要“民主”过程？[28]交易论理论家认为权威是一种互惠的关系：权威人士影响选民，反之亦然。我们会为遗忘这些而付出代价。

领导的概念

在本书中，我将用四个标准来定义一种包含价值取向的领导概念。

第一,这个定义必须类似于当前文化对它的看法,并尽可能地反映人们对它的一般理解;第二,定义应具有实用性,以便实践者能利用它;第三,它应该指向对社会有用的活动;第四,这个概念应该对"对社会有用"做一个广泛的定义。

根据我们目前的知识和价值取向,我们如何来定义领导这个词呢?一直以来,领导都与权威和影响力的运用相关联,它通常指在组织与社会中充当主要人物和协调者的角色。为了在定义中包含这些用法,我们可以用"动员"(mobilize)这个词,它包含了激励、组织、确定方向和集中注意力等意思。

相对于将领导定义为社会结构中的一个权威职位(position of authority)或个人性格而言,将领导定义为一种活动更有用。[29]这样一来,社会结构中的许多职位都可以实施领导。譬如说,总统能实施领导,普通职员也能实施领导。此外,这样也可以使人们根据文化和形势的需要使用不同的能力。个人能力是指在不同形势中运用不同领导方式的资源。就我们所知,有时他们根本就没有被用到过。有些人从未实施过领导,即使是他们已拥有与领导能力相关的个人品质。[30]在领导与个人品质分开的情况下,我们便可以看到许多种特别的领导方式,其中,人们在不是"领导者"的情况下,仍能实施领导。

从个性的角度来定义领导,即认为"领导是天生的,不是后天造就的",是一种危险的做法。它鼓励自我欺骗和不负责任。对那些自认为是"天生的领导者"却缺乏哲学指导和领导策略的人来说,他们的自以为是只会带来破坏。在最低限度上,他们也会使社会将时间与力量浪费在一些毫无用处的项目上。[31]相反,那些认为自己"不是领导者"的人,则会尽力逃避行动或学习如何逃避责任。面对责问时,他们将回答说:"我不是领导者,我能怎么办?"[32]

因此,我们应该认为领导是一种活动,即公民动员他人做某事的活动。但这些事情当中,什么事对社会有益?什么样的领导可能产生对社会有用的结果?对这些问题的以下回答可能会比较有用。我们认为,领导者能够确立目标,这些目标满足了领导者本人及其追随者的需要,并据此创造出对社会有用的结果。[33]这样,便可将“领导”与“让人们做你想让他们做的事”的观念区别开来。领导不仅仅是影响。

确立一个目标以满足社会需要这一说法本身,并不能告诉我们社会有哪些需要。如果一个领导者个人想从困境中脱身,而他的选民也如此做,那么当他提交一个不可行的解决方案时,他是在实施领导吗?

为解决这个问题,领导学理论家詹姆士·麦格雷戈·伯恩斯(James Macgregor Burns)认为,对社会有用的目标不仅要满足追随者的需要,还应将追随者提升到一个更高的道德层面。他将此称为变革型领导(transformational leadership)。他认为,生存和安全需要是人们的基本需要,一旦这些需要得到满足,他们就会关注更高的需要,如感情、归属、公共利益或服务他人。[34]这种方法有利于激起关于如何构筑一个价值层级结构的讨论。然而,一种要适用于多种文化和组织机构的价值层级结构要冒一定的风险,它或因太普遍化而不现实,或因太具体化而在其应用中成为文化帝国主义。

我们也可以说,用法定权威(legitimate authority)来定义领导更有可能产生对社会有用的结果,这种合法性应建立在权力由多数向少数授予的整套程序的基础之上。这个观点很有吸引力,因为这样我们便不会再将权力侵占视为领导。但是,将领导限定于法定权威,我们便剥夺了领导者挑战法定权威或授权系统本身的空间。[35]无疑,认为领导可以不受制于法定权威是非常危险的,这可能鼓励他们犯下像奥利弗·诺思(Oliver North)那样的狂热者的错误。但是,我们也面临另一个重要的可能性,即社会要取得进步,可能需要某人将其推至极限。因此,领导者不仅要用自己的职业和健康来保护道德声望,有时还要承担道德风险。[36]用法定权威来界定领导排除了那些不认同现有道德标准而否认权威的人，如瓦克拉夫·哈维尔（Vaclav Havel）、莱希·瓦文萨、昂山素季（Aung San Suu Kyi）、马丁·路德·金、玛格丽特·桑格（Margaret Sanger）和穆罕默德·甘地等。面对给社会造成灾难性后果的风险，他们仍然激发了无法控制的社会力量。

商学院与管理学院通常从组织效率的角度来定义领导的有用性。效率意味着做出不同的决定来完成组织目标。这个定义有普遍适用的优点，但在决定目标性质及其组成方面，它并没有提供多少指导。[37]我们应追求哪一个目标？除了产生利益的能力以外，效率还有其他构成因素吗？在一个地方官员看来，仅仅从执行效率的角度来评估当地某家企业是不够的。一家化工厂可能在获取利润上相当有效率，但是却污染了当地的水供应。这样，我们便不得不问这样一个问题：需要在哪方面具有效率？

本书研究了从适应性工作的角度看待领导的有用性。适应性工作是指人们为解决价值观冲突或缩小价值观与现实之间的差距而进行的学习。适应性工作需要人们在价值观、信仰或行为方面有所变化。对个体之间和选民内部的冲突——即内在矛盾——的暴露与协调提供了动员人们学习新方式的力量。[38]

在这种观点中，最核心的工作是使人们看到何事最重要、处于何种平衡和要做出何种交换。在当地工厂污染水源的案例中，人们既需要干净的水，也需要工作。社会和企业利益经常重叠和碰撞，这种冲突不仅仅发生于某个局部，也发生于有竞争性需求的个体市民的生活中。领导需要协调这些利益派别间及其内部的冲突，而不应仅仅关注组织的成员和正式利益相关者间的冲突。在决策过程中，发挥作用的人并非一成不变，但它本身就是一个重要的战略问题。战略始于下列问题：利益相关者的哪一方必须做出调整才能在这个问题上有所进展？个人如何将那些利益排序或加强利益相关者的联系纽带，使其成为社会利益并经受住解决问题的压力？

为了解决这类复杂问题，就需要从多种立场来考虑，每种不同的立场都将有助于问题的解决。正如要清晰地表明一个愿景需要事实的检验，而事实的检验并不是一个价值中立过程。价值是在与现实问题的摩擦中形成和提炼出来的，人们根据他们所持的价值观来解释问题。对同一种形势，价值观不同的人会看到不同的机会。认识到这一点——即要成功地适应，就必须考虑不同的价值观——非常重要。从长远来看，如果工厂忽视社区利益，污染环境，它必将失败。由于各地都越来越看重环境的价值，对环境产生污染的工厂并不能随意迁到其他地方。另一方面，如果社会忽视企业的利益，它便可能失去发展所需的经济基础。

我们的目的是为如何确定目标和战略提供指导。从建立适应性的角度来看，领导不仅要考虑目标所代表的价值，还要考虑该目标动员人们面对——而不是逃避——艰难现实和冲突的能力。最困难和最有价值的领导工作可能是推进目标和设计战略以促进适应性工作。[39]

这是否意味着领导只是一种确定愿景的活动呢？不完全是。它将重点放在澄清和表述社会的指导价值上。提供一张漠视价值冲突的未来图景，或提供一条忽视事实的出路，均不能被称为领导。[40]只有明确了需要界定和采取行动的问题，才能对指导价值做出合适的定义。[41]人们对未来的发现和反应与他们对未来的计划差不多。那些从事领导的人应从各类事件中学习并充分利用它们带来的机会。[42]他们要能即兴发挥。在大萧条期间，富兰克林·罗斯福号召人们"勇敢、一往无前地试验"，"所谓常识，就是选取一种方法，对它进行试验。如果失败了，承认失败，再试另一种方法。但最重要的是要不断去尝试"。[43]

我们可用罗斯福的对手阿道夫·希特勒的例子来进行比较。当仅仅用影响力来定义领导时，希特勒也算得上一个有权威的和成功的领导者，因为他使一个国家相信他的理想。事实上，他甚至激励了成千上万的人按其言论来安排自己的生活。即使加上另外的标准,即目标必须同时满足领导者和追随者的需要,我们仍可以说希特勒是在实施领导。在德国,他的许多追随者与他目标一致,他并没有把自己的情感和观点强加于每个人。从某种程度上说,他之所以能上台,是因为他表达了许多人的痛苦和希望。

另外,用组织效率标准来衡量,希特勒的领导更是无可挑剔。在众多具体的决策事例中,希特勒都成功地培育了德国组织的效率。他确立了恢复德国经济的目标,并在一段时期内获得了成功。

如果我们假定,领导不仅必须满足追随者的需求,还必须提高他们的道德水准,就会产生一个不同的判断。据此看来,希特勒只是运用了权力,并没有实施领导。[44]他利用了人们最基本的需要和恐惧。如果说他激励了人们去追求德国的共同利益,那么这个共同利益只是一种以剥夺其他民族的利益为基础的、狭隘的民族利益。从法定权威的角度来看,希特勒不具有领导者的资格。1933 年,他一被德国民众选上台,就破坏了新生的民主政治机构,并通过恐怖手段来维持其政治统治。

从适应性工作这一标准来看,我们也可以说希特勒没有实施领导。尽管他从社会和经济两方面极大地动员了德国社会,但他这样做主要是为了逃避艰难的现实。通过向人们灌输幻觉、寻找替罪羊和树立外部敌人,希特勒错误地诊断了德国的症结所在,从而将这个国家引向灾难。[45]他的领导恰如庸医治病,开错了药方。[46]

从适应性工作的角度来看待领导具有几个优点。首先,它指出,实践标准在检验领导能否产生对社会有用的结果方面具有重要作用。通过实践,人们可以将对问题的不同解释及其证据相互比较。没有这个过程,提出的问题就无法真实反映出产生问题的形势。[47]不重视实践检验的领导观鼓励人们去实现其不切实际的想法。因此,希特勒的错误既是判断上的错误,也是道德上的错误。[48]为了创造适应性工作,对愿景的看法必须反映现实的大致情形。同时，除了具备想象力与号召力之外，还必须准确。[49]

除此之外，关注适应性工作还可以使我们在过程中评估领导工作，而不必一直等到有了明显的结果再来评估。根据希特勒的行为，我们本来可以在更早的时候通过实践检验发现他的错误。1933 年选举的基础是排外和寻找替罪羊，这本应让我们对德国社会的问题解决机制的健康性提出疑问。尽管从外表上看，希勒勒的法定权威来自民主选举，但我们事实上并不用等到事后就可以预见到他将会做什么。

而且，在使用适应性工作标准中，我们不必把我们自己的需求层次强加在当时的德国人民的身上，在分析一个社会面对困难的反应时，我们会提出以下问题：它的成员是在将自己对问题的看法与其他人的看法进行比较，还是在顽固地坚持某个观点并压制其他观点？人们是否严肃地证明了手段和目的间的关系？人们能否对不同的价值观以及各种手段是否合乎道德进行检验？有没有对政策进行分析和评估，以将事实与假象区别开来？

在纳粹德国，希特勒压制了各种观念的竞争。他建立了一个统一的标准，彻底排除了那些能够检验他的关于德国问题看法的观点。因此，德国人不能验证当时经济条件和犹太公民间的假设关系。[50]对于为什么建立一个“没有犹太人的国家”就会复兴德国这一观点，没有人能够进行技术上或道德上的验证。即使在军事行动上，德国的政策制定者也不能对外部条件的变化做出反应。他们无视复杂的环境，仅仅根据自己的意志做决定。

在某些案例中，这一点表现得不如纳粹德国明显。这时，在社会固有的参考框架内处理问题就变得特别重要。例如，一个国际发展顾问可能设计一系列行动，对某个外国文化进行干预。根据他自身的价值观来评估哪种文化也许是危险的。但是，他可以提高评估工作的质量而无须掺入自己的信仰。更重要的是,如果他有足够的能力,他也许能帮助或推动社会棘手问题的解决,如阐明其相互冲突的价值观和目的,正确面对各种必需的交换与调整,目的是为了缩小现状与目标间的差距。如果政府取缔某些政党,剥夺公民的部分权利或虐待和压迫民众,那么,那些被迫沉默的人会持有什么样的价值观?他们忽略了现实的哪些方面?他可以采取什么行动来激励各种文化改变自己的态度、习惯和信仰?

因为领导会影响很多人的生活,所以我所使用的概念必须广泛。它必须能容纳繁杂的文化价值和组织。它不能是帝国主义的。然而,我们既不能说领导是价值中立的,也不能仅仅根据它的工具性(影响力、正式权威、声望)或个人资源(技巧、耐力、性格)来给它下一个定义。那些聆听我们的人将我们所讲的内容转化成行动,他们将工具和资源转化成指导职业生涯的价值取向。

在本书中,完成适应性工作是领导的方向。正如我们将看到的,影响力和权威是适应性工作的重要因素。但是,它们也带来各种制约。它们是工具而不是目的。解决棘手问题——那些经常需要人们改变价值观的问题——就是领导的目的,而完成这项工作(使人们改变价值观)则是领导的本质。

根据这一观点,我们的社会和组织明显需要领导。我们正在面对主要的适应性挑战。我们需要一种具有实践指导意义的领导观,以便我们能在事件的发展过程中对其进行评价,而不必等到最后结果出来之后再进行这项工作。我们也需要一位管理者,以防止我们在幻想中变得傲慢和自大,或纠正我们逃离严酷现实的倾向。像变革型领导等词语就刺激了这种自以为是。而且,正如我们将看到的,一个完成适应性工作的领导战略能够解释那些与民主社会需要保持一致的条件和价值观。除了实践证明以外,它还包括以下几个方面:容忍冲突、谈判和不同观点;增强社会凝聚力;培育承担责任、学习和革新的规范;将社会焦虑感(social distress)

维持在可忍受的范围内。

但是,这个领导概念仍有诸多潜在弊端,需要对其进行更多的研究。如果一个人必须被动地服从一个冷漠的社会,那么,适应性这个词就意味着竞争。现实生活中也经常会出现这种情况,即我们不得不面对而不是逃避冷漠的现实。但是,由于许多社会现实是社会安排的产物,而物质世界也越来越易于接受技术的冲击,因此,许多社会现实也具有很大的弹性,而我们采取一种与他们竞争的关系只会伤害我们自身。[51] 由于适应性是一个来自生物学的比喻,而生物的主要目标是生存,因此,将领导当成"动员适应性的行为",可能意味着对生存的过分强调。很明显,我们拥有许多值得珍惜的宝贵价值,如自由、平等、民众福利、正义和社区,而一个应用于人类组织和社会的适应性概念必须公正地对它们进行说明。在了解了这一点之后,我们将转向对适应性工作的更深层次的探讨。

注释

1. 1991—1992 年,我在哥伦比亚的 the Instituto FES de Liderazgo 教授过 100 名教育界、商界和政界的顶尖执行者,他们中的大部分都坚持认为艾斯科巴(Escobar)是一个"真正的领导者",尽管他们痛斥他的所作所为。

2. "After Waco,the Focus Shifts to Other Cults," *The Boston Globe*,1993 年 4 月 30 日,p. A1;"Growing up under Koresh:Cult Children Tell of Abuses," *The New York Times*,1993 年 5 月 4 日,p. A1。

3. 只要学者们允许用文化假设中的矛盾和困惑来定义领导并指导对它的研究,那么,我们的研究主体将只会反映出这种困惑而不是解决它。考尔德(Calder)表明了这一看法。他认为,由于大多数关于领导的学术研究仅限于一般的假设,因此无法产生"更高层次"的抽象。因为学者们不是将领导的一般特征当作文化模式的表现,而是将它们当成参考框架,从而对可能形成的观点产生了限制。"以下观点可以解决领导研究的矛盾,即以往的做法不是科学理论发展的结果,而是日常系统和连贯的思考的结果。"Bobby J. Calder,"An Attribution Theory of Leadership,"载 Barry M. Staw & Gerald R. Salancik 编著的 *New Directions in Organizational Behavior* (Chicago:St. Clair,1977),p. 182,原文斜体部分。

4. 在那些最突出的内涵中:(1)领导是达成组织目标的、领导者与追随者之间的影响过程;(2)领导是与较高权威地位相连的、提供管理职能的能力;(3)领导意味着有愿景并推动人们去实现它；(4)领导是影响他人的能力，特别是通过非强制性手段。参见 Joseph C. Rost, *Leadership for the Twenty-First Century* (New York: Praeger, 1991), pp. 38—44。

5. 关于人们如何普遍性地将社会因果关系归于个体本身的能力，并称那些能力为领导的讨论，参阅 Calder, "An Attribution Theory of Leadership"。Wildavsky 提出，人们机械地用一种特有的方式来解释问题："支持或反对存在的权威。" 参见 Aaron Wildavsky, "A Cultural Theory of Leadership," 载 Bryan D. Jones 编著的 *Leadership and Politics: New Perspectives in Political Science* (Lawrence: University Press of Kansas, 1989), pp. 98—100。

6. 欲了解其他例子，请参阅 Elliott Jaques, *Requisite Organization: The CEO's Guide to Creative Structure and Leadership* (Arlington, VA: Cason Hall, 1989)。p. 121; John P. Kotter, *The Leadership Factor* (New York: Free Press, 1988)。Kotter 在他的观点中比一些研究工商业的学者走得更远，他认为想象力不仅是 CEO 自身的产物，也是 CEO 识别和统一内部派别长远利益的努力。像 Jaques 一样，他也提出了过程的规范性概念。

7. "Indo-European Roots"，载 William Morris 编著的 *The American Heritage Dictionary of the English Language* (Boston: Houghton Mifflin, 1969), p. 1526。

8. 参见 Howard T. Prince and Associates, eds., *Leadership in Organizations*，第三版 (West Point, NY: United State Military Academy, 1985)。

9. 下述一般看法简化了关于领导的繁杂文献。分类是建立在 Edwin P. Hollander, "Leadership and Power," in Gordon Lindzey and Elliot Aronson, eds., *The Handbook of Social Psychology*，第三版 (New York: Random House, 1985), pp. 485—537 的基础上。关于读者感兴趣的其他领导文献的论述和研究，以下内容会有帮助。要了解社会心理学和管理研究的观点，请参阅 Cecil A. Gibb, "Leadership", in Gardner Lindzey and Elliot Aronson, eds., *The Handbook of Social Psychology*，第二版 (Reading, MA: Addison-Wesley, 1969), vol. 4, pp. 205—282；以及 Bernard M. Bass's 在 *Bass and Stogdill's Handbook of Leadership*，第三版(New York: Free Press, 1990)对有关领导的 7,500 篇论文所做的调查。关于政治科学观，参阅 Glenn D. Paige, *The Scientific Study of Political Leadership* (New York: Free Press, 1977), chaps. 2—4。关于规范性的观点，参阅 Robert Terry, *Authentic Leadership: Courage in Action* (San Francisco: Jossey-Bass, 1993); and Rost, *Leadership for the Twenty-First Century*, chaps. 1—4。关于多个学科的观点，参阅 Barbara Kellerman, ed., *Leadership: Multidisciplinary perspectives* (Englewood Cliffs, NJ: Prentice-Hall, 1984)。

10. 例如，Barbara Kellermand 在其编著的 *Political Leadership: A Source Book* (Pittsburgh: University of Pittsburgh Press, 1986), pp. ix—xi，用以下问题组织了她对主要来源的选择："领导者们改变了历史吗？为什么领导者们领导？为什么追随者们追随？领导者的类型是什么？领导者和追随者如何联系？存在一种适合各种情况的领导吗？" Jean Blondel 以同样的风格问道："什么是(领导者)权力的来源？采用什么手段运用权力？领导者对此做了什么区别？" Jean Blondel, *Political Leadership: Towards a*

General Analysis (Beverly Hills CA:Sage,1987),p.4.

11. 大部分的词典将领导界定为“领导能力”,即它是一系列的个人品质。在这种文化偏好下,领导研究的重点就在于找出这些品质。然而,以下假设——领导既与天生的能力有关,又与后天的发展有关——在领导文献中仍然比较混乱。这是因为关于领导的参考框架在不同的研究中有所改变。人们使用不同的定义参考框架,选择了不同的人来进行分析。甚至有人企图将不同的性格归并在一起,以观察它们当中哪些性格特质会有交叉,然而,研究的对象常常有所不同,它们既可能是地位,也可能是非正式追随者或职责。例如,如果我们选择一群 CEO 来确定他们的共同品质,我们无疑就是将领导与拥有很高的权威地位或得到权威地位的能力等同起来。如果我们用一系列职责或非正式追随者的存在来定义领导,那么,我们选择研究的那些人应是不同的,而且我们要确定的特征也不同。关于这种方法论困境和对品质理论的批判介绍,请参阅 Bass,*Bass and Stogdill's Handbook of Leadership* 第四、五章。关于具体分析,请参阅 Ralph M. Stogdill,“Personal Factors Associated with Leadership:A Survey of the Literature,”*Journal of Psychology*,第 25 期,1948,pp. 35—71;Charles Bird,*Social Psychology* (New York:Appleton-Century,1940),pp. 369—395;William O. Jenkins,“A Review of Leadership Studies with Particular Reference to Military Problems,”*Psychological Bulletin*,第 44 期,1947,pp. 54—79。

12. 要了解对这些趋势的分析,请参阅“领导的定义:1980s”,载于 Rost,*Leadership for the Twenty-First Century*,chap. 4。

13. 参阅 Thomas Carlyle 1841 年的著作 *On Heroes,Hero-Worship,and the Heroic in History* (Boston:Houghton Mifflin,1907);William James,“Great Men,Great Thoughts and Their Environment,”*Atlantic Monthly*,第 46 期,1880 年 10 月,pp. 441—459;Frederick M. Thrasher,*The Gang:A Study of 1,313 Gangs in Chicago*,第二版修正版 (Chicago:University of Chicago Press,1936);Sidney Hook,*The Hero in History:A Study in Limitation and Possibility* (New York:John Day,1943)。James,Thrasher,Hook,在 Carlyle 之后,对不同形势和个性进行了严肃的阐述。关于对 Hook 的分类的批判,请参阅 Robert C. Tucker,*Politics as Leadership* (Columbia University of Missouri Press,1981),pp. 27—30。他认为所有的行动者都赋予事件以意义,并根据自己的价值观来解释事件。由于不同的行动者可能给予相同事件以不同的意义,所以也以不同的方式参与,但所有的行动者都会对事件做出回应。关于与领导个性相关的说明性研究,请参阅 W. H. Cowley,“The Traits of Face-to-Face Leaders,”*Journal of Abnormal Psychology*,第 26 期,1931,pp. 304—313。关于领导遗传基础的早期观点包括:Frederick Adams Woods,M. D.,*The Influence of Monarchs:Steps in a New Science of History* (New York:MacMillan,1913);Albert E. Wiggam,“The Biology of Leadership,”载 Henry C. Metcalf 编著的 *Business Leadership* (New York:Pitman,1931),pp. 13—32。

14. 例如,James Madison 作为国会议员和重要的宪法制定者,完美地实施了领导,但作为总统,一些人对他的评价较低,说他做得远非完美。John Quincy Adams 作为外交官和国务卿,“是这个国家最伟大的人物之一,但作为总统却是令人失望的。”

Richard Ellis and Aaron Wildavsky,"'Greatness' Revisited:Evaluating the Performance of Early American Presidents in Terms of Cultural Dilemmas,"*Presidential Studies Quarterly*,第21期,1991年冬,p.31。

15. John K. Hemphill, *Situational Factors in Leadership* (Columbus: Ohio State University Bureau of Educational Research,1949)斜线部分。另请参见 Herbert Spencer, *The Study of Sociology* (New York: D. A. Appleton, 1884); Fillmore H. Sanford, *Authoritarianism and leadership: A Study of the Follower's Orientation to Authority* (Philadelphia:Institute for Research in Human Relations,1950);Alvin W. Gouldner,ed., *Studies in Leadership* (New York:Harper and Brothers,1950)。政治科学中的大部分文献都是研究对个体行为的制度约束。这个传统来自于传记传统中的张力,它宣称个体行为会对事件和制度产生重要影响。Fred Greenstein 似乎已发现了共同的基础,他认为"个体行为的影响随以下三种情况的变化而变化:(1)行为产生时,环境对改变结构的许可程度;(2)行动者在那种环境中的位置;(3)行动者特别的优势或劣势。" Fred I. Greenstein, "The Impact of Personality on Politics: An Attempt to Clear Away Underbrush,"*American Political Science Review*,第61期,1967,pp.633—634。对这些争论的评论,参阅:Bryan D. Jones,ed.,*Leadership and Politics:New Perspective in Political Science* (Lawrence,KS:University Press of Kansas,1989);Dankwart Rustow,"Introduction to the Issue 'Philosophers and Kings: Studies in Leadership,'"载 *Daedalus* 第97期,1968年夏,pp.683—694;Jameson W. Doig and Erwin C. Hargrove,"'Leadership' and Political Analysis," in Jameson W. Doig and Erwin C. Hargrove, eds., *Leadership and Innovation:A Biographical Perspective on Entrepreneurs in Government* (Baltimore: Johns Hopkins University Press, 1987), chap. 1。另请参见 Tucker, *Politics as Leadership*, pp.27—30;James Q. Wilson,"The Politics of Regulation," in James Q. Wilson, ed., *The Politics of Regulation* (New York: Basic, 1980), pp. 357—394; Blondel, *Political Leadership*, chap. 5; Norman Frohlich, Joe A. Oppenheimer, Oran R. Young, *Political Leadership and Collective Goods* (Princeton:Princeton University Press,1971),pp.3—11。

16. 关于区分权威的独裁和民主风格的最初研究,参阅:Kurt Lewin and Ronald Lippitt,"An Experimental Approach to the Study of Autocracy and Democracy: A Preliminary Note,"*Sociometry*,第1期,1938,pp.292—300。也参见"Leadership as a Function of Regime," in Aaron Wildavsky,*The Nursing Father:Moses as a Political Leader* (Alabama:University of Alabama Press,1984),pp.182—216。关于政治发展的框架以及与之对应的领导面临的挑战、关于在领导风格与多变的形势偶然性之间的纠葛的其他分析,请参阅 Fred E. Fiedler,*A Theory of Leadership Effectiveness* (New York: McGraw Hill,1967);Victor Vroom and Philip W. Yetton,*Leadership and Decision-Making* (Pittsburgh:University of Pittsburgh Press,1973);Paul Hersey and Kenneth Blanchard, *Management of Organizational Behavior:Utilizing Human Resources* (Englewood Cliffs,NJ: Prentice-Hall,1977);and Gary A. Yukl,*Leadership in Organizations*,第二版 (Englewood Cliffs,NJ:Prentice-Hall,1989)。

17. 参见 Edward E. Jones, Kenneth J. Gergen 与 Robert E. Jones, "Tactics of Ingratiation among Leaders and Subordinates in a Status Hierarchy," *Psychological Monographs*, 第 77 期, 1963, pp 1—20; Edwin P. Hollander, *Leadership Dynamics: A Practical Guide to Effective Relationships* (New York: Free Press, 1978); Morris P. Fiorina and Kenneth A. Shepsle, "Formal Theories of Leadership: Agents, Agenda Setters, and Entrepreneurs," in Jones, ed., *Leadership and Politics*, pp. 17—40。

18. 这种观点与环境决定论部分一致,它将重点放在制度力量对行政领导行为的影响上。差异也许是一种平衡。影响模型是一种互动情形,还是被决定行动者行为的制度所掌握? 参阅"The Nature of Leadership,"载 David B. Truman, *The Governmental Press* (New York: knopf, 1951), pp. 188—193; "The Ambiguity of leadership," 摘自 Robert A. Dahl, *Who Governs?* (New Haven: Yale University Press, 1961), pp. 89—103; Bruce J. Crowe, Stephen Bochner and Alfred W. Clark, "The Effects of Subordinates' Behavior on Managerial Style," *Human Relations*, 第 25 期, July 1972, pp. 215—237。Cecil Gibb 称交易观点为相互作用理论,他这样描述它:"追随者并不是服从于某个与他们完全不一样的人,而是服从于他们所处团体中的一个人,这个人虽然在这个时候有较高地位,但在本质上与他们一样。此外,他也愿意在另一些时候与他们一样成为追随者……领导者不可避免地要体现追随者的许多品质。在某个时刻,个体的品格反映了与他相互作用的力场。" Cecil A. Gibb, ed., *Leadership* (Middlesex, England: Penguin, 1969), p. 210.

19. Hollander, *Leadership Dynamics*.

20. Richard E. Neustadt, *Presidential Power and the Modern President: The Politics of Leadership from Roosevelt to Reagan*, 第三版 (New York: Free Press, 1990), pp. 40—49。

21. Glenn Paige 对希特勒与甘地在不同维度上进行了比较,他在比较中抓住了这个问题。根据他的 18 个分析维度(如强制、共识、技巧、创造性与道德),可以做出规范性的判断和预测。然而,Paige 及最近所有的政治学家根据"价值中立"对领导做了定义,即:处于政治权威地位的人及其对手的行为。因此,甘地和希特勒均被视为领导者。参见 Glenn D. Paige, *The Scientific Study of Political Leadership* (New York: Free Press, 1977), pp. 1 and 139—149。

22. Fred E. Fiedler, *A Theory of Leadership Effectiveness* (New York: McGraw Hill, 1967). 其他主要持偶然性理论的理论家,如弗洛姆(Vroom)及其合作者,将价值加于"组织效率"之上,而不仅仅是维持和控制权力的能力。组织效率意味着组织目标的达成。前提是一些形势需要独裁的决策,而另一些则要求协商和参与等多种形式。决策者应该根据形势特征决定采取何种决策模式。例如,当领导认为下属的意见对决策具有重要意义或决策需要下属的贯彻执行时,领导应该保证下属参与决策过程。参见 Victor Vroom and Philip W. Yetton, *Leadership and Decision-Making* (New York: Wiley, 1974); Victor Vroom and Arthur Jago, *The New Leadership: Managing Participation in Organizations* (Englewood-Cliffs, NJ: Prentice-Hall, 1988)。

23. 有人可能会问:交易论和政治理论家能够仅仅根据他们谈论的是手段而非

目的这一点,就可以将他们的"价值中立"理论的假设修正为规范价值吗?在理论上也许可能。但在实践中,在使用领导这个词时,我认为人们不会愿意接受这种区别。在我的经历中,这个词已经稳固地与基本价值观和年轻人及工作人士的自我形象联系在一起。参见 Ronald A. Heifetz, Riley M. Sinder, Alice Jones, Lynn M. Hodge, and Keith A. Rowley, "Teaching and Assessing Leadership Courses at the John F. Kennedy School of Government," *Journal of Policy Analysis and Management*, 第 8 期, 1989 年夏, pp. 536—562。在 Dr. Sharon Parks 的指导下, Lilly Endowment 提供了对这些内容的更完整的描述和评估,以决定它们对价值观建构的影响。

24. 一些持描述性传统思维的领导学者认为学术研究的工作是识别、描述和分析什么是领导。然而,正如在我之前的其他学者所提出的,这样做存在着不少困难,因为在界定这个词时没有明确的文化认同。"现有的文献知识不能累积(Argyrics, 1979),部分地是因为很多现象都是以领导名义来研究的。"(Hosking and Morley [p. 89],由 Rost[p. 6]引用)因而,学者已经在领导的题目下研究了种种事例,却很少明确提出领导的价值维度。在这方面, Joseph Rost 的表现特别突出。他最近试图界定这些术语并对自己为何选择它们做了解释。即使 Rost 在抱怨"领导学者依然对什么是领导没有清晰的理解"时,也以古典模式提出了规范性的领导定义(p. 14),然后继续在一种追求真理的精神中提出了饱蘸价值意义的观点,似乎它就是领导的特性和本质,但对我来说,学者最好还是考虑领导"是什么",而不要考虑"应该是什么",我们的论述不必集中于谁对这一概念的定义(或当前文化对它的假设)最准确,而是集中于我们可以给人们一个什么印象,这些人依据我们的概念来确定自我形象。从研究方法论的观点上来看,这也许是一件相当困难的工作,但这样做至少让我们可以解决面临的问题。参见 Rost, *Leadership for the Twenty-First Century*; Dian-Marie Hosking and Ian E. Morley, "The Skills of Leadership," 摘自 James G. Hunt, B. Rajaram Baliga, H. Peter Dachler, and Chester A. Schriesheim, eds., *Emerging Leadership Vistas* (Lexington, MA: Lexington Books, 1988), pp. 89—106; Chris Argyris, "How Normal Science Methodology Makes Leadership Research Less Additive and Less Applicable", 摘自 James G. Hunt and Lars L. Larson; eds., *Crosscurrents in Leadership* (Carbondale: Southern Illinois University Press, 1979)。

25. 我更喜欢用"定向价值"(orienting values)而不是"终极价值"(end values)这个词,因为我认为"终极价值"通过促使人们选择工具来起作用。它们是"人们来自何方",而不是他们去往何处,正如"终极"这个词所表示的那样。例如,在做出有关自己小孩的决策的过程中,爱这一价值确定了人们的决策方向。爱既不是结果也不是目的,而是日常行动的指示。

26. 政治学家倾向于将运用权力和影响的政治作为分析的基本单位。然而,有一种政治思想学派却将政体的方向和工作当成参考框架,这一思想最早可追溯到柏拉图。参见 Tucker, *Politics as Leadership*, pp. 4—9。Carl Friedrich 这样说,"对于'有意义'的政治学来说,将路德的领导与希特勒的领导区分开来是极为重要的;如果政治学不能做到这一点,它就是伪科学,因为它传递的知识不但邪恶,而且缺乏指导意义。”Carl J. Friedrich,“Political Leadership and the Problem of the Charismatic Power,” *Journal of Politics*,第 24 期,1961 年 2 月,p. 19。

27. 这种思想归功于 Thomas C. Schelling。

28. 正如前文提到的那样,Vroom,Yetton & Jago 分析了这种观点。他们的焦点是组织中的权威人物的决策制定过程,而本文的焦点则是在复杂的政治环境中界定问题与解决问题的程序,或者说是无权威的领导。其根据是组织内的权威人物,而非复杂政治环境内的问题界定和问题解决过程,或无权威的领导。参见 Vroom and Yetton,*Leadership and Decision-Making*; and Vroom and Jago, *The New Leadership: Managing Participation in Organizations*。

29. Tucker 从纯粹分析的角度提出了这一点:“在最后的分析中,作为一种影响关系,领导的力量在于其活动的有效性。”Tucker,*Politics as Leadership*,p. 25. 在这种观点之前,有一种兴起于 20 世纪 50 年代社会心理学和组织行为学的研究方法,在这一方法中,研究者研究行为而不是性格。他们特别关注处于组织的权威地位的人的两种行为:对下属满意度和上下级结构的考虑(确定任务、创立与组织工作程序,以及维持标准)。大部分研究者已接受这一观点,即不同的形势需要这两种行为的不同的平衡。并且,他们也研究了将二者区分开来的各种偶然事件。与此相对照,一些学者提倡一种普遍适用的方法。具体来说, Robert R. Blake 与 Jane S. Mouton 在 *The Managerial Grid Ⅲ* (Houston:Gulf Publishing Company,1985)一书中,建议用对人的高度关注和对成果的高度关注来作为对领导的分类研究方法。通常,这些研究主要注意那些具有组织权威的人的行为。关于这一工作的经典描述,请参阅 Ralph M. Stogdill and Alvin E. Coons, eds., *Leader Behavior: Its Description and Measurement* (Columbus:Ohio State University Bureau of Bussiness Research,1957)。关于这一方面的综合回顾,请参阅“Consideration, Initiating Structure, and Related Factors for Describing the Behavior of Leaders,”载 Bass,*Bass and Stogdill's Handbook of Leadership*, chap. 24。

30. 一些研究者和培训组织将人格测试当作领导发展的核心,并花费大量时间来进行这一工作,从而加强了领导性格论。尽管测试可能对被试者培养反应和洞察力有巨大的帮助作用(这些因素是领导的重要技能),但它们却很少与任何明晰的领导概念相关联。由于在领导战略方面没有一个概念框架,所以在领导实践中,它们不会告诉人们如何有效地使用这些技巧。关于这方面的最新研究成果,请参阅北卡罗来纳 Greensboro“创造性领导中心”的系列出版物。

31. 关于病理学个性结构及它们同权威的制度作用之间错综复杂关系的讨论,参阅 Otto F. Kernberg,“Regression in Organizational Leadership,”载 Arthur D. Colman and Marvin H. Geller,eds.,*Group Relations Reader* 2(Washington,DC:A. K. Rice Institute, 1985),pp. 96—106。

32. Pierre M. Turquet 在“Leadership:The Individual and the Group”中描述了这种情况,文章载于 Colman and Geller,eds.,*Group Relations Reader* 2,p. 85。我认为,有才能的个体也需要努力才能学会有效地领导。用个比喻来说,即使是最有天赋的小提

琴手也会被劣质的训练毁掉。此外,如果有良好的训练,相当普通的孩子也能成为优秀的音乐家。通常情况下,在早期发育完成后,才能和性格就基本上固定了。当然,由于 Freud 的人类发展理论的影响,一些领导学学者和政治学学者得出假设,即倾向性和偏好在人的童年时代就被固定了。相对应的是,Dankwart Rustow 强调:"领导者的个性不是一成不变的,而是变化的;因此,需要考虑他在对机会的长期等待中显示出的性格特征、他担任领导时体现出的新的个性,以及完成历史任务后个性的衰落。"Rustow 在他的关于拉丁美洲经济发展的研究中吸收了 Albert Hirschman 的"改革传播"观点,他提出,在这一过程中,改革传播者或有魅力的领导者很可能会作为导师出现,但在教育大众之前,他必须自己先学会(Rustow,"Introduction",pp. 690 and 683—694)。Rustow 在关于成年人学习能力上的看法并不幼稚。Erik Erikson, Robert Kegan, Elliott Jaques 以及其他人已经研究并令人信服地证明了这一点,即人们在青年和成年时期继续学习和发展,这绝不仅仅是获得信息,也包括其他更深刻的方式。参见 Erik Erikson, *Young Man Luther: A Study in Psychoanalysis and History* (New York: Norton, 1958); Robert Kegan, *The Evolving Self* (Cambridge: Harvard University Press, 1982);"Cognitive Processes: How They Work and How They Mature,"载 Elliot Jaques, *Requisite Organization: The CEO's Guide to Creative Structure and Leadership* (Arlington, VA: Cason Hall, 1989),第五部分。

33. 参见"The Power of Leadership,"载 James MacGregor Burns, *Leadership* (New York: Harper Colophon, 1978),第一章。

34. "The Structure of Moral Leadership,"载 Burns, *Leadership*,第二章。其他的组织和政治理论家将变革型领导转换为一种非规范结构,修改并详尽阐述了 Burns 的变革型领导的概念。参见 Bernard M. Bass, *Leadership and Performance beyond Expectations*; Erwin C. Hargrove,"Two Conceptions of Institutional Leadership,"载 Jones 编著的 *Leadership and Politics*, pp. 57—83。他们都考虑了变革,但不是从 Burns 提高政治组织的道德作用的意义上来说明它,而是从鼓舞、智力激发、个人关怀以及改变指导制度的基本规范原则的角度来谈论这一点的(Hargrove, p. 66)。

35. 关于他对非任命领导者的讨论,参见 Tucker, *Politics as Leadership*, pp. 77—79。

36. 参见 Max Weber,"Politics as a Vocation",载 Gerth and Mills, eds., *From Max Weber*, pp. 77—128。加利福尼亚大学伯克利分校 Michael O'Hare 教授提供了这方面的论述。

37. 参见 Vroom & Jago, *The New Leadership: Managing Participation in Organizations*。

38. Burns, *Leadership*, pp. 42—43; Tucker, *Politics as Leadership*, pp. 98—105. 对领导文献关于冲突及其他的来源和处理的讨论,参阅"Conflict and Legitimacy in the Leadership Role,"载 Bass, *Bass and Stogdill's Handbook of Leadership*,第十五章。

39. Robert C. Tucker 遵循相同的逻辑,尽管他停留在规范概念上。Cecil Gibb 认为,"乱世出领导"。在这个观点上,Tucker 根据界定问题、政策制定以及政策执行等活动来阐述领导。他特别强调界定问题,并指出实践检验在领导中具有重要的工具性价值。参见 Tucker,*Politics as Leadership*,pp. 18—19;Cecil A. Gibb,"The Principles and Traits of Leadership,"载 Gibb 编著的 *Leadership*,p. 211。

40. Selznick 对领导在形成组织定向价值中的作用做了精辟的分析,载 Philip Selznick,*Leadership in Administration:A Sociological Interpretation* (New York:Harper and Row,1957)。创造性研究中心的 Drath & Palus 也在研究另一种领导概念(建立在 Robert Kegan 的工作基础之上),他们认为领导就是"为集体行动确定意义",这一观点要求我们向人们提供一种理解其所处形势的方法。Wilfred Drath & Charles Palus, "Leadership as Meaning Making in Collective Experience"(Greensboro:Center for Creative Leadership,1993).

41. Collins & Porras 将愿景分为两个部分:目的(定向价值的陈述)和任务(中期目标,它反映了目前的现实)。参见 James C. Collins & Jerry I. Porras,"Organizational Vision and Visionary Organizations,"*California Management Review*,第 34 期,1991 年秋,pp. 30—52。

42. 参阅 *Presidential Power*,pp. 103—122 中 Neustadt 对杜鲁门胡乱指挥朝鲜战争的分析。其中,他分析了总统如何在处理重大事件及赋予它们意义时扮演好导师的角色。他的分析支持 Tucker 对 Sidney Hook 的批判,后者对"时势造英雄"与"英雄造时势"做了区别。本章注释 13 对此有所描述。

43. 引于 Arthur M. Schlesinger Jr. ,"A Clinton Report Card,So Far,"*The New York Times*,4 月 11 日,1993 年,第四版,p. 13。Schlesinger 认为,除了坦白承认失败的部分,那就是"罗斯福新政"。关于在其他背景中即兴发挥的例子,参阅"War Is the Domain of Uncertainty",载 Major General Baron Hugo von Freytag-Loringhoven,"The Power of Personality in War,"*Roots of Strategy*:3 *Military Classics*,第三册 (Harrisburg, PA:Stackpole,1991),第四章,pp. 252—289;Michael Cohen & James March,*Leadership and Ambiguity:The American College President*,第二版 (Boston:Harvard Business School Press,1986);Robert D. Behn,*Leadership Counts:Lessons for Public Managers*(Cambridge: Harvard University Press,1991)。

44. Burns,*Leadership*,第一章。

45. 关于对希特勒评价的讨论,参阅 Tucker,*Politics as Leadership*,pp. 89—96。关于引发战争的国内原因的分析,以及关于"二战"起源的原因,参阅 Jack S. Levy, "Domestic Politics and War,"载 Robert I. Rotberg & Theodore K. Rabb 编著的 *The Origin and Prevention of Major Wars* (Cambridge:Cambridge University Press,1989)。

46. 战后年代中,Jasper Shannon 写道:"也许一个更加现实的而不是更加科学的时代将认为,我们关于领导者能通过政治魔力解决我们的社会疾病的信仰,就像我们认为神授给君主治疗身体疾病的能力一样荒谬。""The Study of Political Leadership," 载 Jasper B. Shannon 编著的 *The Study of Comparative Government* (New York:Greenwood, 1949);Paige 在 *The Scientific Study of Political Leadership* 中转引了这种观点,p. 42。

47. 在美国的体系中,实践检验同时采用分析的和政治的形式,每个政治派别都有自己的政策分析者,它们之间经常就差异进行辩论。请参见 Charles E. Lindblom,

The Policy-Making Process（Englewood Cliffs，NJ：Prentice-Hall，1968）。

48. 有意识地错误判断也是不道德的。因为人类社会的普遍倾向是逃避坏消息、寻求简单的答案，或死死抱住那些陈旧的解释，我们容易受到庸医的影响，他们通过误诊使我们误入歧途。

49. 其他学者采用与我相似的方式来解决这个规范性问题。然而，对于实践工作者来说，他们的解决方法似乎不如我的方法那么有用。例如，伦理学者 Robert Terry（明尼苏达大学，Hubert H. Humphrey 公共事务学院 Reflective Leadership Center 的前主任），提出了以下定义："领导是鼓励或允许平民采取可靠行动的勇气。"他的"真实行动"（authentic action）与我的实践检验颇为相似。参阅 Terry，*Authentic Leadership*。Joseph Rost 提出了这个定义："领导是在领导者和追随者中的影响关系，他们想使真实的变化反映他们的共同目的。"Rost 所指的"真实的变化"也与适应性工作相似。参见 Rost，*Leadership for the Twenty-First Century*，p. 102。

50. 关于历史上人们用阴谋论来解释自己所处困境的分析，参阅 Franz Neumann，"Anxiety and Politics，"载 *The Democratic and the Authoritarian State：Essays in Political and Legal Theory*（New York：Free Press of Glence，1957），pp. 283—287。Neumann 提出，"正如群众希望通过与个人（一个有超凡能力的人）保持绝对一致而从焦虑中解放出来一样，他们把焦虑归因于用阴谋将焦虑带到人间的人……由大变革引发的憎恶、怨恨、畏惧等，全被集中到了那些被斥为可恶的阴谋家的人身上。"（p. 279）Robert C. Tucker 也引用了此观点，"The Theory of Charismatic Leadership，"*Daedalus*，第 97 期，1968 年夏，p. 752。关于关系理论中的替罪羊观点，参阅 Leonard Horwitz，"Projective Identification in Dyads and Groups，"Colman & Geller 编著的 *Group Relations Reader 2*，pp. 28—30。

51. 参见 Eric J. Miller，"Organizational Development and Industrial Democracy：A Current Case-Study，"载 Colman & Geller 编著的 *Group Relations Reader 2*，p. 245。

第二章　领导还是误导?

有生命力的系统通常会寻求平衡。他们对于压力的反应就是重新获得平衡[1]。如果人的身体受细菌感染,系统会做出反应抵抗这种感染,恢复人体健康。当人们在炎热的夏天于室外行走时,会通过流汗或者缓慢行动来使身体保持在98.6华氏度。一场大火烧毁了森林,但从远处吹来的种子将在废墟里重新生根发芽。失去平衡的系统通常会引起一系列恢复性反应。[2]

这些对失衡的反应是进化适应过程的产物,这种进化适应过程会把很难抵抗的威胁转化为平常的问题。回顾过去,我们不禁会为这些成功的适应而啧啧称奇。然而,我们倾向于关注成功和创新,却很少重视失败。从定义上讲,优胜劣汰,适者生存,进化之路上总是布满了不能在新环境中生存的动物的尸骨。在自然选择中,成功的背后总有大量的失败,进化就是不断地尝试和犯错。[3]

从某种意义上说,如何精力充沛地适应新挑战是一个物种学习的过程。在生存竞争中存活下来的物种能够形成新的适应能力。当生存者将那些使他们在资源竞争中占有优势的特性传给后代时,这些良好的适应能力就传输进这一物种的基因特性中,决定下一代生理和心理特点的基因库也因此发生改变。比如,人类获得了话语能力,并创造了复杂的语言。基因的重组与突变使我们的祖先提高了生存和繁殖能力,也因此带来了这些发展。这些特点已成为我们遗传要素的一部分。

然而,自然并没有远见。生物进化不是对物种某一部分进行计划或设计的结果,而仅仅是一些个体生来就具有的某种特性帮助它们适应环境变化的结果。这种变异通常是基因"事故"——突变——的结果,并且通常对个体有害。但是,当环境变化的时候,对于原来环境而言是弱点的变异,可能突然之间就变成了一种鲜明的优势。

比如,在工业革命之前的英国,大部分生长于胡椒植物旁边的飞蛾都是浅色的,这种颜色跟它们生长的树干上厚厚的青苔的颜色很像。它们身上的这种颜色是很好的伪装,可以使它们免受捕食者的攻击。但是在工业革命的时候,由于有害气体对青苔的破坏,英国一些重工业区的树干裸露出来。这些裸露的黑色树干再也不能保护浅色的飞蛾,于是这些飞蛾就被鸟吃掉了,但是一些深颜色的变种飞蛾却得到了保护。这些适应良好的个体生存下来并且不断繁殖,因此也使得当地的所有飞蛾最终完成了适应性变化。在没有工业化的地区,浅色的飞蛾还是跟以前一样繁衍不息。[4]

当然,即使一个物种能够适应当前的挑战,它仍然可能无法征服下一个挑战。自然选择一直在变动,你无法预知前面要面对什么。

变化和自然选择创造了红花、结松果的树、会唱歌的鸟以及骆驼。这很神奇。但同样神奇的是,这种适应过程好像给人类带来了学习能力。因为基因的连接赋予我们社会习性和智商,我们人类可以创造、思考与形成能够吸收过去经验的复杂社会系统。[5] 我们可以在严寒中茁壮成长,因为我们学会了穿衣服、建房子、组织我们的社区和向我们的后代传授实践知识。

我们不仅懂得学习,还懂得如何运用我们学到的知识。我们营造了丰富的文化,这些文化能把我们所知道的技能传递给下一代。我们可以教给其他人很多基因中找不到的东西。自然已经赋予我们这样一种能力,就是反思存在的问题,并对其做出反应。摩西仅仅用了两代人的时间就把一个可怜的民族转变成一个自治的社会,这种社会有能力创制超越帝王统治的法律。[6] 人类花了10,000年的时间,才把自己从狩猎者和采集者转变成为制度与科技的塑造者,并使全球经济成为可能。我们总是有新的期望,这些期望会带来新的机会和问题。我们不但有视觉能力,而且有分析所看到的事物的能力。我们甚至可以调整我们的视野。

然而,在人类历史上,很多族群因无法适应而消亡。阐明自己的期望,敢于面对问题,形成一套适应社会的反应体系并非一件简单的事。个体抵抗病痛,并引发态度和行为习惯的改变。与此类似,社会也抵制学习。社会系统要学习,旧的社会关系模式——权力的平衡、传统的运作规则以及财富的分配——就会受到威胁。旧的技巧可能会毫无用处。信念、身份、价值——对公正、社会与责任的看法——都可能被重新审视。人类可以学习,文化可以改变。但是,这种变化会有多大,速度会有多快呢?

适应性工作

适应的概念源于人类理解生物进化的过程。当这个概念被用于文化和社会变化时,它就变成一种虽然不完整却很有用的比喻。物种的变化来自基因构成的变化;文化的变化是通过学习进行的。[7] 进化是一种机会——一种在随意的变化和新的环境压力之间幸运的适应;相比较而言,社会可以有意识、有计划地对新的压力做出反应。进化没有"目的"——

生存是衡量进化成功与否的唯一标准;社会则会产生许多超越生存的目的。

从理论上讲,生物适应和文化适应之间的前两个区别并不难理解。我们从直觉上可以知道,社会的变化是通过一系列的学习过程(有时候还有计划和先见之明)来完成的。最后的一个区别,如果我们要用来描述社会的变化,就要求重新改变前面的比喻。文化适应概念提出了这样一个问题:适应什么,为了什么目的?

从生物学意义上说,一个物种生存下来的个体和传续基因的同族基本决定了物种适应的方向。一种情况之所以会成为某类物种面对的"问题",或者更精确地说,成为一种适应性挑战,是因为它威胁着个体传续基因的能力。

为了适应人类面对的挑战,就需要我们超越简单的生存要求。在人类社会,适应性工作是指弥补现实和价值观之间的差距,这些价值观并不局限于生存问题。无论什么时候,当环境与我们头脑中认定的、事情应该进行的方式不一致时,我们就会察觉到问题的存在。因此,适应性工作不仅仅与现实的评价有关,而且也与价值的确认相关。

这些事情息息相关。由于我们不能总是客观地确定问题,因此对环境的评价变得复杂起来。虽然科学方法对检验现实帮助很大,但它们却难以可靠地确定我们面临的问题。因为科学方法的预测能力有限,我们通常是以价值观为依据对问题进行诊断。

使用不同的价值观对现实进行审视,我们便会获得不同的信息,并且会把事实组合成不同的场景。[8] 如果社会非常珍视个人自由,那么,它就会特别重视现实中挑战个人自由的因素。作为一个必然的结果,它将倾向于忽视现实中的其他因素。但这些因素(如共同责任)却可能是另一个具有不同价值观的社会的核心因素。个人看到的真相取决于他关心什么。[9]

很典型的情况是,一个社会体系通常会重视某种混合价值观,在这种混合价值观内部存在的竞争,很大程度上说明了为什么适应性努力会经常引起冲突。当有不同价值观的人们共同面对某种形势时,他们会依据自己的观点与他人相处。极端情形下,当缺乏社会变革的好方法时,价值观方面的冲突可能会相当激烈。美国内战曾经改变了对团结和个人自由的理解。

如果社会的价值阐明(value-clarifying)与现实检验(reality-testing)功能不能及时发现并处理现实问题,这些问题便可能威胁社会的生存。一些环境学者指出,关注财富生产超过关注与自然共存的做法,会使我们忽视生态系统中的脆弱因素。最后,当这些因素危及了我们的核心价值(如健康和生存)时,我们就会注意到它们的重要性。但那时候,我们已经为我们做出的破坏付出了高昂的代价,也将为适应性调整付出巨大的成本。

我们来思考一下这样一个故事。1,500 年前,一群波利尼西亚人漂洋过海,迁移 1,000 多英里到伊斯特岛(Easter Island)并定居下来。[10]他们找到了一片有茂盛的棕榄树林的土地,但跟他们以前居住的岛屿上的土地比较,这片土地不够肥沃,不适宜种植。不但土地上的资源有限,就连大海也不能提供多少资源。由于没有暗礁,沿海的水域缺乏打鱼的环境。[11]然而,这些定居者通过应用和改变自己已有的技能,很好地开发了这个岛屿。茂盛的棕榄树为他们提供了所需要的一切,如衣服、住房和船只等。因此,小岛逐渐繁荣起来。为了保护他们的事业,他们建了很多与众不同的石像来表达对神的敬意。

一千年来,这些定居者按照古老的方式繁衍生息。适应就意味着已知方法的变化。在保持刀耕火种的农业方式的同时,为了适应新的环境,他们建起了被称为“马那维”(Manavi)的墙结构。为了保护树木和植物不被风毁坏,他们还为树木和植物挖出环形的坑。但是当他们的人口增长,而树木的数量却减少的时候,他们给自己造成了无法应付的形势。

曾经在富有生机的社会里起重要作用的理念,现在却成了适应变化的阻碍因素。居住在岛上的人们建起更多精致的神庙和更雄伟的石像。当对神明的膜拜无法使贫乏的资源得到补足时,一些宗教仪式开始走向极端。有人认为强大的太平洋护卫鸟可以向众神求情,在这种想法的引导下,"鸟人"仪式便成为支配性的政治力量。世袭的首领和教士失去了他们的权威。他们建起重达50吨的巨大雕像,然后又将它们推倒并斩去头部,以释放它们的神力,即超自然的力量。

当一切都不起作用的时候,人们开始求助于人类的献祭和自相残杀。最后,这个岛上两个主要部落的分裂及首领的崛起引发了战争和毁灭。人们开始饿死。当荷兰的航海者在1722年复活节到这里的时候,连树的影子都看不到了。剩下的人也无法得到发现他们的欧洲人的怜悯。男人被卖为奴隶,女人则被当作仆人,关在小笼子里。只有一小部分人活了下来,传播着他们的语言和传说。

只要拥有一种可以进行预测的完美科学和一个完善的、可以进行调整的社会系统,人们便可以预见重要的社会现实并做出必要的调整。即使在文化价值观方面存在分歧,它们也可以被生存这一共同价值所包含。但是我们既没有完美的科学,也没有完美的适应性。伊斯特岛文化的消亡表明,适应能力要求不同价值观之间的有效互动,通过这种互动,社会里的每个成员和派别都可以看到自己面对的现实和挑战。在社会系统审视带有问题的环境时,如果没有相互冲突的参考框架,它看到的只是其中有限的一些特点而已。此时,它的命运掌握在它没有看到的东西手上,因为它无法为没有看到的情况做准备。伊斯特岛的居民很重视与神的关系,认为神会改变自然以适应他们的需要。特别是土地的肥沃被认为是由神圣的力量与世袭的首领的互动所决定的。然而,如果岛上的居民重视他们与自然的直接关系,他们或许能够感觉到逐渐加深的与自然资源关系的变化,并据此做出相应的调整。

让我们设想一下,如果在伊斯特岛衰落的早期,就有一部分人认识到树木是岛上真正的生存资源。假设出于自己的热诚,他们开始告诫人们停止砍伐,这样一来,他们便会使公众关注树木日益减少这一问题,从而在价值取向与权威结构等方面与周围的人发生冲突。

然而,传统主义者按照传统的价值观,把资源减少的情况视为他们与神的关系。所以他们建起了越来越大的神像,其至还给神像加上乳房,试图以此来增进土地的肥沃,或者将一些神像做成鸟的形状。[12]他们无法使自己的想法与爱树者的想法协调起来。由于这部分人在政府和军队中享有绝对优势的力量,他们最终使持不同意见者沉默下来。

作为局外人,再加上我们掌握的知识,我们很容易清楚地看到这一点,即持任一观点的人都掌握了部分现实情况。传统的观点注重使当前社会得以成立的制度、习惯和价值取向。在很多方面,这种观点不但很好地适应了它的环境,同时也丰富了人们的精神和社会生活。很显然,一种明智的树木保护政策不会要求把所有的传统观点都推翻。[13]然而,新观点认为,如果不采取行动应对新出现的情况,有可能会毁掉岛上所有其他美好事物。

在这种情况下,适应性工作意味着既要利用传统的价值观,又要利用另一些人所持的价值观,即社会应依赖于自然资源。两者需要互相学习。学习要求每一方都从不同的角度来理解问题。持传统观点的人应该修正他们的宗教理解框架,将以下明显的事实包括在内,即丰富的树木资源不仅取决于人与神之间的关系,而且取决于人与树的关系。另一方面,那些认为应该保护树木的人也应该调整其观点,以包容那种认为社会只有依赖砍伐树木才能维持下去的观点,而不是单纯地阻止砍伐树木。

考古学家不知道岛上的居民临死之前是否开始认识到要保护和种植树木。为了更有效地解决危机,树木生长的速度应该与砍伐速度一样,要不然,危机仅仅只能拖延一下而已。事实上,为了适应,岛上的居民除了要解决树木砍伐这一问题之外，还要解决许多其他问题，比如说控制人口数量、将居民迁移到其他较远的海岸等。要在这一问题上取得进展，就需要由于差异而产生的创造性。但是，这个故事主要用来阐述以下观点：价值多元的社会具有一种优势，使人们可以从多个角度来研判现实问题。冲突和异质是社会学习的资源。虽然人们可能无法和别人持有同样的价值观，但是他们可以学习到很重要的信息。如果不从对他们提出挑战的人的视角来理解这种信息，这些重要的信息就很容易被忽视。

如果将问题界定为价值观和环境之间的差异，那么适应性挑战就成为特别的问题，人们无法应用现代科学知识或采取传统行为来消除这种差异。为了进步，必须通过发明和行动来改变环境，使现实和环境相适应，但是价值观本身也可能不得不改变。领导不仅仅要给出答案和确定的愿景，而且还要采取行动来阐明价值观。通常有这样的问题：我们现在失去了什么？是否存在相互冲突的价值，对于这些价值为什么我们更多的是压制，而不是用它们来帮助我们理解手头的问题？是否存在一些共同的价值取向，使我们可以接受不同的观点？适应能力的增强离不开内涵丰富且不断演化的价值观的结合，这种结合能告诉社会在现实检验方面的进展。它要求领导者既有激励、包容创新和变革的能力，又有敢于迈开下一步的勇气。

非均衡动态

就像生命系统一样，受到威胁的社会系统会尽力恢复平衡。一般来说，平衡意味着稳定，在这种稳定状态中，存在于社会系统的政治、社会、经济领域方面的压力水平不会上升。[14]然而，平衡状态既非理想状态，也不具有任何特别的好处。事实上，要获得适应性变化，可能还时不时需要不平衡。[15]在缺少持续增长的压力的情景下，社会也可以忽视潜伏的危机并照常运作。如果缺乏一种紧张的气氛——也就是认为有些东西必须改变的感觉——社会就不会采取任何行动,等到它采取行动时,往往已经太迟。[16]实施领导的一个中心问题便是在长时间的压力下进行管理。

在一个社会系统内,不平衡的模式通常有三种。第一,目前的问题没有带来新挑战,现有指令系统做出的反应可以成功地恢复平衡。比如说,当下雪使穿越山脉的州际公路受阻并让司机感到郁闷时,公路的清雪服务部门就会清理掉积雪,使交通恢复到缓慢但是顺畅的水平。社会系统有着丰富的处理问题的经验,它已经学会了如何应对挑战,积累了众多的关于问题及其解决办法的知识。

第二,当社会没有可以应对某种形势的办法时,社会系统仍然可以尝试某种已有的办法。但是,这样做可能只是在短期内恢复平衡,而且要付出长期的代价。伊斯特岛文明的消亡可能就是这样一种情况。

第三,社会可以学会如何适应挑战。明治一世时和战后不久的日本就在很多方面做出了调整,包括政治权力的平衡、分配财富的机制、对外国工业知识的态度、劳动力技术以及价值观和规范等。虽然 20 世纪 90 年代出现了很严重的问题,但是日本社会仍然可以很出色地适应现实。事实上,在适应的过程中,日本社会好像能够很自觉地学会如何继续处理好这种适应的过程。日本的竞争优势可能正是来自于它有意识地坚持学习。[17]

因此,有三种基本的可能性。一是当前的反应既可以迅速恢复平衡又可以解决问题;二是当前的反应可以通过一些权宜之计恢复短期的平衡,却无法解决潜在的问题。如果社会终于被挑战征服,社会也可能退化到只保存很有限的功能或者消亡;最后,虽然当前的反应不能解决问题,但是社会系统可以动员起来,产生一种新的、能够应对这种挑战的适应。

很明显,我们对如何使第二种可能性转化成第三种感兴趣。我们的组织和社会必须面对很多无法回避的适应性工作。某些问题,如为了增强在国际市场上的竞争力,就要求美国对变化的环境、紧急事件和创造性的机会做出反应。冷战后不稳定的国际体系、种族冲突的重新抬头等,均要求用新的方法来处理种族敌意升级的问题。同时,在美国出现的犯罪率上升、监狱在押人数增长、街头毒品泛滥等情况也要求我们能区分事实和故事,并对原因和结果做出合理判断。在有关流产的辩论中,自由选择权派和生命权力派的争论表明,哪怕问题不牵涉各派的经济利益,我们仍不能以和平的方式解决人类价值取向方面的冲突。美国继续以极快的速度消费着自然资源,丝毫也没有意识到我们必须在自然资源的极限范围内生存。我们经常无法应对这些挑战。为什么会这样?

以下原因使人们无法适应。在某些情况下,他们可能错误理解了威胁的本质。庞培人(Pompeii)依靠他们的经验和科学做出了一个合理却是悲剧式的预测——维苏威火山可能爆发。在我们的年代,我们很幸运地发现我们依赖于臭氧层。除了常识可以辨认的一些威胁以外,还有许多我们没有发现的威胁。人们只能对他们看见的威胁做出回应。

在另外一些情况下,社会可能可以察觉威胁,但是面临的挑战已经超过它的适应能力。人类无数的部落和组织都消亡了,原因是他们在面对疾病的冲击、环境的挑战、入侵和竞争时,无法形成某种能力或找到适当的调整方法。

最后,人们无法适应,是因为问题带来的焦虑和它所要求的变化过于巨大。他们抵制与环境持续互动而来的痛苦、焦虑和冲突。在面对复杂的挑战时,既可以坚持过去的假定、谴责权威、找替罪羊、寻找外部敌人、拒绝承认问题、草率决策或者是找一个可以分散注意力的问题,也可以直面挑战并承担责任。第一种做法也可以恢复稳定,且不需要承担像第二种做法那么大的压力,但本书将这种反应叫作工作回避机制(work avoidance mechanisms),它们同个人、小集体、组织通常的防御做法很相似。[18]

组织或社会可能在适应过程中经历其中某种困难。但是当它们制定战略时,应注意适应失败的最终原因是逃避压力的倾向。学习与以下两点紧密相关:一是找出人们的盲点,二是增强社会解决问题的能力。这样一来,学习总是会带来冲突与压力,进而使逃避压力的倾向成为适应性变化的障碍。因此,对于领导而言,关键问题就是:如何应对预料中的工作回避,在人们抵制学习的情况下帮助人们学习?

工作回避机制存在于任何社会背景,尽管文化和社会系统复杂性的差异会使得它的形式有所不同。在一个小集体里,当领导者和一个意见相左的同事发生争论时,愤怒会使注意力从正在讨论的事务转移到其他事务上,从而削弱双方的责任感。这时候,一些弱势成员就会自动退后并且摆出“坐山观虎斗”的态度。在组织中,人们会服从标准操作程序,即使他们知道这些程序并不适合当时的形势。与此相似,在一个社会或国家里,即使投票人相信在紧急问题上取得的进展将迫使他们做一些艰难的调整,他们仍将选那些“报告好消息”的候选者。

但是,虽然我们经常回避适应性工作,我们却很少是有意识地这样做的。工作回避机制经常是无意识的。有时候它以一种令人放心的、却是对环境的错误诊断的形式出现——社会系统通常将其中的一个小集团作为替罪羊,因为人们普遍认为这个小集团事实上应该为此负责。暴徒烧毁他们憎恨的人的肖像,他们甚至可能认为如果把那个人烧掉,问题就解决了。然而,即使杀掉被控诉为异端的萨尔曼·拉什迪(Salman Rushdie),也难以缓解伊斯兰社会里传统与现代之间的紧张关系。但是,那些情绪激动、想尽力减轻负担的人宁可相信,只要找到一个替罪羊,问题就会解决。

现实检验——完全把握问题的尝试——通常都会成为不平衡的早期受害者。起初,人们会用惯常的做法来评估和处理问题。但是,如果这些办法不奏效,而在不同观点间进行取舍、改变态度及信仰既耗时又缺乏确定性时,尽快恢复平衡就会成为最重要的事项。如果长时间处于焦虑之下,人们就会失去目标,将注意力从最重要的事情上转移到别处。

从个人的角度来讲,比如说,考虑一下一个父亲对他生气和哭泣的孩子的反应。首先,父亲会表现得很关心,询问孩子以找出令其不高兴的原因。如果不顺利,父亲就会匆忙下结论(如,给孩子喂食物),即使他没有找到孩子不高兴的原因。如果仍不起作用,父亲可能会将解决办法强加给孩子(强烈敦促孩子吃)。如果这一方法仍然失效,父亲自己也会郁闷起来。孩子的紧迫感也感染了父亲。如果父亲承受挫折的能力较强,他可能会重新开始,继续对现实进行检验。他可能会平静下来,然后提出更多的问题以找出孩子哭泣的原因。另一方面,如果父亲已经达到了他忍耐的极限,他可能会用自己头脑中的任何办法来缓解紧张情绪,而不再继续探究令孩子哭泣的原因。比如,他可能会把孩子关在房间里使自己听不到哭声,他还可能殴打孩子。当父亲开始把压力当作问题而不是症状的时候,他的注意力和目标也会发生改变。他会把注意力转移到减少压力本身上来,而不是去理解孩子到底出了什么问题,或者是应该去做出什么样的适应性反应。[19]

将工作和逃避工作区分开来并不是科学。每一种文化都有它自己对压力的反应模式——或是工作或是回避工作。然而,尽管更详尽的研究可以确认不同社会系统里积极的行为和回避行为之间的区别,但一些从经验中得出的规律也非常有用。只要出现以下现象,我们便可以认为人们在回避工作:突然停止对某个问题的讨论(如转换话题);与一个议题相关的压力突然下降(通常出现于某个技术解决办法后);焦点从问题的处理转移到减轻压力的外在症状(如上文提到的父亲的例子一样);轻易将产生问题的责任归咎于某个目标(如找一个替罪羊)。当某种行为突然使每个人都感觉很好的时候,我们则应该对此保持一种怀疑的态度,至少在短期内应该如此。

当然,从某种角度来看,阶段性的工作回避可能是战略的一部分。当领导准备让人们从事一项很难的工作时,他常会要求人们以一种比较缓慢的速度工作。从乔治·布什关于洛杉矶骚动的演讲中,我们无法知道他是在领导国家或者是在回避工作。甚至他以前的行为方式也无法就此问题给我们一个确切的答案,因为一个总统的政治考虑是根据公众意见等环境因素的变化而变化的。要进行判断,我们就必须观察他在恢复平衡后的下一步举措。他是不久过后就利用这次事件来教导人们如何处理骚动带来的一系列复杂问题,还是着手处理比较没有挑战性的事务或他再次参选的候选人资格?我们不知道布什如果再次当选会做些什么,但是从他离职前的最后九个月来看,他好像是在祈祷这类事不要再发生。

下面的案例发生的时间离现在较远,它说明了不平衡与工作回避带来的后果。

战略防御计划

1983 年 3 月 23 日,罗纳德·里根总统发布了一项勇敢的计划,要建立一个能够防止美国遭受核攻击的防护体系。这个战略防御计划(SDI——通常也称为"星球大战")目的是为了让核武器"无用和失效"。[20]

罗纳德·里根对有效核防御的兴趣要追溯到他还是加利福尼亚州州长的时候,那时候,他在科学家爱德华·特勒(Edward Teller)的陪伴下参观了利弗莫尔实验室(Livermore Labs)。不久以后,1976 年,在与杰拉尔德·福特(Gerald Ford)竞选总统时,他对威慑提出了批评,"将它比作两个人拿着枪对着对方的脑袋扣动扳机"。[21]在 1980 年的总统竞选活动中,他提及了核防御构想:

> 事实上,它们正追踪太空中的几千个目标……我觉得让我感到极具讽刺意味的事情是,凭借我们的科技,我们可以做所有这些事情,但我们却无法阻止任何正向我们袭来的武器。我认为历史上并

> 没有一个无须防御入侵的时代，即使是在古代，我们也有沿岸的火炮阻止入侵的船只。[22]

跟很多其他总统一样，里根想做许多事，他不想仅仅是像以往一样保卫国家。同时，有一些科学家，特别是特勒，告诉他可以做更多的事情。当他看到美国人对莫斯科的软弱时，感到特别烦恼，可国防部与国务院的顾问却不能帮他做什么。于是，他启动了战略防御计划(SDI)[23]。他用以下方式提出了这个计划，即不再依靠威胁对核攻击进行报复来保证国家的安全。美国将通过占据优势地位而变得无懈可击。里根宣称：我们将会从“同归于尽”变成“共同生存”。

里根总统提出来的解决方案——SDI——反映了他对核时代防御问题的理解。总统、特勒以及其他一些人是根据我们在攻击面前表现出的脆弱来看待这个问题的。难道我们应该成为外国力量的人质？难道这种报复的威胁还不能够使我们战斗吗？里根回答说：“不。”[24]

然而，在外交政策的确立过程中，还是遇到了强烈的反对意见。大部分军备控制专家不是依照事实上的弱点，而是依照存在于超级大国之间的弱点的不平衡来理解这个问题。[25]安全是由于双方都很脆弱。只要任何一方都没有获得压倒性的优势，就没有一方会贸然发动核战争。在持这种观点的派别内部，一个阵营强烈支持军备控制协议，认为这种协议能够延缓核军备竞赛，创造一些稳定的保障因素。另一阵营则认为，美国在以前的军控协议中对苏联让步太多，觉得苏联可以利用这个“脆弱点”进行先发制人的打击，他们认为SDI是一种维护美国力量的方式，可以使苏联放弃对发动第一次打击就成功的乐观估计。

重要的是，这些观点中有许多共同的地方。几乎每一个人都认为即使是最优秀的SDI，也只能防御弹道导弹而无法防御潜水艇发射的带有核弹头的巡航导弹，或者是飞机直接携带的核炸弹和导弹。[26]此外，SDI也无法保护美国不受以非弹道方式携带的化学武器和生物武器的攻击。不管有没有 SDI，这些都是敌人有可能采用的攻击方式。

换句话讲，大部分的政策制定者和专家都认为，人们过度夸张了 SDI 作为太空防护屏的作用。即使是最乐观的估计，也认为 SDI 无法解决里根总统确定的问题。美国仍将很脆弱。

那么，我们怎么来向公众解释总统的计划，让公众接受 SDI 呢？总统的大部分顾问都很了解这个问题。他们并没有把 SDI 看成是万能的，而只是把它作为军备控制谈判中讨价还价的一枚棋子，或者是把它当成保护我们自己的导弹发射井的一种方式，希望以此来加强我们的威慑力。然而，他们意识到，里根关于 SDI 作为威慑力是一种解决方法的观点将会很受欢迎。[27]

总统的顾问知道，如果把 SDI 作为一种讨价还价的策略或一种武器体系向公众宣扬，公众肯定不买账，因为其成本将是个天文数字。事实上，在 1983 年年初，冻结核武器的运动已经获得了很多民众的支持，甚至天主教的大主教——一个极端的反共产主义者——也在致教徒的信中对核防御的道德性提出了公开的质疑。[28]核问题让人有一种危机感。为了消除这些敌对势力和恢复平衡，就要进一步夸大 SDI 潜在的益处，使人们相信有一天它可以完全解除核危机。既然里根对建立这种不可穿透的防护体的热情如此之高，要把这个信息传达给公众就是一件比较简单的事情。[29]事实上，总统好像并没注意到他的设想中是否充满了矛盾。[30]

正如许多人认为的那样，总统对 SDI 的信念反映了他美好的愿望，进而促成了一场极其有效的、看起来像是起着领导作用的政治运动。里根做出了一个勇敢的举动，提出了一个鸽派和道德主义者均难以反对的观点，从而使两派都不得不接受。谁敢反对消除核武器的目标？在防御战略与同归于尽之间，谁敢否认前者的道德意义？在一个简短的演讲中，里根的观点主导了公众的讨论，他以自己的方式重新阐明了这一点。如果领导意味着使人们支持某人的理想，那么 SDI 算得上一个相当优秀的例子。里根带来了一个反映了千百万人心声的理想，他们愿意为实现这个理想投入以十亿美元计的资金。他不但有理想，而且具有推销它的政治技巧。

但这是领导吗？如果领导是使人们去做适应性工作，那么领导就要从面对严峻的现实开始。接下来就有三个问题：SDI 是对何种严峻现实的回应？面对这种现实会对什么样的信念、投入和价值产生威胁？SDI 是适应性的回应吗？

现实非常严峻，它源于双方在核攻击面前的脆弱。里根不想接受这种现实。虽然美国已经在这种相互脆弱的状态下度过了 30 多年，但是，里根显然从来没有放弃老式的观点，即美国的国家安全不应该依赖于对手的智慧、判断或理智。把双方的脆弱当成一种防御，便是让自己过度依赖对方。

共同的脆弱这种现实不是个简单的、容易接受的消息。几千年来，人类一直寻求通过建立一些牢固的防护体来保护自己。海洋、城墙、壕沟和山脉都可以保护社会不受有敌意的邻居的侵犯。有时候，这些防护体会遭到破坏，但通常他们仍不会受到侵害。直到 1945 年，核武器的到来突然使我们的安全完全依赖于我们处理同其他核力量的关系的能力，而其他核力量在核攻击面前就像我们一样脆弱。再也没有人能成为“山大王”。政府或部落委员会再也无法保证我们不受攻击。关于核威慑的想法——即脆弱是有益的，谁也不能逃过这一点——迅速转变了我们对安全的理解。安全变成一种联系——而不是孤立——的功能。[31]

要接受大家都很脆弱这一残酷的现实，意味着美国人要做三个主要的调整。首先，我们自我依赖的信条必须被互相依赖的现实所调和。事实上，由于海洋把我们与对手隔开来，在苏联发展出原子弹以前，美国人没有体验过脆弱的经历。相比较而言，在过去几百年时间里，大部分的欧洲国家都曾经不止一次被一个邻国或其他国家征服过。[32]

更进一步讲,在一个大家都很脆弱的世界,我们必须以一种不同的方式与敌人相联系。如果核威慑违背了我们的道德,那么我们的唯一方式就是追求危险性比较小的关系,甚至转变这种关系。为了了解怎样才能达到这一目标,我们可以从历史中吸取教训。虽然英国和法国都有足够相互毁灭或毁灭美国人的核武器,但是我们并不怕它们;它们相互之间也不害怕。这些关系,虽然相互之间都很脆弱,但是包含着一套很充分的相互认同、共同目标和确保彼此安全的规则。

因此,共同的信任必须不断地通过共同的事业和努力来加强。然而,当尼克松总统在 1973 年试图缓和国际关系时,他发现美国人很讨厌他为改善与苏联的关系创造的一些条件。教会把苏联看作无神论者和险恶丛生之地,而且至少有两代人把生命与家庭贡献给对抗苏联在朝鲜、越南和其他国家的影响。[33]

最后,要直面共同的脆弱,美国就要在它扮演的角色产生不良后果时敢于负责。处理相互间的关系时,要求在评价对方的表现时也对自己的行为做出解释。[34]是我们激起了苏联的敌意并使它一直延续下去吗?比如说,在 1989 年美苏官员的对话中,那些曾卷入 1962 年古巴导弹危机的官员才明白,当年苏联之所以决定把导弹运到古巴,关键原因是他们以为美国计划入侵古巴,推翻卡斯特罗。然而,肯尼迪政府的官员却根本不明白 18 个月前古巴的猪湾入侵事件和紧接下来的打击卡斯特罗政权的行为中显现出来的一些限制性因素。肯尼迪政府根本没有看到猪湾事件与苏联在古巴部署导弹的联系。[35]他们对苏联在古巴部署导弹的动机的评估,忽视了他们自己在激起苏联行动方面所起的作用。

SDI 可以看成面临核危机时产生的忧虑反应。[36]面对这种现实,公众需要对观察问题的角度做重大调整。从政治上讲,在核冻结运动、宗教信仰和加强军队力量的强烈的保守主义倾向中,美国在应该就哪一方面做出调整的问题上产生了冲突。经过30年,国家仍在为共同的脆弱而挣扎,这种压力便变得紧迫起来。作为总统的责任,他肯定经常敏锐地感受到了这种紧迫感和做出强烈回应的需要。

里根的反应是适应性的吗?答案可能会根据分析的时间框架不同而不同。虽然一些回应措施可能是以牺牲长期的发展来换取短期的平静,但是短期的平静仍然可以为未来的发展提供必要的基础。我们可以通过回顾一下我们的社会此后的运作情况——即它提升和满足我们的期望的程度——来判断里根总统的回应是否正确。我们也可以从SDI对国际关系体系的影响来分析。但是在20世纪90年代早期,要得出正确结论还为时过早。一方面,可以认为苏联和东欧国家的转型部分是里根在军备控制(包括SDI)上推行强硬路线的结果。苏联不得不面对它无法在经济上抗衡的事实。另一方面,人们可能会争辩说,这些转型是一系列内部崩溃的结果。里根的政策不但不是对苏联适应性努力的回应,而且还使美国对苏联转轨的援助变得比以前任何时候都要困难。我们从来没有在公众中培养一种支持与苏联建立灵活关系的倾向,加上削减税收与扩张防御产生的大量债务,在20世纪90年代的时候极大地限制了我们给予苏联经济支援的能力。

然而,对领导来说,重要的东西不是回顾,而是在过程中做出的判断。在现实中,我们可能通过一些常识来预测政策的调整能否取得成功:与回避挑战的行为相比,主动解决社会面对的挑战更有可能引发健康、有利的转变。里根面对的是一种新出现的困难现实吗?

有的人可能会说SDI是一种勇敢的尝试,它保护了我们的国家安全,让我们不必再居住在一个大家都脆弱的世界。事实上,很多公众一度都这样认为。[37]但实质上,除了里根、特勒等少数人这样想以外,公共官员,政策专家和科学家都不相信这种说法。即使真的拥有一个运作完美的星球大战防御体系,美国仍然非常脆弱。进一步说,要保持任何战略防御的有效性,都需要武器控制协议。对于任何深入思考过这个问题的人来讲,这个防御体系一开始就注定无法成功。[38]很显然,如果把 SDI 作为一种跟上苏联研究项目、增强威慑力或者使苏联破产的方式,则应该受到公众的肯定。但是这不是里根的目的。总统提出 SDI 的方式欺骗了人民。

怎样来理解对公众的误导呢?有时候,欺骗被有意当作一种长期的战略手段,旨在使人们慢慢地面对严峻的现实。从罗斯福把美国带进战争这一角度来看,他在 1940 年的选举中就使用了这一战略。[39]罗斯福采用了慢慢将人民武装起来的战略。然而,在更多时候,误导是一种让人们放松警惕的办法。约翰逊总统在美国人民还不是太关注的时候,升级了越战,希望扭转局势,从而欺骗了美国人民。误导还可以是权威自我欺骗、满足人们期待好消息的欲望的产物。[40]这可能是最危险的情况。一个好心的总统可以不去面对科学的证据和令人忧虑的现实。SDI 既是一个官员用来使公众放松警惕的故意欺骗的例子,也是里根与公众合谋的自欺欺人。[41]

因为对居住在一个大家都脆弱的世界没有做好准备,很多人都对里根的政策感到很安慰。事实上,以前从没有总统尝试过去教育公众,甚至连在 1972 年的反弹道协议里非常推崇共同脆弱政策的尼克松总统也没有这样做过。里根总统的计划可能不够精确,但作为一种技术性的解决办法,这一计划却很受欢迎。

里根很有可能是在无意识的情况下误导了国家。他认为 SDI 不是一种威慑,而是对威慑的终结。当人们受到挑战的时候,第一道防线就是采取他们头脑里已有的回应措施。由于人类已从历史经验中总结出许多重要问题及其解决办法,从这些经验中寻找解决办法无疑是一种合理的做法。但是,我们的头脑中可能没有新问题的解决方案,这时,便需要适应性工作。假如 30 年以后,里根和大部分的公众仍然没有进行调整以适应核武器带来的安全问题,那么他们像过去一样,通过构筑屏障来应对安全困境则是可以理解的。[42]事实上，里根强大的政治力量很大程度上来自于他超常的直觉能力，他能够感受并给予大部分人想要的东西。

里根总统使他自己和整个国家不去适应现代社会相互依赖的现实，因为这样做艰难且极具挑战性。威慑已经成为现实的一部分。[43]因为不面对相互依赖的事实，民众就无法对如何理解、选择、创造和支持适合发展更好关系的外交和经济政策做出有效的准备。贸易协定、外国援助、环境协议、国内的外国投资都是编织这种新结构的一部分。具有讽刺意义的是，公共官员经常要为欺骗付出代价。当现实最终来临，选举人发现自己没有做好准备以应付挑战的时候，他们就会很气愤。作为对过去的回顾，现在要下结论还为时过早。但是，正是由于这种错误愿望的影响——忽略国内经济问题——才使人们选举了一位新总统，并且在一大片“清理议会”的呼声中，于1992年选举了110多名新议员。

里根虚构的保护人民的计划并不完全是他个人的产物，这也是公众把各种期望都寄托在国家高级权威人物身上的产物。想象一下，要里根在1983年3月23日做一个完全不同的演讲，在演讲中他要坦承国家的脆弱和依赖性——即威慑的根本逻辑，并表明除了改善美苏关系以外，没有其他办法可以逃避这种现实，这将是多么难以接受的事情。当然，他或许能用一种积极的方式来提出这个问题。他可能说，“在人类历史上，人们不得不寻求更好的方法来控制侵略，用更不具破坏性的方法来竞争，用更强有力的方法来促进合作。在一端是堡垒隔离另一端是良好关系的道路上，有节制的威慑就是进步。沿着这条路走向合作是这个时代面临的挑战和机会。”然后，他可能会为耗费几十亿美元的SDI举几个理由。“SDI可能并不会使美国无懈可击，但是如果苏联选择继续跟我们进行军备竞赛，SDI不但能加强我们的威慑力，而且能极大地提高苏联的军费开支，增大其面临的经济压力。”

不幸的是，人们在焦虑时的期望经常很难使权威人物做这样的演讲。

里根的行为本不应该使我们感到惊讶。问题是,为什么?

注释

1. “压力”这个词既有生理学意义,也有心理学意义。科学家通常用这个词来作比喻,生动地描述处于失衡状态的生态系统,即使这些系统并没有“感受到”压力。

2. 自然界的平衡通常是动态的而不是静态的。当条件变化并扰乱系统的时候,一种特定的平衡就会发生变化,并形成一种新的平衡,但新的平衡持续的时间可能也非常短暂。比如,一个物种消亡了,另一个物种就会取代它在生态系统中的位置。

3. 参见 Ernst Mayr,“An Analysis of the Concept of Natural Selection”,载 *Toward a New Philosophy of Biology: Observations of an Evolutionist* (Cambridge: Belknap/Harvard University Press,1988),pp. 95—115。

4. John A. Moore, *Science as a Way of Knowing: The Foundations of Modern Biology* (Cambridge,MA: Harvard University Press,1993),第 163—164 页。

5. Roger D. Masters, *The Nature of Politics* (New Haven: Yale University Press, 1989),p. 129.

6. 参见 Aaron Wildavsky, *The Nursing Father: Moses as a Political Leader* (Alabama: University of Alabama Press,1984)中有关摩西带领奴隶经过不同的政治发展阶段,并使他们融入一个国家的相关研究。

7. 参见 Chris Argyris & Donald Schon, *Organizational Learning: A Theory of Action Perspective* (Reading,MA: Addison-Wesley,1978);Terrence E. Deal 与 Allan A. Kennedy, *Corporate Cultures: The Rites and Rituals of Corporate Life* (Reading,MA: Addison-Wesley, 1982);Rosabeth Moss Kanter, *The Change Masters* (New York: Simon and Schuster); Edward Schein, *Organizational Culture and Leadership: A Dynamic View* (San Francisco: Jossey-Bass,1985);Ralph H. Kilmann,Mary J. Saxon,Roy Serpa 等, *Gaining Control of the Corporate Culture* (San Francisco: Jossey-Bass, 1985);James M. Kouzes, Barry Z. Posner, *The Leadership Challenge: How to Get Extraordinary Things Done in Organizations* (San Francisco: Jossey-Bass,1987);Peter M. Senge, *The Fifth Discipline: The Art and Practice of the Learning Organization* (New York: Doubleday,1990)。也可以参见 Talcott Parsons, *The Evolution of Societies* (Englewood-Cliffs,NJ: Prentice-Hall,1977),该书作者也试图找出那些能提升人类适应能力的社会系统的组成要素。

8. 参见 Tomas kuhn, *The Structure of Scientific Revolutions* 第二版(Chicago: Chicago University Press,1970),书中对心理如何影响数据的收集和解析做了经典描述。

9. 有人认为,所有现实都是相对的,并且是旁观者能够明白的。我们这里不是要对这一点进行讨论。虽然对问题的分析根本上是受价值观影响的,但这也是相对的。这并非说“是什么”仅是一种观念上的问题。即便是在一定的价值导向下判断一个问题,但如果能够遵照一些科学的原则,那么仍能使一个人很容易地把现实和幻想区别开来。

10. 这个故事是作为寓言而不是历史来讲的,因为它建立在考古学家对伊斯特岛从有人定居到衰退过程的预测这一基础上。要了解关于伊斯特岛的考古文献,请参见 Jo Anne van Tilburg,“HMS Topaze On Easter Island”(London:British Museum Occasional Paper #73,1992)。也可以参见 Jo Anne Van Tilburg 向 Society for American Acheology(Pittsburgh,PA)1992 年度会议提交的论文“Pseudoscience and Commodification in the Pacific:Selling Easter Island as Myth,Mystery and Metaphor”。

11. Jo Anne van Tilburg 博士个人通信,Institute of Archeology,UCLA,1992 年 4 月。

12. 参见 Jo Anne Van Tilburg,“HMS Topaze On Easter Island”,p. 90。

13. 在研究中,我经常使用规范一词来表示习俗、习惯、广为接受的价值观以及指导组织与社会行为的正式规则和程序等。(在此对人类学家和社会学家表示歉意)

14. 参见 David B. Truman,*The Governmental Process*(New York:Knopf,1951)一书中“制度化群体的平衡”,pp. 27—33。

15. 参见 Albert O. Hirschman,*The Strategy of Economic Development*(New Haven:Yale University Press,1958),pp. 47—49,在这本书中,他把学习模式应用于经济发展。毫无疑问,“从人类遭受的苦难、社会压力和对传统及价值观的抛弃来看”,这种发展的代价很高。

16. 我把紧张理解成压力上升的速度和严重度的指示。比如说,突然增加的压力可能比缓慢增高的高原压力更易引发紧张气氛,哪怕高原压力水平比突然达到的压力水平要高也是如此。这是实证研究的问题,它们超越了煮青蛙的经典实验(把青蛙扔到沸水里,它会跳出来;慢慢地把水加热到沸点,青蛙会留在水里面直到死去)。比如说,我们需要理解,在何种条件下,不同的社会或组织能更好地适应系统的急转弯(就像 20 世纪 90 年代波兰的经济政策)或缓慢持续的挑战。

17. 比如说,由于需要进行持续的学习和适应,丰田公司在它的格言“不断改进”的基础上,建立了一套组织的价值观和规范。

18. 关于从个体水平上对防卫行为中的适应性和自我打击两个方面进行的分析,可以参见 Anna Freud,*The Ego and the Mechanisms of Defense* 修订本(New York:International University Press, 1966);George E. Valliant, *The Wisdom of the Ego*(Cambridge:Harvard University Press,1993),第一章。团体和组织水平的分析,请参见 Wilfred R. Bion,*Experiences in Groups*(New York:Basic,1961);Chris Argyris,*Strategy, Change, and Defensive Routines*(Boston:Pitman, 1985),*Overcoming Organizational Defenses:Facilitating Organizational Learning*(Boston:Allyn and Bacon, 1990);Larry Hirschhorn,*The Workplace Within:Psychodynamics of Organizational Life*(Cambridge:MIT Press, 1988);Irving Janis, Leon Mann, *Decision Making:A Psychological Analysis of Conflict,Choice,and Commitment*(New York :Free Press,1977)。

19. 在回应孩子的行为时,父亲也可能会体验无法忍受的焦虑。这个心理过程比本文所做的总结要复杂得多。请参见 Edward R. Shapiro, A. Wesley Carr, *Lost in Familiar Places*(New Haven:Yale University Press,1991)。

20. Craig Snyder, ed. , *The Strategic Defense Debate* (Philadelphia: University of Pennsylvania Press,1966),p. 220.

21. Strobe Talbott,"SDI During the Reagan Years,"载 Joseph S. Nye and James S. schear, eds. , *On the Defensive: The Future of SDI* (Lanham, MD: University Press of American,1988),p. 16。

22. William Broad,"Long Streams of People Led to Stars Wars Speech," *The New York Times*,1985 年 3 月 4 日,p. A1。

23. Talbott,"SDI During the Reagan Years".

24. 参见 Ronald Reagan,*An American Life*(New York:Simon and Schuster,1990), chap. 70。

25. 参见 Ashton Carter, David Schwartz, eds. ,*Ballistic Missile Defense*(Washington, DC:Brookings Institution, 1984); Thomas C. Schelling, "What Went Wrong with Arms Control?" *Foreign Affairs*,第 64 期,1985/86 秋,pp. 219—233。

26. Robert McNamara,"Reducing the Risk of Nuclear War," *The Strategic Defense Debate*,p. 124.

27. Talbott,"SDI During the Reagan Years."

28. 有三分之二的美国人认为"苏联的威胁不断加大,是个迫在眉睫的危险",另有 64% 的美国人倾向于双方实行军备冻结,而 25% 的美国人倾向于军备竞赛。"Poll Finds Doubt over Responses to Soviet Threat," *The New York Times*,1983 年 4 月 15 日, p. A1。(虽然投票是在总统 3 月 25 日演讲两周后举行的,但是投票并没有提到 SDI,这个计划还没有在公众中讨论)

29. 按照 Talbott 的说法,管理国家安全政策的国防部助理部长 Richard Perle 将 SDI 当作保护美国导弹发射基地的武器系统,而国务卿 George Shultz 和他的特别军控顾问 Paul Nitze 则把 SDI 看成讨价还价的筹码。参见 Talbott,"SDI During the Reagan Years"。

30. 我们没有人能够深入里根总统的内心,并再造他的思想过程。他的回忆录对探索 SDI 的不现实并没有多大帮助。在回忆录中,他似乎并未注意到,哪怕 SDI 能像设想的那样进行运作,他对这种难以穿透的防御体系的设想与 SDI 受到的现实局限也不一致。里根好像特别能够说服人们相信他所说的话,无论是减税还是 SDI,他并不关心可能遇到的细节问题。我认为与其说这同他愤世嫉俗的欺骗性战略有关,倒不如说是与他生活在梦里的能力相符合。参考 Richard E. Neustadt, *Presidential Power and the Modern Presidents*(New York:Free Press,1991),pp. 276—279。

31. Colin Gray,"Deterrence and Strategic Defense,"载 Snyder, *The Strategic Defense Debate*,p. 175。在 SDI 的例子中,它包括了同美国的欧洲盟友相关联的问题,它们都因为里根总统在提这个问题的时候没跟它们进行探讨而气愤。就像英国的前外交大臣 Francis Pym 所说,"我们安全的根基是我们的人民能够乐观地接受一种既可以防御又有利于裁军的战略。在西方的政治家或政客眼里,获得接受和支持是要优先考虑的问题。要达到这一目标,就要不断地提出和解释问题——能给问题一个完全、直率、公平的解析,并揭示出可能的选择。这不是一个兜售 SDI 的问题;这是一个让人们对你有信心的问题。" Francis Pym,"A European View,"载 Snyder, *The Strategic Defense Debate*, p. 136。

32. Michael Vlahos,"Perceptions of Power,"载 Synder, *The Strategic Defense Debate*, pp. 80—81。为制定 SDI 计划,里根总统召集了一个由 James C. Fletcher 担任主席的专题小组。小组认为,只有根据苏联侵略力量的大小制定的战略防御才会有效。战略防御必须与军备控制联系起来,以防止将军备竞赛升级到一个新的领域。只有这样,它才能发挥作用。即使是 SDI 也与其他事项相关。参见 Alex Gliksman,"The Strategic Defense Environment,"载 Snyder, *The Strategic Defense Debate*, pp. 199—200。

33. 1973 年的 Jackson-Vanik 修正案就是对此进行回击的代表,它破坏了尼克松外交缓和的努力。参见 Henry Kissinger, *Years of Upheaval*(Boston: Little Brown, 1982), pp. 986—998。

34. Gregory F. Treverton,"'Foreign' Assessment,"系列讨论文章#148D(Cambridge; John F. Kennedy School of Government, Harvard University, 1986)。

35. James G. Blight, David A. Welch, *On the Brink: Americans and Soviets Reexamine the Cuban Missile Crisis*(New York: Hill and Wang, 1989), pp. 29, 238, 258, 294—295, and 302.

36. Carter 与 Schwartz, Ballistic Missile Defense, p. 1。

37. 根据《华盛顿邮报》的调查,55% 的美国人更喜欢"一个能保证国家不受核攻击的体系,为此,他们愿意付出任何代价"。调查表明,公众对削减军备持乐观态度。*The Washington Post*, 1985 年 11 月 17 日, p. A27。在同一周的其他调查中,《时代周刊》的调查表明,68% 的公众相信 SDI 能够起作用,在《纽约时报》/CBS 的调查中,58% 的人持同样的乐观态度。在盖洛普的调查中,61% 的人希望美国发展 SDI。这三个调查都被当作美国民众支持星球大战而被报道过,参见 *The Christian Science Monitor*, 1985 年 11 月 21 日, p. 3。

38. 参见 Ashton B. Carter,"Directed Energy Missile Defense in Space,"为科技评估办公室准备的背景材料,国会,华盛顿, DC, 1984 年 4 月。

39. 这可能把 FDR 说得太好,可我并不这样认为。他的竞选战略受到分裂分子的观点的影响。反过来,这又影响了他的共和党对手 Wendell Wilkie 对战争扩大化的指控。很显然,罗斯福在加入反对纳粹的战争方面误导了公众,从而使他再次当选。民选政治向他表明了这个国家在纳粹占领欧洲这一问题上的意愿变化情况。

40. 约翰逊升级越战的决定,就像我在第七章讨论的那样,可能也牵涉到过度乐观的自我欺骗。

41. 我用"合谋"这个词来指故意的或潜意识的合作,通常指后者。

42. Leon Wieseltier,"Traditional Deterrence,"载 Snyder, *The Strategic Defense Debate*。

43. 就像 McGeorge Bundy 等人指出的那样,"我们相信总统的初衷是出于好意,但是却因为不尊重现实而带来了坏的结果。这是一种经常出现的情形。"摘自 McGeorge Bundy, Geroge Kennan, Robert McNamara, Gerard Smith 的"The President's Choice: Star Wars or Arms Control,"*Foreign Affairs* 第 63 期, 1984/85 年冬, pp. 264—278。

第三章　权威的起源

社会生活依赖于权威。事实上，我们建立权威关系的能力是以组织为基础的，这包括了从家庭到国家的一系列组织。从人类的观点看，动物的群居是演化过程的重要里程碑，而权威及其前提因素，即支配与威慑力，则使群居成为可能。[1] 权威系统（systems of authority）具有重要的社会功能。不理解这些功能，人们就不能理解领导的含义，就如波音公司忽略了重力就造不出飞机一样。我们中可能有些人憎恨或不信任权威，但我不知道，如果没有权威我们还能做什么。[2]

在日常交谈中，我们经常把领导等同于权威。我们习惯将领导者看成是那些具有较高权威地位的人，尽管我们经常认为他们并没有实施领导。我们可以感觉到这两者间的不同之处。通常，我们把这些差异归因于个人的能力、性格与动机的不同。有些人具备这些气质，有些人却没有。但个人特征并非领导的全部，环境（context，有时又译为背景或情景——译者注）也起着重要作用。有时候，环境中存在诸多阻碍实施领导的因素。

权威便是其中一个重要的阻碍因素。由于我们想当然地把领导等同于权威,我们往往看不到权威本身给领导带来的障碍,拥有权威不仅仅意味着对资源的支配,同时也意味着对领导的制约。我们必须了解这些资源和制约。为此,我们首先要确定权威在生活中的作用。

权威关系与我们灵长类祖先的支配(dominance)与服从(deference)关系相似。无论是人类社会还是灵长类动物,社会生活均在诸多方面优于独居。[3] 例如,社会保护个体不受威胁,保障食物供给,照顾幼者,适应新环境,[4] 等等。但是,社会生活需要对个体行为进行协调,即通过支配与权威关系,以不同的方式与程度来满足各人的需要。[5] 当然,动物社会与人类社会是不同的。许多人质疑从动物社会得出的结论对人类社会的适用性,因为它们很容易被人滥用。然而,在分析人类组织与团体如何协调与合作以解决某些重要问题方面,对动物社会的研究还是会给这一分析提供有用的帮助。[6]

支配在灵长类动物社会中的功能

尽管在灵长类动物社会的社会结构中,等级制度的严格程度各有千秋,但是,在不同的物种中,支配结构(dominance structures)的功能基本相似。支配者占据突出的地位,他们是整个群体关注的中心,经常处于群体的中央。由于是关注的焦点,支配者经常是群体中其他动物的参照物。日常生活中,其他成员通过关注支配者所处的位置与行为举止获得各类信息,如往哪个方向觅食、在哪个位置安营、和谁交配、往哪个方向逃命以及群体中出现斗殴时如何恢复秩序等。[7]

例如,在居住于中非山林的大猩猩中,我们发现了这种关注结构(structuring of attention)。这些猩猩 7 到 18 个成员为一队,以一只成年雄性猩猩为中心。由于该猩猩在背颈部有银白色的毛,故又叫银背猩猩。

在少数情况下,同一群体有三四只雄性银背猩猩,这时群体就有明确的等级制度。[8] 在群体里,成年雌性猩猩与其他同伴的关系更具不确定性。等级制度是以加入该群体的顺序为基础的,不过带着幼猩的雌性猩猩比其他雌性猩猩享有更多的优先权。例如,她和幼猩经常待在离银背猩猩更近的范围以得到更好的保护。[9]

在乔治·沙勒(George Schaller)和迪安·福西(Dian Fossey)等观察者看来,银背猩猩经常处于群体的中央,是群体关注的焦点。[10]其他猩猩都指望它维持日常生活秩序,群体随它的移动而移动,并保持和它一致的方向。当猎食者对群体构成威胁时,银背猩猩冲在最前头,指挥紧随其后的雄性猩猩战斗。猩猩很少有猎食者,而豹是其中的一种。银背猩猩震天动地的呼叫声具有极大的作用。它不仅提醒其他猩猩随它逃向安全的地方,而且启动了对入侵者(包括其他进入领地的猩猩群体)的防卫程序。沙勒说当它"突然大叫时,其他猩猩就会知道附近潜藏着危险,它们将聚集到领导者的周围"。

银背猩猩是其他猩猩关注的焦点。在列队行进以寻觅食物时,其他猩猩以银背猩猩的位置为坐标来确定自己在队列中的位置。当群体成一纵队穿越丛林时,银背猩猩走在前头,其后是带着年纪最小的幼猩的母猩,然后是其他带着幼猩的母猩和成年雄猩,再后是其他的雌性猩猩和雄性猩猩。当它们进食时,群体便散开。但在休息期间,它们通常聚集在银背猩猩周围。年纪小的猩猩被安排在与它最接近的地方。在群体中,银背猩猩起着决定性的作用,它的影响力使群体得以统一,没有这种影响力,群体将不可避免地解体。

同时,银背猩猩在群体中也起着控制作用,它调解纠纷,稳定局面。[11]打斗经常发生,但当其爆发时,唯一有可能平息双方的只能是银背猩猩。当它采取措施时(当然这也不多见),他经常站在双方中更年轻的一边。[12]不过,银背猩猩并非群体中起稳定作用的唯一的猩猩。等级制度存在于群体的各个层面:成年雌性管理未成年者,未成年者管理与母猩猩走散的幼猩猩。沙勒认为:“与普遍持有的观点相反,等级制度并没有导致争斗与纷争,反而增进了和平。这是因为它规定了每个成员的地位,每个成员都知道相对于其他成员自己所处的位置”。[13]

另外,银背猩猩还确立和维持交配的规范。然而,它并不经常依靠恐吓及残暴来统治。经常有这样的事,即雌性猩猩为了找到她喜欢的银背猩猩而加入另一群体,而这只银背猩猩常常是一只年纪更大的雄性猩猩。在一定程度上,银背猩猩通过吸引雌性和年轻的猩猩来确定它的统治。我们还不清楚它是怎样做到这一点的,但研究表明,群体成员都想靠近并跟随它。

大猩猩群体一般较小,有严格的等级制度。与此相对,黑猩猩的社会系统则更加灵活。黑猩猩的社会中存在着各种各样的政治联盟、内部争斗与纠纷解决机制。[14]在野生动物世界中,一个黑猩猩群体会分为多个相互联系、相互影响的小团体。一些日常决定,如往什么方向行动等,是由各个小团体自主做出的。然而,黑猩猩统治制度对社会所起的一系列作用与猩猩是类似的。虽然一个黑猩猩群体的成员可能多达 105 个,但只有雌性及其后代组成的群体才是基本稳定的社会单位。该雌性决定往哪个方向行进,保护幼猩不被天敌捕食,并维持群体中的秩序。[15]

成年雄性黑猩猩通常独自去觅食,偶尔也会成群结队。如果它们组成群体,其成员通常每周变化一次,而且每个群体都有自己的等级制度。占统治地位的雄性猩猩——即 1 号猩猩——可能保持其地位达 10 年之久。[16]黑猩猩很重视自己的领地,1 号猩猩的主要功能似乎是协调本群体内的黑猩猩来维护本群体的领地。在本群体的领地内,用简·古多尔(Jane Goodall)的话来说就是:“总体上讲,侵犯现象较少发生;每个成员都清楚自己相对于其他猩猩的地位。”但对于侵入领地的入侵者,黑猩猩则会发出怒吼以阻止。这种统治结构,“虽不能说是为了控制社会中的侵犯行为而存在的,但它确实起了这样的作用。”如果1号猩猩的地位受到质疑,则侵犯性行为将成倍增加。[17]

黑猩猩的等级制度规定了雌雄交配时应遵循的规范,例如,高级别的雌猩猩通常与高级别的雄猩猩交配。在交配期,如果在因发情而变得富有攻击性的雄猩猩中缺少明显的统治力量,往往会引发混乱。

在荷兰安海姆动物园(Arnheim Zoo)的自然环境里,弗兰斯·德·瓦尔(Frans De Waal)研究了被关押的黑猩猩的政治习性。他观察到,1号猩猩看起来比其实际的体形大。它昂首挺胸,竖起身上的长毛,这使得它看上去有其他猩猩的两倍大。它会做些夸张的动作,有时会表现出凶残以增强其要达到的效果。它处于群体的中心,其他黑猩猩很少能不注意到它的行动。从人类的观点来看,它很有魅力。然而,当它的统治受到挑战时,发生的变化往往会让人目瞪口呆。当经过数月的竞争和联盟后,看起来小而平常的挑战者获得了统治地位时,它立刻就会将浑身的毛发耸立起来,使体形增大一倍,[18]失败者则缩小到原来的一半大小。角色的改变使它的行为发生了变化。很显然,通过这次明显的变形,新的1号雄猩猩成了群体的中心和关注的焦点,并成为群体行为的协调者。

黑猩猩和大猩猩群体显示,统治者最少发挥着五方面的社会功能:(1)决定群体迁徙方向;(2)保护群体不受猎食者的侵害;(3)给各个成员定位;(4)控制冲突;(5)维持规则,包括交配、资源分配规则。居统治地位的大猩猩与银背猩猩在统治方式上存在着巨大的差异,它们二者源于不同的生态环境,表现出不同的社会模式。[19]尽管如此,每个社会显然都需要通过等级制度来完成以上五项功能。

人类社会

在将人类社会与动物群体进行类比以前,必须注意三点。第一,以现代人类的标准来衡量,灵长类动物社会的等级制度仅涉及小群体。每个群体大约由100个——而不是500个、1000个、1万个或数百万个——成员构成。因此，将非人类社会的情况外推至人类社会，存在着两个障碍：一是他们分属于两个不同的物种，二是他们的复杂程度不一样。即使是与我们最相近的灵长类动物群体中普遍存在支配现象，也并不表示支配是人类社会的自然组织规律。即使支配与服从是人类的自然倾向，这些倾向也可能仅仅代表了人类社会某些残留的、并非人类社会必需的行为。它们可能是不能适应变化的产物。

第二，人类社会与其他动物社会所采用的协调机制是不一样的。事实上，这种不同存在于许多物种中。就如我们所看到的，大猩猩群体的等级制度比黑猩猩群体的等级制度要严格得多，一个大猩猩群体的成员很难进入另一群体，群体中的统治形式更倾向于直线式。

第三，我们已经看到社会达尔文主义者对达尔文理论的滥用，他们认为：(1)应该有人处于支配地位；(2)支配者应该配得上充当支配者。各式种族主义者及骗子试图通过生物界的论据来证明他们的偏见是合理的。他们援引自然规律，试图将生物的潜能与生物决定主义混淆起来。[20]例如，长期以来，男性都试图通过以下方法来论证性别歧视主义的合理性。他们说，在许多动物社会中，都存在着雄性支配雌性的现象，所以男性支配是自然的。但是，类比分析必须能够引出不同点，只有这样，才能有进一步的新发现。因此，在所有的灵长类动物中，可能只有人类才能够意识到不同性别之间的平等。[21]人类的不断学习使人类慢慢改进了一些阻碍文明社会形成的自然习性。[22]平等及其他宝贵的成就，都是人类社会通过不懈努力才获得的成果。

最多来说，动物行为可以帮助我们找出人类社会活动的生物潜能。从这个角度来看，人类的倾向就像人类具有的侵略性与温柔心一样，具有多种多样的形式，并且会随着环境与文化的变化而变化。[23]我们具有创建不同权力结构形式的社会的能力，从这一点来看，我们可以形成统治与服从的基本倾向。

孩子中的支配。即使在4岁小孩的群体中，也存在分级制度。一个对弗吉尼亚幼儿园孩子的研究显示，引人注目的小孩常常是那些在争夺玩具中获胜的小孩。观察者将这些居支配地位的孩子称为“高地位小孩”。中低地位的孩子更多地关注那些比自己地位高的孩子，而较少关注那些难以抢得玩具的孩子。此外，孩子们总是更多地观察高地位的同学。对他们而言，注意力总是朝向高地位的同学。另外，孩子们也会在空间上（即找到自己的位置）将自己与他人区别开来，他们会和那些与自己级别相同的孩子待在一起。[24]换句话说，对支配权的感觉是维持团体的黏合剂。对日本一家幼儿园的研究显示，如果居于支配地位的小孩在团体形成过程中离开，将导致整个团体的分裂[25]。

除了定位功能以外，处于支配地位的小孩还起着其他作用。慕尼黑一项对4岁孩子的研究表明，得到最多关注的孩子，通常也是那个最经常发起或组织游戏、作为第三方平息争斗以及代表本团体与另一团体接触的人。低级别的小孩倾向于服从、亲近、微笑以及给高地位小孩送礼。[26]

一项对玩躲球游戏的一年级学生的研究表明，技术最好的小孩成为支配者，其他小孩则依靠他来组织。到一、二年级时，大多数孩子都同意由最聪明或最厉害的孩子担当支配者。但是，他们很少对谁是最不聪明和最弱小的孩子这一问题达成一致意见。这再次表明，注意力总是朝向等级系统中级别高的人物。[27]

这些模式是由遗传基因产生的吗？或是孩子们模仿了年长的人或其他孩子？或许这两种原因都有。在成长的特定阶段，孩子们总会吸收各种不同的教训或提示，如语言、爬行或社会礼仪。基因遗传给了我们一个生物基础，在此之上，我们将不可避免地学会各种行为。[28]然而，虽然孩子们很早就接触了支配与服从的关系，但他们从中具体学到什么则与文化和成长环境有关。

研究显示，处于支配地位的小孩所起的作用与大猩猩、黑猩猩支配者在群体中所起的作用类似。如指明行动的方向、规定各人的角色和位置、守卫边界、平息群体内的争端等。处于支配地位的小孩是其他人注意的焦点，这有助于他协调班上的同学。

成年人小团体。对美国一些成年人小团体的实验也出现了相同的情况。主要表现在三方面。[29]首先，当陌生的男人女人组成一个团体以完成某项工作时，他们一般都会建立一套等级制度。其次，虽然组织该实验的科学家已经为团体指定了一个负责人，他们仍会以非正式的方式授权团体中的另一个成员担任领导。因此，正式与非正式的权力并不一定重叠。[30]

再次，团体希望领导者提供某些服务。[31]团体以他为中心运作。一旦等级制度确立起来，团体的其他成员似乎便找到了自己的位置和将要充当的角色，而团体内的紧张关系也会随之消失。同时，团体的凝聚力不断增强。[32]权力对各个成员进行定位，并因此减小了团体内部的压力。同时，由于每个团体成员都与领导者发展出某种关系，权力也为团体的进一步凝聚提供了一个加强联系的纽带。[33]一般来说，其他成员希望领导者决定将要完成的工作。权力提供了方向。当危机出现时，团体成员便会将注意力转向领导者，期望他能解决问题。如果他不能满足这一期望，他不仅可能失去已有的声望，有时还会失去支配者的角色。团体希望掌握领导权的人解决危机，而结果通常是问题得以解决。[34]

这些研究显示了权力变化的心理机制。当团体内的压力增加时，团体便会认为某方面出了问题。压力通常产生于复杂事件引起的迷惑，而作为回应，团体通常会建立起一种权力结构。有时候，这种权力结构会以非正式的形式出现。权力结构为团体中的所有成员（包括领导成员）规定了位置与角色。这样，便创建了一套协调与解决问题的机制。当团体成员知道他们应向谁寻求帮助时，他们便感到安心了。

只要掌权者可以提供团体所需的服务并使团体成员感到安心，他的权力就会不断加强；否则，他就可能被罢黜，或使团体分裂。如果他曾经成功地满足了团体成员的期望，人们对他在某些方面不能满足他们的期望的容忍度就会越高。他可能会获得“特质分”（idiosyncrasy credits），[35] 但是，当面临一些难以解决的问题而他又不能解决时，他也可能失去人们的信任。

从支配到权威

我将权威（authority）定义为用来提供某种服务的授予的权力（confered power），这个定义可以提醒领导者两个事实：首先，权威是授予的，因而可以被收回；其次，权威的授予是交换（exchange）的一部分。如果不能满足交换条件，就有可能失去权威：它可能被收回，也可能被授予给另一个承诺满足交换条件的人。[36]

这种存在于委托人与代理人之间的权力与服务的交换关系采取了一种特别的模式。授权者对代理人说：“基于你的知识，我将权力交给你，由你作决定以提供某项服务，只要这些决定看起来符合我的目的，我就会服从这些决定。”[37]

例如：（1）美国国会用法律的形式将权力授予某个代理机构，同时要求该机构提供某项服务。只要国会认为该机构仍在正常工作，国会就会听从该机构的决定；（2）在街头拐角处，交通信号灯变换颜色以维持交通秩序。当红灯亮时，司机便停车。通过这种服从，司机从地方公路管理部门的服务中获得好处。他们授权给地方当局，以换取交通信号灯带来的协调；（3）当地方选民选举议员时，他们授权议员做出可能影响他们生活的决定。作为交换，他们希望议员能满足他们的需要；（4）某个在公司供职的人在自己的职权范围内，可以为公司做出各种决定。供职的个体提供一系列服务，并得到与该职位相关的权力与回报。

在讨论成人团体时，我指的是权威而不是支配。在讨论权力关系类型的理论中，支配与权威是截然不同的。支配关系以强制或习惯性服从为基础，而权威关系则是自愿与有意识的。但在现实中，两种权力关系经常重叠。

很显然，并非所有与权力有关的有意识的交换都是授权的行动。一个遭遇打劫的受害者可能会屈服于手里拿着枪的打劫者，希望他的服从能够使自己避免遭受人身伤害。他的服从是有意识的，也存在着明显的交换行为：以金钱换取人身安全。但这不是权威关系，受害者没有授权给打劫者，也没有授予他人权力以获得某项服务。

有一种情况经常出现，即权力被人夺取，而对权力的服从并不表明其中存在协商行为。然而时间久了之后，假如人们逐渐习惯服从于支配者或制度，而支配者也发展出一套稳定的习惯及福利作为人们继续服从的交换，那么，服从则会逐渐变得像是授权。即使没有有意识的决定，长时间的服从也将转变为授权。[38]

因而，并非所有的权威关系都是有意识的权力授予的产物。就像支配一样，它们经常出于习惯而服从。[39]我们中的许多人都习惯于服从，而未意识到我们才是权力的源泉。[40]我们忘了自己才是权力的委托人。[41]因为我们可以收回授给他人的权力，所以当我们意识到集体的力量时，掌权者就变得非常脆弱。美国革命就说明了这一点。

权力授予与习惯性服从的重叠性在儿童时期表现得非常明显。小孩没有授权给父母，他们只是服从其父母。孩子们学会了尊敬父母(或者处于这种环境之中)，他的生活依赖于这一点。然而，当他长大时，他开始考虑以下问题：应给予父母多大的权力？哪些事情应向父母求助？哪些事情应向他人求助？这样一来，此前的习惯性服从就转变成权力的让渡。

有人习惯于通过协商让渡权力，有人只是习惯性地服从，各人在这方面的差异很大。一些人长大后意识到，是否授予权力完全取决于自己。

他们不但学会了质疑传统的结构并参与权力与服务的交换，而且开始全面审视掌权者。但也有许多人不会这样做，认为自己没有权力是理所当然的事情。如果这些人在成长过程中从来就没有得到过自治权，他们就会认为这样做是合理的。

假如有意识的决定和习惯性这一标准不能明确地区分权威与支配，或许用讨价还价中是否存在强制这一标准可以将二者区别开来。虽然打劫者的例子显示，强制性的权力关系是纯粹的支配，但是否这就意味着所有使用了强制力的权力关系都是纯粹的支配呢？很显然，每个政府都有强制其成员以维持秩序、控制争端、指引方向和保卫边疆的方法。[42]法院与警察都带有强制性。无论人是作为个体还是作为社会，都有一些恶的倾向（不道德、任性与破坏性倾向），通过给予强制机构一定的授权，我们便能抵制这种倾向的发展。例如，交通警察所具有的强制性威胁也是我们授权的一部分，因为这样可以防止在交叉路口发生事故。我们不仅希望这种威胁将阻止其他司机的冲动，也知道我们自己也可能受到这种威胁的制裁。我们也许会为这个礼拜收到的一张超速罚款深感不满，但它或许能在下个礼拜挽救我们的生命。

戈尔巴乔夫导致了苏联的崩溃，这一过程中的许多事件更充分地说明了支配与权威之间的重叠。几个世纪的沙俄统治使人们习惯于服从政府，1917 年的苏维埃革命则承接了这样的国民。斯大林的统治进一步增强了这种服从性。与此相反，戈尔巴乔夫则主张改革。他试图将解决地方上的问题的权力与责任交给当地的工商业和政府，哪怕它们的解决办法可能与中央政府的命令不一致。[43]

但戈尔巴乔夫发现，将权力交还人们并没能造就负责任的公民。人们不但要改变权力与责任观念，还要放弃服从所带来的种种好处，如政治和经济保障。在旧制度中，人们知道政府的作用，它提供的服务——如职业和福利等——是有保障和可预期的，大部分人都不用担心被解雇、裁员、无家可归或挨饿。当乡下的村民动乱时,人们知道动乱终将被平息。当外国威胁国家安全时,政府将做出必要的防御反应。没有人会担忧吸毒问题(除了酗酒),因为边境检查很严,对犯罪的惩罚亦非常严厉。

在权威关系中,委托人与代理人都要做出选择。[44]当戈尔巴乔夫在新旧两条道路上做出明确的选择时,我们看到了苏联各地巨大的反对浪潮,这种反对主要针对新道路所带来的不安全性。戈尔巴乔夫不但违背了政党官僚与政府机关的意愿,也违背了大多数人们的意愿。当他们可以自主选择时,许多人都不能确定自己是否想改变协议的条款。[45]

苏联人对政治、经济体制变革的反对让许多美国人感到惊讶,因为他们认为苏联人民是"被极权政府禁锢的",因此我们推测大部分民众将为有和我们一样的自由而感到欣喜。我们曾假定,一小部分所谓的"精英"通过强制力量掌握着苏联政府的权力。对大部分民众来说,这是赤裸裸的支配。然而,苏联对20世纪90年代初的变革的反应,显示了民治政府有许多形式,其中某些形式与独裁相似。事实上,我们没有认识到,苏联政府与公众间的关系隐含着某种交换关系,虽然以我们的价值观来说,我们不会接受这种交换关系,但这并不等于苏联人不会接受。很久以前,许多苏联公民就和那些争夺政治权力者达成了一项交易,他们放弃多种自由以换取安全和平等。[46]当有机会获得自由时,并不是全世界的人都认为为自由付出的代价是值得的。民族主义与经济困境导致了苏联帝国的解体,但人们要求回到旧秩序的压力是如此之大,以至于20世纪90年代初期,没有人能预见苏联未来的走向。

通常情况下,授予权力以获得服务的交易是一个自动的过程,因此,"社会习惯"比"社会契约"能更好地描述这一交易。[47]契约是双方一致意见的有意识的安排。然而,我们中的大多数人生长于同一个社会,并不了解另一种可能存在的安排。从有意识地在一套可选方案中进行选择这一层含义来说,我们并未"同意"采用现有的安排。我们生活在这个世界,并接受现有的安排。[48]

将支配或习惯性的权威关系转变为社会契约绝非小事。相反，这是一场革命。即使就这一观念本身而言，也是一个很重大的思想进步。对美国和法国革命中的许多政治活动家来说，卢梭关于“社会契约”的观点不仅是对权威起源及其历史的描述，更是一种人性的渴望。[49]我们能够将无意识的交易提升到有意识的选择这一高度吗？

社会契约的观点是民主的基石。然而，如果我们只是用期待的眼光看着掌权者，并不能就此获得民主。从某方面来说，只有大部分民众意识到自己是实际的委托人，而接受权力的那一方则是自己的代理人时，民主才可能实现。他们还必须承担风险与代价，分享承担责任及参与所带来的利益。

权威与文化

随着人类智慧的发展，人们已将权威的表现形式内化到意识之中。这样，人类的进化便进入了一个新的阶段。[50]和其他动物不一样，我们并不需要实际看到权威人物才感到权威的存在。我们从父母、教师和其他长者那里获得知识。他们的声音、价值、信仰、规范和条例既可以是内在的，也可以是抽象的，也就是说，这些东西可以与具体事物相分离。

当然，内化于我们心中的声音并非总是一致的。这些声音经常不和谐。我们内化了许多相互矛盾的权威，每个都有不同的声音和观点，就如我们生长于不同的人们之中。此外，我们也具有了在心里对各种内化的声音和观点进行权衡的能力，并可以根据形势确定跟从或忽略哪个声音（这些声音来自于父母、老师、上司、配偶和朋友）。[51]

我们心中的争论为我们提供了选择的空间。我们可以对各种选择进行评价，并试一试不同的观点，看它们会产生什么样的结果。内部的冲突既是负担也是祝福。如果孩子们生长于一个处处一致、只内化了一种权威声音的地方,我们很难想象这样的孩子会是什么样子。事实上,我们的财富、创造力、文化与组织的多样性均归功于个体的能力,这种能力使个体能够让各种声音(包括我们自己的声音)在心里进行辩论。

我们内化所学到的权威的能力使文化、规模庞大的社会与组织的构成成为可能。[52]在庞大的社会系统里,指引人们行为的规范必须足够少。我们必须能够在无须时时向权威人物询问的情况下,便能行使好作为社会成员一分子的职责。因此,我们的文化规范在许多方面发挥着权威的功能。[53]

然而,健全的文化并不能完全取代权威系统。权威职务是人们各种期望的汇集。[54]事实上,文化的永恒性需要一个值得信赖的权威网络,只有这样,孩子们才能内化一套前后一致的规范。缺少这个网络,就会出现各种各样的行为模式,其中不乏起破坏作用的模式。例如,当无休止的贫穷与偏见成为本地区及父母权威网络中的一部分,这个社区便会出现犯罪、帮派、早孕与吸毒等次文化,将它与大社会及其权威结构和对未来的承诺分隔开来。因此,许多美国城市的孩子在成长过程中,内化了对社会权威及其代表的规范的不信任。这种不信任加剧了次文化与主流文化的分离,从而形成一个恶性循环。[55]

在社会有比较健全、连续一致的制度时,权威主要起一种象征文化规范的作用。在经历长期稳定之后,权威的作用看起来好像消失了,但事实上,它永远不会完全消失。[56]很显然,人们需要(至少偶尔需要)关注一下中心人物,哪怕这个中心人物只具有象征意义。

如在西南非洲的“! Kung”文明中,文化结构似乎已经取代了对强大权威的需要。[57]但是,权威人物还是起着一定的作用。在每个群体里,首领协调对水和采集到的食物的分配。在特定的领域里,水和植物都属于这个集体公有。在外人看来,首领是这块土地的象征,他控制着这块土地上的资源的消费。因此,当参观者及其他群体进入该领域时,他们会请求首领准许他们使用这些资源。

然而,总的来说,健全的资源分配规范削弱了人们对首领行使权威的需要。由于群体中的家庭依据惯例解决分配中出现的纷争,因此,首领的职能退化了。哪怕是像首领做出的群体该去哪里采集食物这样的决定也变得越来越简单,因为群体已经知道该去哪里。权威的社会功能已大部分融入一套固定的规则体系,每个成员和家庭都遵循这套规则。

打猎生动地说明了这一点。打猎提供了群体所需食物的20%。很显然,在开阔的土地上,野生动物不会将自己局限于某个群体的领地上。结果是"! Kung"经常面对这样的冲突,即动物被其他领地上的群体射杀。为了解决这种争端,就有必要建立这样一套机制,由一个凌驾于两个群体之上的权力机关——如部落议会——来制定和执行规则。但是,"! Kung"的机制是确定这样一条部落准则,即谁射杀了动物,动物就归谁(即看谁的箭先射入该动物的身体)。这条准则得到了各个群体的赞成,因而很少产生争端。其他规范强化了这一准则。由于食物要由群体成员分享,因此既没有人能从一次猎杀中得到太多,也没有人会在这次猎杀中失去太多,这就使个体的纷争变得没有多大意义。

最重要的是,首领对维持这些规范负有责任。但在各种条件都保持稳定的情况下,规范的应用使首领要做的并不多。[58]首领的作用在于代表这些规范及其连续性。例如,当"! Kung"的成员被问及将如何处置盗窃食物的外来者时,他们会说,首领将会把他"驱逐出去"。当一个没有任何血缘关系的人想加入群体并分享食物时,首领会告诉他:"你不是我们的亲戚,你不能跟我们生活在一起。"然而,这些事从没发生过。[59]

压力及魅力权威

我们发现,在动物社会,支配关系起着重要的社会作用,而在人类社会,文化规范则部分地取代了权威关系在协调社会活动方面的作用。然而,我们还是看到,健全的社会并未受到尖锐矛盾或强大外部压力的挑战。事实上,这些稳定的形势已成为我们日常生活的一部分。一般来说,权威懂得如何满足我们的要求。文化规范则提供了那些他们不能提供的指导。在马克斯·韦伯(Max Weber)的理论中,传统权威和官僚权威均足以使社会团结并解决日常问题。[60]

然而,当一个组织还没有形成规范,或一个社会面临适应性挑战而必须革新时,会出现什么样的情况?在一个组织形成的最初阶段,指引方向、保护、定位、解决纷争和制定规范是权威最重要的职能。权威的形象比他实际的要高大很多,这是因为他实际上做了许多工作。作为组织动力的来源,他赋予人们的工作以意义。[61]作为创建者,他会被周围的人们认为具有魅力权威。许多创建者都得到了这种礼遇。然而,时间久了之后,由于"一种做事方式"的出现,高级职务本身便具有了生命。[62]魅力权威由当事人转移到职务,使每个担当此职务的人都或多或少地沾上这个职务带来的魅力权威。另一方面,根据不同时期所面临的压力的不同,以及个人满足人们期望的能力的不同,这种神奇的魅力可能会稍微或大部受损。[63]每个第一次进入椭圆形办公室的人,不管其级别如何,都会有这种感觉。

在组织形成的中后期及一切成为常规后,当我们面临新的挑战而规范又不起作用时,会出现什么样的情况呢?这时,职务及其象征的惯例已承担不起这样的责任,而我们仍希望担任这一职务的人像创建者一样,起到指引方向、保护、定位、控制纷争与重整规范的作用。[64]这时,我们会希望权威人物的介入,期望他们能够重建平衡。[65]我们寻求新的保证。事实上,在1933年3月,在经济大萧条的高峰期和国家银行出现危机时上任的富兰克林·罗斯福承担着一种毫不亚于拯救人民的责任,有人甚至把他比做弥赛亚。幸运的是,他的妻子没有这么看。埃莉诺·罗斯福(Eleanor Roosevelt)这样描述那次登基典礼:"非常庄严,有一点吓人,当富兰克林在演讲中说，他将运用的权力不会超过和平时期的总统时，他遭遇了一次最大规模的游行示威。”[66]

当压力变得很大时，我们更愿意放弃自由并授予他们以非同寻常的权力。[67]对历史上35位独裁者的研究显示，他们全是在社会危机时出现的。[68]人们不再受习惯的约束，迫切希望权威人物提供解决方法。[69]我们不仅授予他们各种正式权力以使他们能满足我们的种种需要，私底下我们也相信他们能够做到这一点。我们团结到一个人——或者说一个点，一个象征性符号——的周围，希望被告知怎样行动。早罗斯福几周上台的希特勒曾深刻地描述了这种现象。他说：“我们这次运动的最大任务，就是给迷惑的、还在苦苦寻觅的群众一个新的、坚定的信仰，一个在混乱的日子也不会抛弃他们、离他们远去的信仰，他们会发誓遵从这种信仰，以让自己找到一个可以让心灵休憩的港湾。”[70]

我们把这种魅力赋予那些说出我们的疾苦、给我们承诺的人。在我们绝望的时候，我们经常不假思索地这样做。可能就像猩猩需要1号猩猩作为参考一样，我们在迷失方向的时候，通常也会把天才与权威人物联系起来。只要他们满足了这种需要，我们就会把他们想象得比实际高大。我们没有意识到，他们的魅力源于我们自己的渴望。如果阿道夫·希特勒生于正常年代，他会成为什么？[71]

当共同的规范不再能够提供足够的指导的时候，权威关系容纳社会压力的能力提供了一个很好的支持系统。[72]在我们关于扶持环境的讨论中，我们会对这一资源进行更深层的探讨。但是，如果管理不当，对权威的依赖则会阻碍他们去直面必须解决的问题。这样一来，魅力权威不但不能带来创造力和责任心，反而会带来盲从，或形成一种依赖中央集权和控制的官僚体制。[73]创造性只能从与环境的接触中产生，如果人们只关注超凡人物和指挥链，他们对所处环境的感受力就会变得迟钝。因此，将注意力投向上边会使人们失去与社会、市场和个人所拥有的资源的联系。

我们要求权威发挥一定的社会功能，这一点必须得到满足。当社会的不满日益高涨时，怎样才能通过适应性工作满足人们的期望？怎样才能形成一种推动社会努力进行适应性转变的权威关系？

注释

1. 参见 Allan Mazur, "A Cross-Species Comparison of Status in Small Established Groups," *American Sociological Review*，第 38 期，1973 年 10 月，pp. 513—530。在对各物种的研究中，Mazur 描述了服从的重要作用。很显然，服从行为的出现是跟高级灵长类动物（猕猴、狒狒、大猩猩与黑猩猩）联系在一起的，而处于统治者地位的个体则会表现出控制与提供服务的行为。在这些灵长类动物中，服从的个体可以避免冲突，允许统治者依自己的方式行事。相比较而言，在另一些与人类差异较大的灵长类动物（鼠猴）中，统治主要是通过威胁、追逐和攻击，而不是主动地服从实现。在这类动物中，我们看不到服务和控制行为。

2. 参见 Muzafer Sherif, *An Outline of Social Psychology*（New York：Harper，1948）；David A. Easton, *A Systems Analysis of Political Life*（New York：Wiley，1965）pp. 205—207 和 215—217；Robert A. Dahl, *After the Revolution? —Authority in a Good Society*（New Haven：Yale，1970）；Richard Sennett, *Authority*（New York：Knopf，1980）。从美国独立战争开始，美国政治文化中就存在政治文化偏见，要了解这一点以及总统对这种偏见的处理方式，请参见 Richard Ellis & Aaron Wildavsky, "'Greatness' Revisited: Evaluating the Performance of Early American Presidents in Terms of Cultural Dilemmas," *Presidential Studies Quarterly*，第 21 期，1991 年冬季，pp. 15—34。

3. 当然，我们的灵长类动物祖先已不再存在。现在的灵长类动物就像人一样经历了长时间的演化，因此观察现在的灵长类动物只能给我们一个模糊的概念，而无法提供一个完整的描述。

4. 参见 "Evolution of Grouping Patterns," 载 Robin I. M. Dunbar, *Primate Social Systems*（New York：Comstock/Cornell University Press，1988）第七章；Edward O. Wilson, *Sociobiology* 节选版（Cambridge：Harvard University Press，1980），第三章。

5. 研究合作、协调、集体行动的经济学家和政治理论家很容易理解这里探讨的内容。虽然使用的语言不一样，此处的研究主要集中在权威系统的社会功能、它与其他文化构思的关系（如共同的身份、共同的价值观和规范等），以及面对会使集体产生分裂的复杂问题时，领袖所扮演的角色。与 Mancur Olson, Robert Axelrod, Douglass North, Elinor Ostrom, Robert Putnam 等人的传统研究比较，这项研究主要的区别在于分析单位的不同：前者研究改变制度的个体行动者，而后者则研究现有制度的性质与设计。参见 Mancur Olson, *The Logic of Collective Action*（New York：Cambridge University Press，1965）；Robert Axelrod, *The Evolution of Cooperation*（New York：Basic，1984）；Douglass C. North, *Institutions, Institutional Change, and Economic Performance*（New York：

Cambridge University Press,1990);Elinor Ostrom,*Governing the Commons*:*The Evolution of Institutions for Collective Action*(New York:Cambridge University Press,1990);Robert D. Putnam,*Making Democracy Work*:*Civic Traditions in Modern Italy*(Princeton:Princeton University Press,1993)。

6. 参见 Marshall Sahlins,*The Use and Abuse of Biology*:*An Anthropological Critique of Sociobiology*(Ann Arbor:University of Michigan Press,1976);Stephen Jay Gould,*The Mismeasure of Man*(New York:Norton,1981),第七章。

7. 参见 Michael R. A. Chance,Clifford J. Jolly,*Social Groups of Monkeys*,*Apes and Men*(New York:Dutton,1970)。

8. George B. Schaller,*The Mountain Gorilla*:*Ecology and Behavior*(Chicago:University of Chicago Press,1963),p. 243.

9. Kelly J. Stewart 与 Alexander H. Harcourt,"Gorillas:Variations in Female Relationships,"载 Barbara B. Smuts,Dorothy L. Cheney,Robert M. Seyfarth,Richard W. Wrangham,与 Thomas T. Struhsaker 等,*Primate Societies*(Chicago:University of Chicago Press,1987),pp. 158,163;Richard W. Wrangham,"Evolution of Social Structure,"载 *Primate Societies*,p. 293;George B. Schaller,*The Year of the Gorilla*(Chicago:University of Chicago Press,1964),p. 133。

10. Schaller,*The Mountain Gorilla and the Year of the Gorilla*;Dian Fossey,*Gorillas in the Mist*(Boston:Houghton Mifflin,1983). 如果没有特别说明,以下段落关于猩猩的信息都来源于这本书。

11. Terry L. Maple,Michael P. Hoff,*Gorilla Behavior*(New York:Van Nostrand Reinhold,1982),p. 54.

12. Stewart,Harcourt,"Gorillas:Variations in Female Relationships,"载 *Primate Societies*,pp. 158—159。

13. Schaller,*The Year of the Gorilla*,p. 132.

14. 参见 Frans De Waal,*Chimpanzee Politics*:*Power and Sex among the Apes*(New York:Haper Colophion,1982);Frans De Waal,*Peacemaking among Primates*(Cambridge:Harvard University Press,1989)。

15. Jane Goodall,*The Chimpanzees of Gombe*:*Patterns of Behavior*(Cambridge:Belknap/Harvard University Press,1986),p. 208. 另请参见 Toshisada Nishida 与 Mariko Hiraiwa-Hasegawa,"Chimpanzees and Bonobos:Cooperative Relationships among Males,"载 *Primate Societies*,p. 167。De Waal,载 *Chimpanzee Politics*,p. 47。该文提供了统治者扮演的控制冲突的角色,该文的研究背景是安海姆(Arnhem)动物园。

16. Nishida & Hiraiwa-Hasegawa,"Chimpanzees and Bonobos,"载 *Primate Societies*,p. 175。

17. Goodall,*The Chimpanzees of Gombe*,pp. 525—528. 在 1971 年,当雄性猩猩的数目达到 15 的时候,Gombe 的猩猩团体分裂了。原来的老二成为新团体的头领,一场长达六年的战争随之而来,侵略,杀戮,并最终以新团体的死亡(或解散)而告终。占支配地位的雄性"发起了战争",它们在领地上巡逻,攻击并杀死走散的雌性和小猩猩,越过边界杀死占支配地位的雄性。Goodall,*The Chimpanzees of Gombe*,pp. 503—534.

18. Frans De Waal,*Chimpanzee Politics*,第二部分。

19. 即使它们生活于同一种环境,不同物种之间的风格也有区别;部分原因是占据支配地位的动物的个性差异。摘自哈佛大学生物人类学系 Marc Hauser 教授的个人通信,1993 年 4 月。

20. 自然法则不是社会达尔文主义,尽管它偶尔也会为后者做辩护。关于对自然法则起源的总结,请参见 Michael Lessnoff, *Social Contract* (London: MacMillan, 1986),pp. 20—27。参见 Gould,*The Mismeasure of Man*,该书讨论了生物的潜力。

21. Sarah Hrdy, *The Woman That Never Evolved* (Cambridge: Harvard University Press,1981),pp. 190—191.

22. 参见 Sigmund Freud, *Civilization and Its Discontents*, 该书写于 1930 年, 由 Strachey 翻译(New York:Norton,1961),第 5—8 章。Freud 简洁地描述了文明必须满足人的本性,"Homo homini lupus(Man is a wolf to man)"(p. 65)。

23. Gould,*The Mismeasure of Man*,第七章。

24. Rona Abramovitch,"The Relation of Attention and Proximity to Rank in Preschool Children,"载 Michael R. A. Chance & Ray R. Larsen. eds. , *The Social Structure of Attention*(London:Wiley and Sons,1976),pp. 153—176.

25. K. Toki, "Führer-Gefolgschaftsstruktur in der Schulklasse" (Leader-Follower Structure in School Classes),*Japanese Journal of Psychology*,第 10 期,1935,pp. 27—56;被引用于 Bass,*Bass and Stogdill's Handbook of Leadership*,p. 600。

26. Barbara C. L. Hold,"Attention Structure and Rank Specific Behavior in Preschool Children,"载 Chance & Larsen,eds. ,*The Social Structure of Attention*,pp. 177—201。

27. Donald R. Omark & Murray S. Edelman, "The Development of Attention Structures in Young Children,"载 Chance & Larsen,eds. ,*The Social Structure of Attention*, pp. 119—151。

28. Sherwood L. Washburn & David A. Hamburg, "The Implications of Primate Research,"载 Irvin Devore,ed. ,*Primate Behavior:Field Studies of Monkeys and Apes*(New York:Holt,Rinehart and Winston,1965),p. 613;另请参见 Donald R. Omark,"The Umwelt and Cognitive Development,"载 Donald R. Omark,F. F. Strayer,Daniel G. Freedman,eds. , *Dominance Relations*(New York:Garland STPM Press,1980),pp. 231—258。

29. 要了解小团体行为和领导的相关介绍,可以参考 Robert E. Bales, "The Equilibrium Problem in Small Groups,"载 Talcott Parsons,Robert F. Bales 和 Edward Shils 编著的 *Working Papers in the Theory of Action*(New Yoek:Free Press,1953),pp. 111—161;Wilfred R. Bion,*Experience in Groups*(New York:Basic Books Press,1961);Bruce Tuckman,"Developmental Sequence in Small Groups,"*Psychological Bulletin*,第 63 期,1965 年 6 月,pp. 384—399;Dorwin Cartwright & Alvin Zander 编著的 *Group Dynamics: Research and Theory*,第三版(New York:Harper and Row,1968);另请参见 A. K. Rice

Institute 出版的两卷著作，该著作以伦敦的 Tavistock Institute for Human Relations 的工作为基础：Arthur D. Colman & W. Harold Bexton，eds.，*Group Relations Reader*（Sausalito，CA：GREX，1975）；Arthur D. Colman，Marvin H. Geller，eds.，*Group Relations Reader* 2（Washington DC：A. K. Rice Institute，1985）。

30. Robert F. Bales，*Interaction Process Analysis*（Reading，MA：Addison-Wesley，1950）.

31. Karl Deutsch 也从注意力方面描述了权威。"信息的来源，就政治或社会生活中的注意力、传播、服从来说，只要它受到一定的优待，便可以称它拥有权威……权威包含了对某种特定的信息的成功占有，而不管它们的内容如何。"Karl Deutsch，*Nerves of Government*（New York：Free Press，1963），p. 179.

32. Harry P. Shelley，"Focused Leadership and Cohesiveness in Small Groups，" *Sociometry*，第 23 期，1960，pp. 209—216；要了解从团体关系角度对这些情况的看法，请参见 Kenneth Eisold，"Recovering Bion's Contributions to Group Analysis，"载 Colman & Geller 编著的 *Group Relations Reader* 2，p. 43。

33. 要了解关于"中心人物"被融入群体成员的意识与自我认知的心理分析观点，请参考 Sigmund Freud，*Group Psychology and the Analysis of the Ego*，写于 1921 年，Strachey 翻译（New York：Norton，1959），pp. 25—42；Fritz Redl，"Group Emotion and Leadership，"*Psychiatry*，第 5 期，1942 年，pp. 573—596。Freud 强调，团体内与中心人物的认同纽带将整个集体凝聚到一起，Redl 修正了这个观点，认为当某些"中心人物"的风格出现的时候，成员之间的关系纽带也会发展起来，并产生自己的凝聚力。

34. B. Aubrey Fisher，*Small Group Decision Making*，第 2 版（New York：McGraw-Hill，1980），第七章。

35. Edwin P. Hollander，*Leadership Dynamics：A Practical Guide to Effective Relationships*（New York：Free Press，1978）.

36. 要了解社会学关于权力和权威的分析，请参见 Jeffrey Pfeffer，*Power in Organizations*（Boston：Pitman，1981）；Jeffrey Pfeffer，*Managing with Power*（Boston；Harvard Business School Press，1992）。

37. 经济学家关于代理理论的争论，类似于政治学家中环境/制度决定论者与伟人理论/传记作者的争论，前文提到了这一点（注释 15，第一章）。人们是否受制于制度？他们的行为是否在某种程度上独立于制度，甚至有时会向制度提出挑战？社会心理学家 Edwin Hollander 试图调和这种争论，在 *Leadership Dynamics* 一书中，他使用"异见信用"（idiosyncrasy credits）这个词来指代一个权威人物通过迎合许多选民的期望来获得更多的政治资本。这种资本可以用于偏离期望的创造性活动。因此，就像我们每天在政治上看到的一样，一个人满足部分人期望的同时，也让另一部分人失望，但却不会失去自己的职务。有时候他满足一部分选民，但同时也让他们失望；有时候，他会同不同的选民进行交易，满足一部分选民，让另一部分选民失望。这为授权关系提供了一个缓冲带，而授权关系承载了许多复杂的期望。关于代理理论对这一点的讨论，请参阅 Morris P. Fiorina & Kenneth A. Shepsle，"Formal Theories of

Leadership:Agents,Agenda Setters,and Entrepreneurs,"载 Bryan D. Jones,ed.,*Leadership and Politics: New Perspectives in Political Science*(Lawrence, KS: University Press of Kansas,1989), pp. 17—40; Kevin B. Grier, ed., "Empirical Studies of Ideology and Representation in American Politics," *Public Choice*,第 76 期,1993 年 6 月(整篇); Joseph P. Kalt & Mark A. Zupan,"The Apparent Ideological Behavior of Legislators:Testing for Principal-Agent Slack in Political Institutions," Journal of Law and Economics,第 33 期,1990 年 4 月,pp. 103—131;Joseph P. Kalt & Mark A. Zupan,"Capture and Ideology in the Economic Theory of Politics," *The American Economic Review*,第 74 期,1984 年 6 月,pp. 279—300。

38. 有些学者不赞成这一观点。David Easton 用"权威"这一术语来涵盖所有的"命令-服从"关系;因此,一个拿着枪的小偷对受害者有权威,虽然受害者会挑战这种权威的合法性。他转向了对合法性的区分。David A. Easton,*A Systems Analysis of Political Life*(New York:Wiley,1965),p. 208。

39. Milgram 对习惯性服从做了研究,并在"Some Conditions of Obedience and Disobedience to Authority"一文中作了阐述。*Human Relations*,第 18 期,1965,pp. 57—76。欲了解 Milgram 主题的扩充和应用,请参阅 Herbert C. Kelman, V. Lee Hamilton, *Crimes of Obedience: Toward a Social Psychology of Authority and Responsibility*(New Haven:Yale University Press,1989)。

40. 人们进行很多尝试来评价组织成员的成熟度,包括激励、能力、承担责任的意愿与独立倾向等。参阅 Loren I. Moore,"The FMI:Dimensions of Follower Maturity," 第 1 期, 1976, pp. 203—222; Paul Hersey & Kenneth Blanchard, *Management of Organizational Behavior: Utilizing Human Resources*(Englewood Cliffs, NJ: Prentice-Hall, 1977);Robert Kegan & Lisa Laskow Lahey,"Adult Leadership and Adult Development:A Constructionist View,"载 Babara Kellerman,ed.,*Leadership:Multidisciplinary Perspectives*(Englewood Cliffs,NJ:Prentice-Hall,1984),pp. 199—230。

41. Margeret J. Rioch, "'All We Like Sheep'—[Isaiah 53: 6]: Followers and Leaders,"载 Colman & Bexton,eds.,*Group Relations Reader*,p. 175。

42. 要了解国家保护公共物品与产权的市场机制方面的经济分析,请参阅"A Neoclassical Theory of the State",载 Douglass C. North,*Structure and Change in Economic History*(New York:Norton,1981),第三章。

43. Mikhail Gorbachev,*Perestroika:New Thinking for Our Country and the World*,修正版(New York:Perennial/Harper and Row,1988),p. 52。

44. 参阅"Leadership in the Gang",载 Frederik M. Thrasher,*The Gang:A Study of 1,313 Gangs in Chicago*,第二次修订版(Chicago:University Of Chicago Press,1936),第 43 章,该文对发生在成员和头领之间权力与服务的交换做了生动的描述。

45. 参阅 Janine Ludlam,"Reform and the Redefinition of the Social Contract under Gorbachev,"*World Politics*,第 43 期,1991 年 1 月,pp. 284—312;Erich Fromm,*Escape from Freedom*(New York:Rinehart,1941)。

46. 可以说，交易就是在各种形式的自由之间的交换，比如说经济的自由和政治的自由对应不安全和剥削。这种论证就像 Amartya Sen 对不同形式的平等的分析一样。参见“Equality of What?”，Amartya Sen，*Inequality Reexamined*（Cambridge：Harvard University Press，1992），第一章。

47. 要了解社会契约的历史，请参阅 Lessnoff 的 *Social Contract*。他描述了从原始社会到封建时代，再到当今时代统治者和被统治者之间进行讨价还价的历史。另请参阅 Vincente Medina，*Social Contract Theories*：*Political Obligation or Anarchy*?（Savage，MD：Rowman and Littlefield，1990）；Ron Replogle，*Recovering the Social Contract*（Savage，MD：Rowman and Littlefield，1989）。

48. “典型的情况是，在政治系统中，至少在那些政治权威还没受到挑战的政治系统中，权威统治的能力是与根深蒂固的信念紧密联系在一起的，这种信念经过了几代人的传承。人们相信，政治权威的持有者有权力命令，而其他社会成员则有义务服从。权力主要来源于人们对他的合法性的深信不疑。”Easton，*A Systems Analysis of Political Life*，p. 208.

49. Jean-Jacques Rousseau，*The Social Contract and Discourses*，写于 1762 年（London：Dent，1973）。事实上，卢梭跟其他很多人都相信，他们提供了一个有关权威起源的精确阐述，而不仅仅是灵感的昙花一现。要了解对这些观点的评论，请参阅 Fred H. Willhoite Jr.，“Primates and Political Authority：A Biobehavioral Perspective，”*American Political Science Review*，第 70 期，1976 年 12 月，pp. 1110—1126，他用灵长类动物的社会系统反对霍布斯、卢梭和洛克的下列假设：原始的国家中，人们生活于一种没有权威结构的状态之中。

50. 就像 Freud 提出的，“只有在建立超我的形象过程中内化了权威时，我们构造文明的能力才会发生大的变动。”*Civilization and Its Discontents*，p. 80。另请参阅 Jerome H. Barkow，“Attention Structure and the Evolution of Human Psychological Characteristics，”载 Chance & Larson，eds.，*The Social Structure of Attention*，pp. 206—209，该文对内化权威的能力如何影响注意力经济进行了讨论。

51. 个体包含了那群人的内在特征，这些特征对他们的生活具有重要的意义。这种观点源于弗洛伊德的心理学，而这激发了客体联系理论与自我心理。1921 年，弗洛伊德写道：“刚看上去时，个人心理与群体、社会心理的差异好像很重要，但仔细去看的时候，它们就没有那么重要了。个人的心理跟个体相关，个人通过它来探索道路，满足本能的需要；但只在很少情况下或在一些例外情况下，个人的心理才会与其他个体无关。个人的精神生活难免要牵涉到其他人，这些人可能是模型、客体、帮助者或者是敌人。所以，从根本上讲，个人心理同时也是社会心理。”Freud，*Group Psychology and the Analysis of the Ego*，p. 1. 如果想要了解客体联系理论，请参阅 Melanie Klein，“Our Adult World and Its Roots In Infancy，”*Human Relations*，第 12 期，1959，pp. 291—303；在 Colman & Geller，eds. *Group Relations Reader* 2 中重印，pp. 1—19；Otto F. Kernberg，*Object Relations Theory and Clinical Psychoanalysis*（New York：Jason Aronson，1976）。如果要了解自我心理学，请参阅 Heinz Hartmann，*Ego Psychology and*

the Problem of Adaptation(New York:International University Press,1958);Erik Erikson, *Childhood and Society*(New York:Norton,1950)。

52. 蚂蚁的大家庭可能达到2,000万成员。然而与人的组织不同,蚂蚁社会的基础不是一种可灵活演化的体系,而是一种僵硬固定的体系。参阅 Burt Hölldobler & Edward O. Wilson,*The Ants*(Cambridge:Belknap/Harvard University Press,1990)。

53. Robert Keohan 用规范概念取代了权威概念,并将其用于国际体系。他认为,当世界缺乏一个霸权国家时,如果多边制度和国际体制能提供此前由霸权国家提供的确定性与信心,它就能代替霸权促进合作。参见 Robert Keohane,*After Hegemony:Cooperation and Discord in the World Political Economy*(Princeton:Princeton University Press,1984);参阅第七章注释90。

54. David B. Truman,*The Governmental Process*(New York:Knopf,1951),p. 194.

55. 要了解完整的公民参与网络如何使社会应对不断发生的适应问题,请参阅 Robert Putnam,*Making Democracy Work*,Putnam 对意大利的研究解释了南部与北部地区的政治与经济差异。他认为,从政治平等、公民参与、团结、信任、宽容、合作与诚实等方面来说,两地区的政治与经济都体现了公民社会的价值观。北部比南部的公民意识更高,同时,其治理系统的有效性与民主性也要高于南部。Putnam 用博弈理论解释了南部公民意识薄弱的原因:"从来不合作的战略是一种稳定的平衡,其原因可以通过囚徒的困境来解释。一旦进去,无论具有多大的剥削性与落后,寻求合作都是非理性的,除非是一家人。"

56. 根据 Levi-Strauss,首领总是存在于传统社会里,Claude Levi-Strauss,"The Nambikuara of Northwestern Mato Grosso,"载 Ronald Cohen & John Middleton 编著的 *Comparative Political Systems:Studies in the Politics of Pre-Industrial Societies*(Garden City,NY:Natural History Press,1967),p. 25。

57. 参阅 Lorna Marshall,"! Kung Bushman Bands,"载 Cohen & Middleton,eds.,*Comparative Political Systems*(Garden City,NY:The Natural History Press,1967),pp. 15—43。Kung 是个仍依靠狩猎与采集生活的社会,这可以让我们更好地了解我们以前生活的社会。

58. 实际上,当 Gura 部落的首领死了而又没有任何亲戚可以继承他,这个部落仍然可以在无首领的状态下维持至少两年(这段时间内观察人员离开了)。Marshall,"! Kung Bushman Bands,"p. 38.

59. 同上,p. 39。

60. 马克斯·韦伯,*On Charisma and Institution Building*,S. N. Eisenstadt(Chicago:University of Chicago Press,1968),第五章。

61. 要深入而全面地了解魅力,请参见 Jay A. Conger & Rabindra N. Kanungo 编著的 *Charismatic Leadership*(San Francisco:Jossey-Bass,1988)。

62. 参见 Harrison M. Trice & Janice M. Beyer,"Charisma and Its Routinization in Two Social Movement Organizations,"载 Barry M. Staw & L. L. Cummings 编著的 *Research in Organizational Behavior*,第八卷(Green wich,CN:JAI Press,1986),pp. 113—164。

63. 韦伯将此称为"Amtcharisma",职务权威。参见韦伯,*On Charisma*,p. xxi。

64. 关于压力和领导兴起的原因的文献表明,一个团体焦虑的程度和其授权的行为方式之间存在着显著的关联。情势越固定,权威的行使就越间接,参与的程度也越高;但是在团体经历危机时,团体则往往会从那些以参与式行使权威的人手中收回权威,并将权威授予那些能够直接行使权威的人,他们能够快速、有力地决策。参见"压力与领导",载 Bass,*Bass and Stogdill' s Handbook of Leadership*,chap. 29。

65. 参见 Edward Shils,"Charisma,Order,and Status,"*American Sociological Review*,第 30 期,1965 年 4 月。

66. 引自 Arthur M. Schlesinger Jr.,*The Coming of the New Deal*(Boston:Houghton Mifflin,1958),pp. 1—2。欲了解对罗斯福的魅力来源及其背景的分析,请参阅 Ann Ruth Willner,*The Spellbinders:Charismatic Political Leadership*(New Haven:Yale University Press,1984),pp. 111—117,153—171。

67. 参见 Max Weber,*The Theory of Social and Economic Organization*,ed. Talcott Parsons(New York:Free Press,1964);Max Weber,*On Charisma and Institution Building*,p. 18;Sidney Hook,*The Hero in History*(New York:John Day,1943)。

68. J. O. Hertzler,"Crises and Dictatorships,"*American Sociological Review*,第 5 期,1940,pp. 157—169。

69. 参见 Mauk Mulder and Ad Stemerding,"Threat,Attraction to Group and Need for Strong Leadership,"*Human Relations*,第 16 期,1963,pp. 317—334。要了解对这一现象的比较研究,请参见 Richard H. Dekmejian & Margaret J. Wyszomirski,"Charismatic Leadership in Islam:The Mahdi of the Sudan,"*Comparative Studies in Society and History*,第 14 卷,1972,pp. 195—214。

70. 阿道夫·希特勒"In Behalf of Christ"(Munich:Voelkischer,1922 年 4 月 12 日),引自 Gordon Prange,ed.,*Hitler' s Words*(Washington,DC:American Council on Public Affairs,1944)。

71. 人们对丘吉尔魅力的看法在战后与战争开始时是大不一样的;同样,罗斯福在第二届任期中对国家的影响力也远小于他的第一任期。Tucker,"The Theory of Charismatic Leadership,"p. 744. 当然,得到魅力权威的人必须有接受这些推测的能力和技巧,这不是任何人都能做到的。参见 Willner,*The Spellbinders*,pp. 59—171。要了解魅力的环境决定因素,请参见 H. H. Gerth & C. Wright Mills,eds.,*From Max Weber:Essays in Sociology*(New York:Oxford University Press,1946),pp. 245—252;Tucker,"The Theory of Charismatic Leadership,"pp. 731—765;Irvine Schiffer,*Charisma*(Toronto:University of Tornoto Press,1973);Rioch,"All We Like Sheep,"载 Colman & Bexton,eds.,*Group Relations Reader*,pp. 159—177;Jerrold M. Post,"Narcissism and the Charismatic Leader-Follower Relationship,"*Political Psychology*,第 7 期,1986,pp. 675—688;James G. Hunt,B. Rajaram Baliga,H. Peter Dachler,Chester A. Schriesheim,eds.,*Emerging Leadership Vistas*(Lexington,MA:Lexington Books,1988),pp. 5—83。关于希特勒的论述,请参见 Robert C. Tucker,*Politics as Leadership*(Columbia,Missouri:

University of Missouri Press,1981),pp. 89—97。

72. 在他的关于拉丁美洲经济发展的研究中,Albert Hirschman 认为,发展所需的态度转变之一便是人们应该感觉社会正在进步。要改变人们的态度,需要有技巧的领导,而不是有魅力的领导。如果魅力权威是以"领导强调社会处于困境的能力"为基础时,就更是如此。参见 Albert O. Hirschman,"Underdevelopment,Obstacles to the Perception of Change,and Leadership," *Daedalus*,第 97 期,1968 年夏,pp. 925—937;Hirschman 引用 Tucker,"The Theory of Charismatic Leadership,"p. 751。

73. Elliott Jaques,Requisite Organization:*The CEO's Guide to Creative Structure and Leadership*(Arlington,VA:Cason Hall,1989),p. 122.

第二部分　有权威的领导

第四章　发动适应性工作

当我们忧虑不安时，我们会向权威求助。关键时刻，我们将希望与挫折都寄托在那些知识、智慧和技能上都能够实现承诺的人们身上。权威充当了我们的忧虑与期望的储藏库（repository），如果他们能容纳我们的忧虑与期望，他们就可以凭此交换我们授予的权力。

在我们的组织和政治活动中，我们通常向权威寻求方向、保护和秩序。方向可以表现为理想、目标、战略以及技巧等形式，但在潜意识层面上，可以将这层意思简明地表述为"找到下一个有食物的地点"。保护可以表现为与竞争对手达成一份双赢协定，但从根本上说，它是指对周围环境中存在的威胁进行观察并采取回应措施。正如我们在前一章讲到的那样，秩序包含三个方面：使人们适应其位置与角色，控制内部冲突，建立并维护规范。[1]

通过对日常生活的思考，我们可以清楚地认识到这一点，即权威关系极具生产力。作为社会动物，人类建立复杂权威关系的能力，对维持我们与众不同的适应性和创造性具有必不可少的作用。没有这种组织起来解决自身问题的特有能力,许多文明将不复存在。[2]

但是,我们许多人对权威抱着十分复杂的感情。也许因为我们从经验得知,依赖是权威关系必不可少的一部分,所以,有些人对给予权力感到矛盾,而另一些人对获得权力感到摇摆不定。由于这种关系曾让我们失望或被滥用过,甚至在某些时候,它表现得与支配极其相似,因此许多人不喜欢依赖别人或让别人依赖。依赖会使我们感到自身的脆弱,感到被控制,或者感到被别人强加于我们的期望所征服。

然而,适度的依赖每天都存在。无论什么时候,只要我们建立一个组织或政治团体,我们就相应地建立了一个权威体系,不同的个人或集团在其中协调工作、充当特定的角色和发挥一定的功能。[3] 我们现实地评估自己及他人能够提供什么,并在此基础上构建一个适度依赖的网络。例如,在波士顿一家较大的电脑公司的程序编制部门,凯洛·刘易斯(Carol Lewis)管理负责编写程序的约翰·爱德华兹(John Edwards)[4]。凯洛依靠约翰按时间要求生产出富有想象力的产品,反过来,约翰依靠凯洛为他提供电脑程序要满足的具体要求。此外,凯洛还必须向约翰提供稳定的工资收入、上机时间、工作地点以及各种相应的配套设施。而且,凯洛必须使约翰适应与其他职员的关系,解决共同参与的项目及资源方面存在的矛盾,并保持办公室的温馨与文明。

管理者与部下相互依存。一方面,如果约翰没能在产品质量和时限上满足凯洛的要求而令凯洛失望的话,那么,凯洛将减少给约翰的授权,或在新项目上巧妙地避开他的意见,或者直接解雇他。与此相应,如果凯洛不能在方向、保护和秩序方面满足约翰的期望,约翰也将收回其对凯洛的权威的支持。他或许会让上级认为凯洛不合格从而削弱其地位,或在凯洛的同事和下属中间贬低她的声望,或者选择离开。另一方面,当双方都能给予对方以满意的预期,凯洛和约翰就会倾向于相互增强权威,从而相应提高对方的声望和影响力。

管理者和被管理者之所以相互依赖,是因为他们的关系对完成手头的工作具有重要意义。因此,凯洛和约翰之间的依赖关系具有现实意义,即它是为了完成既定的目标。就这一点来说,他们之间的依赖关系是完全适当的。凯洛与约翰相互依赖,不是因为他们中的某一方比较脆弱,而是因为在组织范围内,他们有着共同的利益和实现这些利益的技能。

为了在良好的适应性权威关系和不良的适应性权威关系之间做出区分,我们必须首先在适当的依赖与不适当的依赖之间划清界限。让我们考虑一下为急症室配备的医务人员。如果没有明确的权威等级来协调医务人员的行动,就会产生混乱。通常必须有个医生担任负责人,其他人都向他寻求指示和建议。信息从其他医务人员——包括测血压的人员、进行静脉注射的人员以及监测电子仪表的人员——那里传递给医生。医生不仅向人们提供了一个关注的焦点,引导团队中的其他成员去适应各自的位置与角色,还提供了方向,防止发生混乱和冲突。

不过,从理论上说,如果工作人员在一起共事了很长一段时间,并经历了大部分工作中可能出现的情况,那么他们都会知道自己将担任什么样的角色,而不需要太多的现场协调或集中决策。当权威人物担负的功能已成为团体规范的一部分后,在权威缺位的情况下出现机能失调的可能性将减少。[5] 然而,大多数急症室存在轮班和替换的情况,从而使其难以形成一套完整的规范。因此,寻找一个权威人物来执行某些重要功能是完全适宜的。

急症室里的人每天都会遇到许多相似的问题。由于我们已经知道如何应对这些问题,因此它们仅仅是技术性问题。要解决这些问题,往往需要熟练和灵巧。这些问题既非容易,也非不重要。一方面,对这些问题的有效解决常常能挽救生命;另一方面,它也需要组织付出巨大的努力。这些问题之所以是技术性的,是因为我们已经掌握了有关它们的必要知识,并且形成了一套组织程序，明确地规定了应该做什么和由谁来做。

在这种情况下，我们怀着合理的期望求助于权威。在各种社会系统中，权威结构及其维持的规范包含了数以千计的解决问题的程序。它们是先前完成的适应性工作的产物，能够解决大量重要的日常问题。事实上，我们的文明用了很长的时间才发展出这些体系。在历史发展过程中，我们创造了新知识，创建了遵循新规范的新组织，并成功地迎接了一系列的适应性挑战。现在，因为有了这些体系，我们的许多问题已成为例行公事。我们的权威体系已经知道如何回应。正因为我们知道如何回应，所以这些问题带来的压力也只是暂时的。例如，汽车坏了，我们便会叫来一个技师（他是修理汽车的权威）将它修好；孩子摔断了手臂，我们将求助于整形外科医生（他是治理手臂骨折的权威），让他将断骨接好。如果有人没有收到社会保障金，他就会要求当地的政治家为选民"整治整治这帮官僚"；某公司市场部门眼看不能按时间表向一个重要的客户提出商务计划，负责市场的副总裁便会授权重新调配职员以赶在最后期限前完成计划。

然而，我们对许多问题仍然没有形成适当的回应。这样的例子到处都是，如国内外的贫困、工业竞争、失学、毒品泛滥、国家债务、种族歧视、民族冲突、艾滋病以及环境污染等。没有任何系统的回应能完全解决这些问题。既没有纯粹的专门知识，也没有全能的圣人，更没有既定的程序可以解决这些问题。这些问题带来不少压力，它们积累起来，并在社会的某些团体内或整个社会产生一种紧迫感。在这种情况下，我们期望权威解决这些问题的倾向就将使我们产生不适当的依赖。[6]

这正是需要领导的时候。这些问题之所以引起持久的焦虑，是因为被普遍接受的依赖体系无法解决它们。我们求助的专家无法提供我们需要的答案。接下来会发生什么？由于人们往往要求权威果断决策，因此，迫于压力，他们有时候便会采取不适当的解决方法或努力避开问题。我们在他国发起针对毒品的战争而不去面对城市的各种问题就是这样一个例子。[7] 当然，从短期而言，这样做可以缓和国内的一些压力。如果政府能成功地将公众的注意力转向国外的问题，那么，国内的问题所引起的怨言也许会少一些。这时候，注意力偏离了应该被注意的问题，使这个问题看起来已经得到处理。知道帕布洛·艾斯科巴（Pablo Escobar）、麦德林（Medellin）以及曼纽尔·诺列加（Manuel Noriega）的公民人数甚至多过了解本地毒品治疗机构的人数。这一现象清晰地说明了我们的注意力多么容易被转移。[8] 但从长期而言，一些问题会变得更糟，人们会对问题感到更加不安，而对那些应该对解决这些问题负责的人也会感到更加不满。作为对这些不安的回应，我们多半又会更加真诚地求助于权威人物，从而使这种恶性循环持续下去。但这一次，我们将会去找一些新的、能提供更确切更好的承诺的人。也许我们会抱有这种希望，“只要有一个正确的领导，问题就能迎刃而解”，并因此而罢免当前的掌权者。[9]

习惯性地从权威那里寻找解决方法是一种不良适应。事实上，不良适应行为的本质就是将适用于一种情景的回应运用于另一种不适用它的环境。权威关系对解决常规问题是有效的，如果运用得当，也可以用以解决更具挑战性的问题。但另一方面，如果运用不当，它们只会使人们回避应该做的事情。过于依赖权威极为危险，其原因至少有二：第一，我们往往对特别重要的问题采取回避态度；第二，它浪费了个人和组织用以完成适应性工作的资源。

区分适应性工作与技术性工作

医学实践说明了技术性问题与适应性问题的差别以及由这些问题引起的动态变化。病人表现出各种症状和已患病的迹象，并希望医生能够治好他的病。可是，他无法了解他的希望是否有根据。一般而言，医生确实能治好他的病。如果一个人感染发炎，医生会说：“我这儿有抗生素，它们应该能够完全治愈你,而你也不需要改变自己的生活方式。这种药几乎没有什么毒副作用。我可以给你打上一针,或给你开一个星期的药。看你选哪种办法。”为了方便我们讨论,我们将这些技术性情景称为类型Ⅰ。在这类情景下,病人的期望是现实可行的,医生能够提供治好疾病的方法。基于以下两点,可以对疾病进行界定、处理和治疗:(1)利用医生的专门技术;(2)由医生来承担病人的压力。在这里,病人对医生技术的依赖是适当的,而医生则依赖于病人的信任、满意和支付报酬的意愿。

类型Ⅰ的情景具有一定的机械性:一个人可以明确地向某人求助并解决问题。许多内科和外科问题都属于这类情况,医生可以挽救他们当中大部分人的性命。从医生的角度来看,这时候他可以高兴地说:“终于有人带来了我可以解决的问题。”虽然在这些情况下,病人的配合也很重要,但界定问题与解决问题的重担仍落在医生身上。病人仰仗他开出药方,这个药方将为病人提供方向(服用这种药)、保护(药物可以治愈感染发炎)和秩序(在这个星期内你可以恢复正常的活动)。

当然,人们向医生求助的问题并非总是技术性问题。我们可以将这些适应分为类型Ⅱ和类型Ⅲ。在类型Ⅱ的情景下,问题可以被界定,但缺乏明确的解决方法。医生可能在头脑中有解决方法,但他不能运用它。不能运用的方法不是真正的方法,它只是一个简单的设想或建议。在类型Ⅱ的情景下,虽然医生仍扮演着重要的角色,但是病人必须自己创造解决方法。心脏病即属于类型Ⅱ的问题。在这种情况下,病人必须对自己的健康负责,适当地转变生活方式,才能恢复部分或全部功能。特别重要的是,他必须重视医生关于长期治疗、运动、饮食计划以及消除压力的药方。他必须从中进行选择。医生对类型Ⅱ的情景只能起到部分的、机械性的作用。医生进行诊断,开出药方,建议病人在各种选择中进行权衡。在减少工作程度、进行体育运动和改善饮食方面,病人应该达到什么样的新平衡?病人必须对问题有足够的认识,只有这样,才可能促成适应性变化。医生和病人必须分担解决问题的责任。

在这类情形下,医生的技术知识使他能够界定问题并就解决方法提出建议。但仅仅给予病人一个技术性答案是不能帮助病人的。要使他开出的药方有效,还应该积极地将病人自身包含在内。病人必须勇敢地面对他将面临的选择和变化。如果病人不遵从医生给出的技术性答案,那么,这些答案便不会产生任何效果。只有病人才能够重新安排自己的生活。他必须学会新的生活方式。医生必须安排学习的进程以帮助病人挽救自己的生命。在技术性情景下,对权威的依赖是适当的,但在适应性情景下,这种依赖就不适当了。医生的权威仍然可以帮助病人做出回应,但他需要一种超过他现有知识的、不同的专门知识,即帮助病人做只有他自己才能做的事的能力。

类型Ⅲ的情景就更加不同了。在这种情景下,既不能明确地界定问题,也缺乏技术性的解决方法。当医生头脑中没有任何解决办法时,他便需要一种领导意识引导人们去学习。界定问题与实施解决方法均需要学习。慢性病以及任何原因引起的临死状态常常属于这种类型。在这些情况下,医生可以继续采取机械的工作方式,即诊断并开出药方。但这样做使医生和病人双方都回避了界定问题和解决问题的工作。

在类型Ⅱ和类型Ⅲ的情景下,“治疗疾病”是一个十分狭窄的概念,病人与医生不能据此确定要完成的工作。它用技术性的方法来解决非技术性问题。当环境中起决定作用的因素很可能维持不变的时候,问题就超出了药物的范围。打个比方,如果病人被诊断为晚期癌症,治愈的可能性微乎其微,那么确定基本问题为得了癌症是没有用的——事实上,它是对现实的否定。在这里,癌症是一种状态。就其只有很小的机会被完全治愈而言,它只是问题的一部分。将癌症界定为基本问题会使每个人都集中精力去寻找治疗的方法,而忽略了他们真正要做的工作。真正的工作在于面对现实,为健康以外的事情做计划,并做出相应的调整,如最大限度地利用剩下的生命,考虑在他死后他的孩子们需要些什么,让他的妻子、父母、亲人和朋友做好准备,以及完成有价值的专业工作。

表1概括了三种情景的特征:

表1　情景类型

情景	问题界定	解决方法与执行	工作的主要负责方	工作类型
类型Ⅰ	清楚	清楚	医生	技术性
类型Ⅱ	清楚	需要学习	医生与病人	技术性与适应性
类型Ⅲ	需要学习	需要学习	医生 > 病人	适应性

不幸的是,医生与病人都不太愿意将技术性工作与适应性工作区别开来。事实上,现实越残酷,我们越努力地求助于权威以寻找治疗的方法而不是进行调整。我们中的大多数人希望找出答案,而不是问题本身。如果现实需要适应性的工作,那么,甚至最坚强的人也会倾向于回避这一现实,而选择向权威(即医生)求助,希望他提供一个解决方法。同时,由于医生内心也想满足病人对解决方法的渴望,于是便会对我们施加的压力做出回应,将注意力集中在找出技术性的答案上。

医生在下面的案例中将切实感受到这些压力。

布坎南的疾病

史蒂夫·布坎南(Steve Buchanan)在42岁的时候,感觉到左侧肋骨下有疼痛感[10]。这是1985年的秋天。当时,波士顿房屋市场正处于一片繁荣之中,而作为一个雄心勃勃的木匠,史蒂夫也干得很不错。他和妻子康妮(Connie)很年轻的时候就结婚了,三个孩子都已经是十几岁的青少年了。康妮一直忙于家务,但最近,由于孩子们都已长大,她开始打算做点什么。

史蒂夫给十年前因自己患肾结石而结识的一位医生打了个电话。对于芭芭拉·帕森斯(Barbara Parsons)医生而言,史蒂夫最近的抱怨除了更温和以外，针对的好像是同一个问题。但常规检查表明，他有一些其他问题，可能是胃癌。在没有经过进一检查，如 CT 扫描、内窥镜检测甚至是外科手术之前，她还不敢确认这一点。

一直以来，史蒂夫和他的家人都没有意识到恐惧的来临。他们以为这点疼痛算不了什么。但需要进行 CT 扫描这一点预示着一些不同的东西。不过帕森斯医生在告诉史蒂夫要进行 CT 检查时，她隐瞒了一些信息。她告诉他们说这没什么可怕的，这样做只是为了更加保险起见。帕森斯认为，在知道全部事实以前，没有必要引起他们的焦虑。史蒂夫非常合作，他同意接受检查，说："不用紧张，医生，我相信不会有事。"

帕森斯医生有的只是坏消息。实际上，检查结果表明，史蒂夫的确患了胃癌。外科主治医生必须提取胃部组织标本以查明癌细胞扩散的程度。这是技术性的一面。但是帕森斯医生应该说些什么呢，特别是在史蒂夫做出了需要好消息的微妙暗示以后？

对于帕森斯来说，这种情景并不新鲜。在她 30 年的时间中只有少数病人会说："医生，我希望最好的结果，但请告诉我我患了什么病。"大部分人都需要时间来接受生活需要进行较大重新适应的事实。在帕森斯看来，她的工作就是帮助史蒂夫这样的人完成这种重新适应过程，但在节奏上要适合他们的情况。所以，她以一种有所保留的方式把坏消息告诉了史蒂夫。

帕森斯的保留体现在两方面，首先，她隐瞒了癌症的种类、治愈它的可能性以及癌细胞可能已经扩散的信息。相反，她告诉史蒂夫，他得的是一种胃癌，这种癌症只局限在胃部，需要进行外科手术将胃拿出来。史蒂夫没有询问关于这种病症的细节情况。

帕森斯的第二种保留方式更加微妙。她强调了医疗组将采取的全部行动，以此表明她是一个行动主义者，而且已经决定这样做。这样一来，史蒂夫在现阶段除了同意进行手术以外，无须考虑其他事情。她告诉他：

“有时我们会在淋巴结中发现肿瘤细胞。如果是这样的话,我们可能需要在手术后对你进行化疗。”行动可以传递比语言更多的东西,它包含了一种人们可以依赖的权威知识。

史蒂夫的手术证明了CT扫描对他的检测。癌细胞已经扩散到胃以外,无法完全根除。通过将他的情况与其他相同病例进行统计比较,帕森斯医生认为史蒂夫有30%的机会能够活一年以上,而只有5%的机会活上五年。

手术后,帕森斯一边走进史蒂夫的房间,一边思考能让史蒂夫更容易理解的暗示。康妮也在。帕森斯医生表情严峻但并不阴沉。她用一个问题开始了谈话:“你好,康妮。嗨,史蒂夫,手术后感觉如何?”史蒂夫回答说:“没啥感觉,我对此没有准备。”康妮问道:“告诉我们好消息吧,帕森斯医生,史蒂夫会好起来的,是吗?”

现在,让我们后退一步,想一下帕森斯医生应该怎么做。如果她做她喜欢做的事,她可能会边叹息边大声叫道:“我的心都碎了。手术告诉我们一个坏消息,极坏的消息。”然而,权威人士通常不会感情用事,这也是布坎南一家不希望看到的。如果帕森斯做她爱做的事,史蒂夫和康妮也许会被她的这种冲动和话语中所表现出来的绝望搅得心神不宁,以至于解雇她而去求助于其他医生。这些医生可以满足他们的期望,承诺恢复常态以消除他们的紧张情绪。当然,帕森斯知道各种各样的病人,他们当中,有些人用尽最后的时间和积蓄,到全国乃至国外寻找能够治愈他们的医生。还有些人尽管还能很健康地活好长时间,但在得知坏消息后,也陷入难以自拔的沮丧,甚至试图自杀。

帕森斯觉得她必须控制布坎南一家人的焦虑,使其维持在他们能够接受的程度。用容易理解的话来说,控制他们的焦虑意味着保留信息并满足他们对于权威在方向、保护以及重建秩序方面的期望。这里同样可以使用前面提到的两个技巧:说出一部分真相和用行动传递医生的积极态度、专业技能以及希望。

有些人会将这种策略性的治疗方法当成善意的欺骗。帕森斯并不这样认为。她觉得以“讲出真相”为名来摧毁人们及其家庭的梦想和计划是毫无意义的。她认为,人们的防御心理应当受到尊重,当面临适应性挑战时,人们需要时间。他们需要时间用另一种眼光来看待生活——去改变他们用一生培育起来的对未来的设想和计划。他们需要时间挖掘力量,去抵制他们在焦虑中易于对权威产生不适当依赖的自然倾向。他们需要时间发展回应能力。在帕森斯看来,放弃引导人们通过这一过程的责任是残酷的。

但过久地隐瞒真相,以至于病人在生命的最后几个星期里都生活在虚假的安全状态中似乎也很残酷,虽然这在她的同事中并不少见。采用否认的策略之所以普遍存在,是因为这样做将使病人及其家人能够回避调整生活以适应环境的工作。由于不需做这项工作,他们经常为医生有希望的话语和确定的下一步计划而感到高兴。对于医生而言,扮演这样的角色也能得到情感上的满足。通过不断地提供治愈的希望,它满足了人们的期望。这样做带来的伤害微妙而真实。它没有让人们直面主要的问题,使生者承担最大的伤害。父母与子女之间、夫妻之间、朋友之间没有解决的矛盾依然存在甚至不断恶化,和解的时机被浪费。同时,它还使人们忽略了财政问题和职业上应优先考虑的问题。如果有临终告别的话,也往往进行得不顺利。虽然医生可能从来不会听到有关这方面的东西,但活着的亲人们却为此付出了代价。

根据手术的情况,帕森斯医生改变了自己的想法。很显然,这属于类型Ⅲ而不是类型Ⅰ的问题。布坎南一家面临着一场适应性挑战,仅仅依靠帕森斯的技术性知识无法应对这一挑战。环境需要她在具备技术知识之外还要具备领导才能。作为一名虔诚的教徒,她想起了《圣经》中的一段:带领人们通过笼罩着死亡阴影的河谷。她也知道将自己与上帝比较会产生种种陷阱。她并不期望她能够看到未来:她有的只是一些统计数字,而统计数字只能告诉我们一群人的平均水平。如果帕森斯想传递希望,这方面的不确定性使她很容易这样做,因为统计数字往往表明有多少人能够存活。任何一个病例都有希望的理由。没有人能够确切地预见一个病人的未来。当然,帕森斯也将给史蒂夫最好的治疗,使他有更高的存活机会。而所有这些都只是问题中比较简单的部分。

史蒂夫的生命可能在几年内结束,让他及他的家庭认识到这一点并适应这种可能性是一个更为复杂的过程。帕森斯必须按照布坎南一家人能够完成这项工作的速度来安排这一过程的节奏。她十年来与这个家庭相处的经验帮助不小,但仅有这一点并不够。帕森斯知道,她必须不断探索,"摸着石头过河",她现在要做的不是诊断医学意义上的情况,而是要诊断病人、他的家庭以及他们的社会网络的适应能力。

类似的问题将左右她:这个家庭将如何处理压力?他们是相互支持以发挥各人的聪明才智,还是将负担推卸到别人身上?这个家庭中谁看起来更坚强,可以承担这一重负?考虑到我所知道的这个家庭,在关于孩子、工作、经济等问题中,他们可能会遇到哪些麻烦?

当然,这个过程不会微妙到让帕森斯必须担心每个错误的程度。"摸着石头过河"意味着她必须在问问题时承担一定的风险。有些问题可能会起副作用,但她仍有回旋的余地。她的职业经验告诉她,如果她走得太远的话,她还有一些退回来的机会——在破坏她和这个家庭的关系以前。

在手术后的第一次会面中,史蒂夫和康妮所表达的诸如"我还没有就此做好准备"、"告诉我们好消息吧,帕森斯医生"的话语表明,帕森斯医生应该放慢前进的脚步。她认为,她应该等上一段时间,再建议他们为临终可能发生的事情准备一个应变计划。因此她的反应仍带着很大的希望,在没有明显撒谎的情况下隐瞒了有关的消息。"手术很成功,我们认为已经将它彻底清除干净了。但我们在你的淋巴结中发现了一些肿瘤细胞,他们或许会是个问题,所以需要给你一些药物,以尽量控制住遗留下来的少量肿瘤细胞,我们有希望阻止任何进一步的扩散。”史蒂夫并没有催促帕森斯详细说明情况,而是说,“很好,这和我预期的十分接近。什么时候我可以出院回家呢?”康妮也十分平静地微笑着。他们的谈话一直围绕着史蒂夫手术后的恢复情况进行。离开房间以前,帕森斯医生问他们还有什么问题,他们说没有。

对于帕森斯而言,这个星期的剩余时间很有用。她利用这段时间充分了解了史蒂夫和康妮的世界:他们的孩子、亲属、朋友以及工作中的伙伴。这些人当中将有人在适应过程中扮演极为重要的角色。帕森斯没有太多的时间,但每一天与史蒂夫见面,她都对最终要面对这一关键问题的世界有了更多的认识。

一个月以后,在肿瘤医生给史蒂夫做完第一次化疗后,帕森斯在她的办公室里提出了第一个严峻的问题:“你知道,尽管已经受治疗,癌症也可能恶化。如果发生这样的事,人们通常会失去生命。你们俩有没有谈过这方面的事?”接下来的反应是沉默。在此期间,帕森斯始终保持镇定,没有做出任何鼓励或令人气馁的表示。一分钟左右后,康妮急切地说:“我尽力想把最坏的情况从脑子中忘掉,但我还没有完全做到这一点。”从她的口气中可以感受到一种受压迫的感觉,“我在夜里时常梦到我和孩子们孤单地待在陌生的城市里,我害怕极了,我不愿再去想它了。”帕森斯看了看史蒂夫,问道:“你呢?”史蒂夫很快回应道:“是的,这个星期我回去工作时的感觉很不同,我无法解释这种情况。”

帕森斯认为他们已经为下一步行动打下了初步基础。他们可以讨论这个话题;布坎南一家人已经开始独自面对它,至少是无意识的。此外,从他们的反应中,他们好像信任帕森斯。他们没有转换话题,或对她悲观的情绪感到气愤——这种行动往往表明他们还没有做好准备。她与他们之间的关系仍完好无损,至少承受住了最初的挑战。她认为,下一步她必须安排和调整所进行的讨论。如果她听任其自由发展,史蒂夫与康妮或可能由于不知道如何前进而完全封闭起来,或门户大开,将所有的感情与恐惧流露出来。前者是倒退,而后者将使他们受制于感情,从而损害他们的坚强和机智——这些品质是他们考虑未来的调整时必不可少的。

帕森斯采取了她认为可以承受的第二步。她想让史蒂夫知道他有一项新的工作要做。同时,她想让自己承担一些责任。"史蒂夫,我很希望你让别人来代替你的工作。你知道,我不想一方面挂念你既定的治疗时间表,另一方面又担心你的工作。如果你能把主要职责交给你的某个助手,对我而言会更好些。那样,我们就可以全心全意来应付这件事。"

史蒂夫紧紧地握着康妮的手,笑了一笑。在帕森斯看来,这似乎是个很好的开端。她最后要做的事就是摧毁他们的希望。传递希望是正当的,而且,希望本身能够极大地刺激人体的免疫能力。在帮助布坎南一家人为最坏的结局制订应变计划的同时,帕森斯又让他们保存了希望。有了这些计划,即使最坏的情况也不会比病人和医生都拒绝承认现实带来的结果更糟。帕森斯已经看到过许多类似的情形。

接下来的行动非常困难。布坎南一家要求帕森斯继续运用自己的权威,帮助他们学习如何适应,而不是要求她提供答案。利用权威关系,她可以控制这个家庭由于面对这样危急的挑战而产生的紧张状态。只要布坎南一家人真心信任她,她便可以分担他们的痛苦。作为他们痛苦的储藏库,她能够决定将这些痛苦施加给他们的节奏——既不能太快以免将这个家庭压垮,也不能太慢,以免他们在死亡发生的时候还没有做好如何面对的准备。由于布坎南一家让她来控制他们的焦虑,她能够安排他们最终处理这些问题的方法。

帕森斯的掌控力是她的权威的产物。但她的权威并非仅仅来源于她拥有的医生执照。所有这类正式权威都只是布坎南一家赋予她非正式权威的基础。如果他们对她的工作失去了信心,他们就会去寻求别人的帮助。没有布坎南一家对她的信任以及由此产生的非正式授权，她的那些正式权威没有任何意义。对这种授权与信任的维持有赖于满足他们的期望。

布坎南一家人的期望是什么呢？史蒂夫与康妮最初期望帕森斯能为他们提供治疗方法，承担起解决问题的责任。当帕森斯发现自己也许无法解决问题时，她将她的想法由运用技术知识转变为运用其领导才能。但仅仅改变她个人的想法是不够的，她还必须转变她的病人及其家庭的期望。否则，她将被迫使用技术性的方式，因为这才是他们最初想要得到的东西——像除掉肾结石一样治愈布坎南的病。帕森斯必须以他们能够承受的速度让他们知道，她无法满足他们的期望。而改变他们的期望只是以上意思的另一种更礼貌的说法而已。从根本上说，她无法提供一种可以治愈疾病的方法，因而一定不能满足他们的期望。她也许还会在将来的日子里使他们的期望落空，比如，他们可能会认为她知道"我们该告诉孩子们什么"。

正如我们所见，在使他们的期望落空的过程中，帕森斯极其小心并极具耐心。为了维持她的权威，她改变了他们的期望，在使一些期望落空的同时又满足了另一些期望。她满足了他们对决定、行动以及希望的期待，并且表明，事情在她掌握之中。在与他们会面的过程中，她制定了一个日程表，并据此来安排与调整适应的进程。她控制自己的感情，将平静与有节制传递给他们。通过所有这些方法，她得以将焦虑控制在可承受的范围之内。

实际上，依赖已经发生了变化。这个家庭继续雇用帕森斯，依靠她得到刚才提到的那些帮助。最初，这个家庭仅仅依赖帕森斯为病情找到一个技术性治疗方法，现在，依赖的形式已经变了。由于医生不能提供治疗方法，这就意味着史蒂夫和他的家庭不得不培养自身的能力去回应问题。病人必须做医生所不能做的，否则，他的回应就不充分。因此，从技术性情景下的依赖转变到适应性情景下的依赖，病人——即权力的委托人——必须开发自身的资源。对医生的依赖要从寻求答案转为寻求对从事适应性工作有益的帮助。

在努力获得适应性对策的过程中，医生和病人将问题环境分解成多个可界定的技术性组成部分。之后，确定环境中哪些条件可能不会改变，以免将它们当作问题。要做到这一点也需要专门知识。癌症及其引发死亡的可能性是一个条件。在这个条件下，这个家庭面临的某些问题是属于类型Ⅰ的技术性问题。例如，他们聘请了一位会计师来解决其财务上的问题。另外，环境中还有一些可以清晰界定的问题。但是，没有哪个专家能够独自解决这些问题，它们属于类型Ⅱ的情景。这个家庭必须学会如何处理这种类型Ⅱ的问题。比如，康妮·布坎南就必须准备重新去工作以获取工资。专家们可以帮助她，但她必须自己做出选择和调整。

14 个月后，史蒂夫在家人的守护下离开了人世。按照帕森斯的观点，这既是成功，又是失败。一方面，她失去了病人；另一方面，过去的一年又是富有意义的。三个孩子用宝贵的时间陪伴了父亲，得以有机会讨论各种各样的事情，这将帮助他们继续成长。康妮开始了一项培训计划，并逐步做好了出去工作的准备。也许更为重要的是，史蒂夫与康妮讨论了许多内心深处的问题，从而增强了康妮继续活下去的勇气和渴望。

作为专家的领导

史蒂夫和康妮的故事告诉我们，当权威不知道答案时，他可以如何行动。在这种情景下，通过问一些艰难的问题以及改变人们的期望，权威可以引导人们进行学习，从而增强他们的回应能力。与之相对照，柏拉图在《理想国》中提出，人们需要一个哲学王来中和他们的无知。他用一个医学的比喻来说明这一点。他说，如同人求助医生来解决生理上的问题一样，国家需要经过严格训练的哲学王来解决公共政策问题。[11]

关于领导,本书的观点与柏拉图的观点有本质的差别。柏拉图认为,领导需要的专门知识是对美好事物的独特洞察力。可是,帕森斯医生不具备这样的洞察力。当她从一名技术人员转变为一个适应性工作的代理人时,她不知道布坎南一家需要进行怎样的适应。她从职业经验得到的知识告诉她,病人必须在生活上做一些重大的调整。这些知识还提供了有用的指导,她可以据此激发病人进行调整。此外,她的技术性知识使她能够了解病人的病情以及哪些情况将要求病人做出适应性调整。但是,她无法推测将会出现怎样的结果。的确,她需要各种技术性的专门知识和领导才能。如果她不是专家,她进行的活动就什么都算不上。但领导的确是过程管理专家,在这个过程中,他们帮助有问题的人们解决了问题。

柏拉图误解了权威所需要的这种专门知识,因为他没有意识到技术性工作与适应性工作的不同。因此他说,就像恢复健康是所有治疗的明确目标一样,追求对美的洞察力则是读者的目的。诚然,他之所以能准确地使用这种类比的方法,是因为这种方法能用一种具体的方式传递他的观念:恢复健康。谁能对此进行争辩呢?接着,他将领导界定为"给予答案"——提供美好前景以及如何获取美好前景的知识。

然而,史蒂夫·布坎南一家的例子说明治疗疾病往往不是正确的价值取向。关注史蒂夫的健康而不是他及其家人所面对的适应性挑战也许会误导这一家人。柏拉图式的给予答案的权威应该让位于利用权威去构建一种关系,在这种关系里,可以提出并解决困难的问题。

帕森斯使用了领导而不仅仅是技术性知识[12]。她将自己的权威关系当作病人家庭学习过程的包容器(containing vessel)。就像一个人使用压力锅一样,他既要加大火力,又要把压力保持在容器可承受的范围之内(利用它的容器壁和放气阀)。帕森斯的权威使她有机会去调节这个家庭面临的压力的强度,使其保持在可容忍又能起作用的范围之内。通过保留部分信息、专注于技术方法和组织行动，她减轻了部分压力。当她提出严峻问题并将适应性工作推到布坎南一家面前时，压力就会增强。通过决定让他们关注什么，她不仅建立了相应的计划日程，还调节了他们面临的压力。

帕森斯帮助布坎南一家担负起责任。她既不充当他们与问题之间的挡箭牌，也没有抛弃他们。培养责任感——即回应的能力——需要时间和策略。情感学习（emotional learning）是布坎南一家要做的一项重要工作。这个家庭必须与可能发生的巨大损失做斗争，以便清晰而有创见地思考他们需要进行的具体改变。对她而言，一开始就假定布坎南一家人已经具备这种能力是不对的。他们已经很清楚地告诉她，他们还没有为此做好准备。因此，帕森斯认为这个家庭具备在新环境下承担责任的潜力——即基本的能力，但很可能需要别人的帮助才能达到目标。

意义

虽然柏拉图已经建立起了用医学比喻来分析领导的先例，但这样做仍有一些困难。医生-病人的关系与企业管理者、政治家以及公共管理者与他们各自顾客的关系有着根本不同。管理者需要面对诸如组织、国家等大规模的社会系统，它们远比医生-病人这类二元模型更为复杂。在医学中，问题缺乏明确性是因为病人没有进行推理并将问题划分为类型Ⅰ和类型Ⅱ两种类型。在复杂的社会系统中，问题缺乏明确性是因为不同派别对于问题的性质以及可能的解决方法存在分歧。一个派别提出的解决方法可能恰恰是另一派别要面对的适应性挑战。管理者经常要在不同的价值之间进行取舍。此外，在大型社会系统中，科学家甚至对于问题的基本轮廓都无法取得一致意见，特别是在界定问题的早期阶段。[13]每一个派别都有自己的专家。例如，我们都目睹了对诸如全球变暖这样的科学问题进行的公众讨论。全球变暖是一个需要关注的问题吗？我们应该相信哪个科学家?[14]

另外,在生理疾病中,问题是患者一个人的问题。但在组织与公共生活中,一个问题会牵涉许多相关的派别,从而使解决问题的责任分散。主要的战略性问题成为:这是谁的问题?答案并非显而易见。比如,谁该为毒品泛滥负责?警察、父母、学校、牧师、纳税人、军队,还是他们之间的某种组合?

当然,医学与政策之间存在相似的困境。当我们转向大规模的社会系统时,布坎南的事例有三个普遍意义值得我们重视。第一,实施领导的权威人物必须将技术性情景与适应性情景区别开来,因为对它们需要做出不同的反应。帕森斯必须询问一个关键的、可以将两种情景区分开来的问题,即要解决这个问题,需要改变人们的价值观、态度或行为习惯吗?如果人们认清了问题并能重复使用一种有效的解决方法,那么她的权威回应就会产生实际的效率和效果。当史蒂夫·布坎南得了肾结石时,帕森斯负责他的病情,她请来一位专家为布坎南实施治疗。然而在需要适应性工作的情景下,社会系统必须学会自己解决问题的方法。即使权威清晰地知道应该做什么,完成改变也常常要求人们调整自己的生活方式。

因此,对于适应性问题,权威必须找出权威式解决方法以外的方法。权威式的行动可以有效地对讨论、重新思考以及其他社会性的学习过程起诱导作用。在解决适应性工作的战略中,它只是工具,而不是方法。当帕森斯要求史蒂夫放弃他的主要工作职责时,她使用了权威式的行动去引导他考虑令人焦虑的问题,而不是只想使治疗安排更加容易。

正如前面所说,这需要思维方式的改变。当把权威性的引导作为策略的一部分时,我们也许要为焦虑的大爆发做好准备,并尽早考虑下一步的行动。必须从容地解决这种压力,并将其视为鼓励人们参与这个问题的过程的一部分。相对而言,将权威式的行动当作一个适应性问题的解决方法的想法,必然会将一个病情日益加重的社会当成前进道路上不相干的问题,而不是将其视为前进中固有的组成部分。按这种想法行动,权威人物在面对社会的还击时,可能会采取防御和不适当的回应。

第二,布坎南的事例说明,与他人的权威关系既是领导的资源,又是对领导的制约。之所以说权威是一种资源,是因为它可以提供凝聚力量的手段并管理令人痛苦的适应过程。之所以说权威是一种制约,是因为它必须以满足委托人的期望为条件。偏离这些期望是危险的。如果帕森斯没有细心地掂量这个家庭的信任,她也许已经失去了他们。

第三,当学习开始后,可以将类型Ⅲ的情景部分或全部地分解为类型Ⅱ和类型Ⅰ的问题。这样做需要程序和技术方面的专门知识。当权威将条件与问题区分开来后,他便可以使人们注意那些易于解决的问题。通过将人们的注意力引向问题,而不是给出权威性的解决方法,他给了人们发挥创造力的机会。人们创造并选择各种对问题的定义,明确各种价值之间的交换关系,并试验各种可能的行动。创造力与勇气扩展了人们的技术能力,有时甚至可以将适应性挑战转变为技术性问题。

例如,帕森斯和布坎南的家人将他临近死亡这一类型Ⅲ问题转变为类型Ⅰ和类型Ⅱ问题。史蒂夫和康妮开始寻找顾问,让他们来帮助孩子们做好准备。他们聘请会计师以帮助他们明确财务上的需求。此外,康妮还通过当地的代理机构开始了求职和职业培训。

接下来的案例显示了这些在大规模公共系统中的应用。

塔科马

1983 年 7 月 12 日,美国环境保护署(U. S. Environmental Protection Agency/EPA)的领导人威廉·拉克尔肖斯(William Ruchkelshaus)对一件与美国熔炼精炼公司(Asarco)下属铜厂有关的案子采取了史无前例的行动。[15]该厂位于华盛顿塔科马附近,是全美唯一一家使用高砷含量的铜矿的工厂,而砷是致癌物质。

由于有1970年通过的《清洁空气法修正案》的授权，人们希望拉克尔肖斯决定如何处理这个工厂。特别是，他必须决定工厂怎样运作，才能为公众健康提供“足够的安全”。

无论从技术上讲，还是从政治上讲，这都是一个很难回答的问题。自1970年《清洁空气法修正案》制定以来，科学家们发现许多危险的废弃物都缺少一个明确的安全阈值，而即使是很微量的“无低限值化学物质”(nonthreshold chemicals)也会产生有害的影响。就像拉克尔肖斯1983年6月在国家科学学会演讲时所说的那样：“可以说，人们生活在由成百上千种有害物质构成的雷区之中。我们不能再告诉公众：你家里有足够的安全保障。”

长期以来，Asarco的工厂都被认为是美国西北部的主要污染源之一。但自1890年创办以来，它已为几代人提供了就业机会。在成立近100年后的1983年，工厂雇用了拉斯顿(Ruston)镇大约575名工人，支付薪水总额达2,300万美元。它每年采购价值1,200万美元的物品，上缴国家与地方税收300万美元，在各种辅助事务上花费1,300万美元，为当地的经济做出了显著的贡献。如果Asarco关闭这家工厂，华盛顿将不得不支付550万美元的失业救济金。对于一个在几个主要工业领域都尚未从萧条中复苏的地区来说，关闭工厂无疑是一个沉重的打击。[16]

然而，这些数字并没有充分地表现Asarco对塔科马的重要性。围绕着这个工厂，人们形成了独特的生活方式。70岁的欧文·加拉格尔(Owen Gallagher)，拉斯顿镇的前镇长和为Asarco工作了53年的雇员，在与《芝加哥论坛报》的记者交谈时说道：“我的一生都在为这个工厂工作，我的兄弟和邻居也是这样。我们没有病倒。这个镇是以工厂为中心建立起来的。在20世纪初时，人们来到了这个有火焰和烟雾的地方，因为在这里才可以找到工作。可现在，政府却抱怨这些烟雾，并试图夺走我们的孩子们的生计。”

Asarco公司自身也清醒地意识到了污染问题。在当地空气污染管理部门的压力下,从1970年起,Asarco已在减污设备和措施上花费了大约4,000万美元以减少排放物。20世纪70年代后期,他们又同意在1984年前再花费大约400万美元安装二级转换装置,以进一步减少排放物。而且,人们认为,对Asarco这样的冶炼厂,这种装置是最有效的减少排放物的技术。要想做得比这还好,则必须在以下三个选择中选择一个:开发减少排放物的新技术;以高成本运进低砷含量的矿石;或者在整个工厂实施电气化冶炼,而这是一种完全不同的生产过程,整个项目需要花费1.5亿美元。

据公司所说,三种选择中的任何一种都将迫使工厂倒闭。在1980年到1982年间,国际铜价由每磅1.45美元下跌到了每磅60美分。为了达到收支平衡,Asarco工厂最低也要铜价达到82美分/磅的水平。这意味着,在现有价格条件下,工厂已经处于亏损状态。

像许多环境斗争一样,这次斗争同样在就业和健康之间展开。据EPA说,如果按计划安装排风装置,由砷引发的癌症患者将由一年4人减到1人。这可以接受吗?这样做是否向公众提供了"足够的安全"保证?规章制度应该要求零排放吗?或者说,工厂提供的生计值得付出每年一个癌症病例的风险吗?

其他因素也使这一问题变得更加复杂。排放物及由其产生的致癌风险被扩散到方圆12英里的地区,将远离工厂及其提供的工作的人们卷了进来。例如,维熊岛(Vashon Island)离海岸2海里,但因为风向的影响,就像一个居民说的,它变成了"Asarco污染物的倾倒场所,却没有得到任何诸如工作机会或税收利益"。许多岛民害怕在孩子们的尿样或花园的土壤中发现高砷含量。他们应该承受Asarco带来的副作用吗?塔科马市的人们处在同样的困境中。对比每年从工厂获得的成吨的空气污染和少量的税收收益,塔科马市议会的一名议员认为它就好像"一个人站在城市边界的另一侧，用一支30.6口径的步枪向塔科马射击”。

应该由谁来做出决定？按照习惯与条例，人们认为，应该由拉克尔肖斯和EPA来决定。公司和它的许多雇员询问EPA是否会接受他们花费400万美元安装转换装置这一行动。他们当时使用的是最有效地减少污染物排放的技术。他们请求EPA不要采取在经济上将他们推向破产边缘的行动。但是，许多当地居民与环境保护主义者一起向EPA寻求“足够的安全”，并十分愿意采取任何措施，使工厂进一步显著减少排放物。

值得注意的是，1983年7月12日，拉克尔肖斯公开拒绝做出任何决定。法律规定要就全国性的政策制定举行公开听证会，而拉克尔肖斯采取的行动远远超出了这一点，他建议让广大公众来解决这个问题。他宣布，EPA将积极征求那些受EPA裁决影响最大的人们的意见。“对我来说，坐在华盛顿告诉塔科马的人们什么是可接受的风险，这将是最自大和最不可原谅的错误。”就如他后来告诉《洛杉矶时报》的那样：“我的观点是，在规范各种有害物质这一方面，我们卷入到了一些需平衡各种利弊的问题当中，它们也是这个国家面临的难题。我也不喜欢这些问题，但与社会有关的问题是，为了什么样的利益我们愿意承担什么样的风险。”拉克尔肖斯甚至引用了托马斯·杰斐逊的话来支持他这种前所未有的立场：“如果我们不认为(人们)已经足够开明而且能够审慎地实施治理，补救的方法不是将治理权从他们手中拿走，而是告诉他们应该审慎。”

欧内斯特·巴恩斯(Ernesta Barnes)是EPA西北部地区的主管，他在7月12日对当地媒体发表了同样的演说：“我们请求公众帮助思考往大气中排放含砷物质引发的问题。砷排放物对公众健康的风险在什么程度上是‘可接受的’或‘合理的’？对于这一问题，应该由我们来共同决定。”她宣布，在举行公众听证会以前，将开展“公共专题讨论会和其他一些使人们熟悉相关技术性问题的活动。”

没有多少人对此做出了积极回应。新闻界采用了这样一些引人注目的标题:“什么是生命的成本? EPA 质问塔科马”(《洛杉矶时报》),“冶炼工人的选择:保住工作或健康”(《芝加哥论坛报》)。《纽约时报》发表了一篇社论,说“拉克尔肖斯先生就像恺撒……要求全竞技场的人群以拇指朝上或朝下为信号决定被击败的角斗者的生死”。对于拉克尔肖斯而言,“将这种不可能的选择强加到塔科马人民身上是不可原谅的。”塞拉俱乐部(Sierra Club)当地分会的领导人说:“EPA 的责任是保护公众的健康,而不是来问公众,如果他们不愿意死于癌症,那愿意为此牺牲什么东西。”社区人士的意见都认为,拉克尔肖斯没有尽到自己的责任。当地居民称他为“逃避者”。“我们选出人来管理我们的政府,我们不希望他们反过来要求我们为他们进行管理。”

拉克尔肖斯在各种与新闻界见面的场合发起还击。在给《纽约时报》的信中,他写道:“你们关于恺撒的类比有一个严重的缺陷。罗马时代的恺撒们要求人们将拇指朝上或朝下是在赦免或处死角斗者。在塔科马,被要求做出回应的则是自己处于风险中的人们。没有人会询问角斗者自己的意见,这也许是罗马与 EPA 之间首要的区别。”[17]“听着,”他对《洛杉矶时报》说,“我知道人们不喜欢这类决定。但是,欢迎来到规则的世界。人们要求参与,而现在我给予他们参与的机会,他们却说‘不要问我问题’。我应该如何选择? 不让他们参与吗?”

在 EPA 内部,对拉克尔肖斯的抵制也在不断蔓延。在此之前,从来没有一个机构将问题推回给公众。像大多数政府官员一样,EPA 的管理者认真地为公众解决各种问题。事实上,与理性和专家型的政策制定相比,公众的参与似乎是一个如此混乱的过程,以至于由法律规定的公众听证会也只不过是一个不得不走的过场而已,它很难算得上是解决问题的程序中必不可少的组成部分。一个外地机构的职员描述道:“在(华盛顿特区的)总部,他们认为我们是一群不合时宜的笨蛋。他们无法理解我们为什么致力于组织专题讨论会,以及向公众公布一些容易理解的信息。”

正像人们期待的那样，在8月份举行的三场公共讨论会上，争论非常激烈。很多人参加了讨论会，他们当中，既有冶炼工人和工会代表，又有当地市民组织与环境保护组织。除第一场讨论会在维熊岛举行以外，其余两场都在塔科马当地举行。三场讨论会的形式都一样，当地和国家电视台都做了全面报道。在EPA的工作人员利用图像和图表对有关砷的排放、扩散以及疾病的风险等技术性事实做了正式的陈述之后，听众被分成若干个小组，以便他们能表达自己的看法。EPA职员分发带有事实资料的传单，说明转换装置如何帮助控制排放物的插图，以及拉克尔肖斯在国家科学学会发表的演讲的摘要（摘要阐明了他和杰斐逊关于公民培养的哲学）。然后，他们回答了各小组的提问，并记录下了参与者的意见。

许多意见完全与已得到证明的事实毫无关系。受雇于EPA对此项活动进行观察的华盛顿大学公共卫生学院院长说，“抱怨与问题纯属个人武断，它们与气象学模型和健康结果推断形成了鲜明的对比。”人们询问他们是否能够吃他们从维熊岛的菜园里摘来的食物，他们应该除掉多少土壤以保证食物安全，他们的宠物将受怎样的影响。一位女士还问道：“我的孩子会死于癌症吗？”

讨论会产生了直接而细微的影响。很快，EPA和公众从中吸取了一些教训。一位EPA的分析者形容道：“我们……受到了教育。在讨论会上提出的问题使一些人回去再次对这些问题进行分析。”一些公共团体要求EPA推迟原定于8月份举行的正式听证会，以便有更多的时间来准备证据。在这段时间里，由塔科马市和钢铁工人工会发起，公众自己举行了更多的讨论会。这些讨论会提出了更多的问题，它们不仅与健康和污染有关，还与其他的选择有关，如使当地经济多样化等。但是，EPA仍然面临着很多批评，其中有些带有明显的敌意。例如，有人说：“我看到一些研究认为压力是癌的最主要根源。而EPA就是产生压力的一个主要原因。”

在11月的听证会上,EPA阐明了几个在公众讨论中涉及的学术性问题。显然,它用于检测砷排放量的计算机模型是错的。但修正以后的模型依然表明,即使在安装了新的转换装置后,每年仍有一人将因为砷而死于癌症。

公共讨论会与听证会的召开令EPA的职员感到吃惊。当拉克尔肖斯提到这件事时,当地的居民已经表示他们"能够理解(冶炼工厂问题的)复杂性,而且能对付它,并想出更明智的建议"。实际上,"公众——没有技术,未受教育的公众——对于在保持工厂存在的情况下如何减少砷的排放物已经提出了一些非常好的建议。"

或许更重要的一点在于当地居民开始从新的视角来观察事态。许多人开始认为,与其将这一问题孤立地看成工作与健康的矛盾,还不如从使当地经济多样化的角度来看待它。虽然没有人知道工厂是否会在不久的将来关闭,但许多人已经能够意识到,如此依赖一个挣扎求生的产业是一个非常错误的想法。

包括拉克尔肖斯在内,没有任何人一开始就看到了这种新的可能性。[18]虽然回过头去看很明显,但最初,谁也没有想到多样化的办法。EPA、工厂、劳方、环境保护主义者以及当地官员只会在排放物、健康风险以及就业等狭窄的范围内思考问题。这一想法的提出经历了充满争吵与矛盾的公众讨论会、新闻界的争论以及动员相邻地区的居民提出新看法等多个过程。

一年以后,即1984年6月,虽然拉克尔肖斯仍然没有做出任何决定,但Asarco宣布它将在下一年关闭塔科马的工厂。虽然起促进作用的主要原因是铜价下跌以及高砷含量铜矿的短缺,但Asarco仍然将工厂关闭的责任推给联邦、州以及地方环保机构,说主要原因是他们要求工厂在年底前花费300万美元安装转换装置。此外,Asarco还宣称,EPA还要求工厂在将来投入更多的资金。虽然这只是一个谎言(因为拉克尔肖斯还没有做出最后裁决)，但还是得有人来为此承担责任。显然，EPA 是最好的替罪羊。正如一个工人对记者说的那样，“我告诉你，这全是 EPA 的错!”

虽然公众对此感到很失望，但他们还是比以前做好了更充分的准备。在 1984 年通告发布时，新目标已经树立起来：为工人寻找新的工作，为地方吸引新的产业。当 1985 年工厂关闭时，塔科马和拉斯顿已经着手使经济多样化。人们经历了一个转变。起初，他们参加讨论会的时候，手里拿的是贴着“工作”或“健康”标签的纽扣。在最后的讨论会上，人们展示的纽扣上写着“两者都要”。

大约 10 年后，塔科马私营产业协会执行董事长科林·科南特(Colin Conant)回顾了为“失业工人计划”所做的种种努力。这一计划旨在帮助那些被 Asarco 解雇的工人。

> 我们为劳动者再培训创造了一个模型，公众们都很支持它。我们使许多人参与各种咨询委员会：劳动工会、联合劝募协会(United Way)、私营产业协会、Asarco、经济发展委员会、雇员以及州就业保障部。人们现在正在使用这种方法，但那时候可没有人这样做。这种支持对人们如何调整好产生了很大的影响。如果没有这种支持，就会有更多的人产生心理问题。正是因为有了这么多人和组织的支持，我们这里发生的损失才会这么小。自从 Asarco 关闭后，该地区另外几家工厂也关闭了。我们基本上都运用了这种模式。我们从过去的做法中学会了很多东西。[19]

除了帮助工人进行适应这一做法以外，在以后的时间里，处理 Asarco 事件的方式还将作为解决塔科马地区其他有关环境争论的模板 。当时塔科马市市长道格·苏泽兰(Doug Sutherland)说：

它给了我们许多经验,为我们解决很多其他场合的问题提供了帮助。比如,当地另一个主要设施是辛普森造纸厂(Simpson Paper Mill)。这个工厂存在着水污染问题。我们模仿 Asarco 事件的过程,让相关的人参与进来,并产生了很好的结果。没有诉讼。从“Asarco 方式”中得到的真正益处在于建立了一套程序,在这一程序下,人们无须采取法律行动,而是共同商讨问题。[20]

意义

拉克尔肖斯认识到,Asarco 的情况是一个适应性挑战而不是一个技术性问题。因此,他抵制住 EPA 内部和公众需要一个权威式解决方法的压力。与此相反,他选择了让人们参与进来面对挑战的做法。所以,他给自己的部门提出了一个不寻常的难题。EPA 没有协调公众讨论的经验。公众听证会通常只是表示正面赞同的形式,相关团体在听证会上对技术性问题做出陈述。听证会一般倾向于关注几个限定的问题,缺乏创造力,难以提出诸如使当地经济多样化这类新的可能性。参与者没有和其他人进行讨论;他们只是为 EPA 管理者与专家组成的专门小组提供证词。

EPA 从来没有担当过协调公众对问题进行讨论的角色。在塔科马的公众讨论会上,它很快发现自己陷于一大堆问题当中,而其专业技术知识则不起丝毫作用。在工作与健康的价值比较、处理充满风险的生活的方法或使经济多样化的途径方面,污染专家能说些什么呢?

因为承担着既要将信息传递给公众,又要让他们参与进来的任务,EPA 的地区办公室为此事累得筋疲力尽。有将近 30 人为这件事贡献了 4 个月的全部工作时间。这样做值得吗?按照一名官员的说法,整个“过程既昂贵又费时”,到最后,仍然要由 EPA 做出决定。

但是,这里至少有三个显著的收益。第一,在 EPA 自身范围内,总部的全体职员开始意识到在第一线工作具有什么样的重要意义。因为地方职员与当地团体接触频繁,他们更了解如何与公众交流。当来自华盛顿特区的职员到达塔科马时,他们很快发现自己无法了解科学调查研究的结果在当地层次上的现实重要性。就像一名地方职员所说,“当他们到达塔科马,发现自己与一群见多识广且经常发怒的公众面对面时,他们才开始稍稍重视我们的问题。”现在,与公共政策制定有关的信息将从第一线传上来,而不是由总部从上往下传。这使得政策制定得到改善。传统的公众参与程序开始改变。在接下来的几年里,EPA 开始为解决争端而在相关者之间的谈判中充当主办者和论坛的角色。[21]此外,EPA 开始区别对待拉克尔肖斯在塔科马事件中划分的两类问题:一类属于对风险进行评估的科学,另一类属于处理生活于风险之中这一事实对公众的意义。对风险管理的关注扩大了 EPA 的使命,使其具有了一个比先前狭窄的学术倾向更为广泛的内容。[22]

第二,塔科马公众讨论的试验重建了 EPA 的信誉。1983 年时,EPA 的信誉刚刚走出过去两年丑闻的阴影。1981 年上台的里根政府带有一种极端见解,即认为支持工业发展就意味着反对环境保护。安妮·戈萨奇·伯福特(Anne Gorsuch Burford)是里根任命的首位 EPA 领导人,她破坏了所有试图对企业加以约束的计划。她领导了反对环保主义者“过激行为”的活动,并将问题界定为在工作与环境之间二者择一的交易,从而使得公众的讨论两极化。[23]这产生了一个非常糟糕的后果,使人们开始漠视 EPA 实施环境保护的授权。白宫被迫做出让步,再次任命威廉·拉克尔肖斯为 EPA 的领导人。早在 1970 年,威廉·拉克尔肖斯便被任命为 EPA 第一任行政长官,那时,他便在环境主义者与商业团体中树立了 EPA 的信誉。现在,他又回来重建这一信誉。

回到 EPA 还不到四个月时,拉克尔肖斯来到塔科马。正如我们已经看到的那样,他最初非但没有受到公众的赞扬,反而被指责为逃避责任而受到了责骂。然而,随着时间的推移,塔科马致力于公众参与的努力提升了 EPA 的信誉。正如一位华盛顿环境协会成员认为的那样,EPA 的合作和开放对重建该区域人们对 EPA 的信任和信心大有帮助。甚至以前对公众参与持怀疑态度的人后来也开始赞赏这一成果。塞拉俱乐部的鲁斯·韦纳(Ruth Weiner)曾批评拉克尔肖斯为逃避者,后来也在公开作证时声称《清洁空气法》"需要公众的参与"。她说:"此外,一旦公众参与进来,公众就会体会制定管理规则有多难以及将 EPA 当作替罪羊有多容易。EPA 之所以很容易成为替罪羊,是因为人们会夸大它的错误,在环境保护问题上简单地将人划分为'英雄'与'恶棍'两类。让公众参与也许是一项艰巨而令人头疼的工作,但无疑值得这样去做。"

第三,也许是最重要的一点是,塔科马与拉斯顿的人们开始看到适应的重要性。人们开始面对事实。Asarco 在拉斯顿工厂采用的过时技术使其在世界铜市场缺乏竞争力。该镇对于单一产业的依赖将其置于一个危险的依附地位。此外,有些人为工厂付出了健康的代价,却无法从工作或税收收入中获益。

由于我们是在事后来讨论这一问题,因此可以看到公众参与产生的这些好处。然而,当拉克尔肖斯要求公众参与以解决他们自己的问题时,这一史无前例的做法遇到了工业界、环保组织、工人、新闻媒体以及 EPA 内部的反对。每个人都期望权威能做出决定,以解决像工作、健康以及经济多元化这样的难题。这似乎是我们的倾向——即将问题交给某些人或某些机构,由他们来决定我们将做什么。一般来说,这些期望对权威人物形成了制约,抑制了其领导才能的发挥。但是,拉克尔肖斯扭转了这种倾向,他极力要求公众认识到这一点,即处理污染物的工作绝不仅仅是一个为排放物建立最低限要求的技术性问题。必须在各种价值中做出交易,而这与科学分析毫不相关。如果人们能够直面工作与健康之间的交易,那么,当人们在经受损失时,也能完成适应的过程。[24]

拉克尔肖斯坚持认为这些问题是对惯例的挑战。最起码来说,人们对于生活在风险中的态度必须改变。否则，人们将继续要求 EPA 这样的机构做不可能做得到的事，去解决那些无法自上而下解决的问题。艰难的选择是必要的，这需要人们明确并改变他们的价值观。EPA 可以刺激人们进行改变，但它无法创造这一改变。

EPA 内的技术专家扮演了重要的角色。他们提供与需要适应性反应的环境有关的各种信息。有了他们的专业知识，问题的技术性层面与适应性层面才得以区分开来，从而明确了人们面对的选择。这一点极为重要。二级转换装置能够容纳多少砷，致癌风险将被降低多少？这些估计与其他的调整相比，情况怎样？如果工厂关闭，公众的收入将会减少多少？拟出并回答这些以及大量其他问题，专门的技术性知识必不可少。当然，在大多数情况下，专家都需要将适应性问题与其包含的技术性问题之间的复杂关系解释清楚。但只有当他们看出问题中存在着这种差别的时候，他们才能做到这一点。

拉克尔肖斯看出了这种差别。于是，他不仅在塔科马，也不仅在 EPA 内部，而是在全国范围内，激起了一种适应性的回应。塔科马的事例引发了一场对于如何处理环境风险的全国性辩论，从中人们开始认识到清理环境的巨大成本。他们被推向面对需要各种各样创造与调整的现实之中。但调动这种适应性回应的任务并不简单。几乎每一个人都在反对它。离开 EPA 后，拉克尔肖斯回顾他的经历时说道：

> 也许我低估了要求人们承担责任和学会如何处理此类难题的难度。大概只有少部分塔科马居民知道，这样的问题是没有正确答案的……他们必须决定自己的社区想要什么，他们必须自己决定自己的未来。可是，即使只有一少部分人认识到这个问题，那么你也具备了使其他人学习的基础。在由公众讨论以解决难题这方面，你有了一个好开端。并且你还有国家中所有其他关注塔科马的人们，他们

间接地学到同样的教训。[25]

帕森斯和威廉·拉克尔肖斯的事例说明了这一点，即领导的战略包括几个原则。我在这里介绍一下，并做一个简单的回顾。第一，他们找出适应性的挑战——理想与现实之间的差距——并将注意力集中到这一差距引起的特定问题上。一旦认识到问题是现有技术知识无法圆满解决的，他们就不再给予权威式的解决方法，开始着手制定帮助人们解决适应性问题的计划。

第二，他们调整由于面对问题而产生的焦虑的程度。他们调节挑战的节奏并制定适应过程的结构。这可不是一个简单的制订计划并利用权威力量实施计划的问题。拉克尔肖斯与帕森斯必须见机行事，因为他们每一个行动都将带来新的信息，这些信息反映了人们参与这一问题并进行学习的能力。

第三，他们始终将注意力放在相关问题上。对帕森斯而言，这意味着要关注一系列的问题。而对拉克尔肖斯来说，这意味着将 EPA 内部的注意力集中到风险管理上，而不仅仅是做出科学评价。它意味着激励国家与环境风险的现实情况达成妥协，而不是不切实际地认为可以消除全部风险。

最后，帕森斯与拉克尔肖斯设计了一个策略，将问题的责任转移给主要利益相关者。为此，他们必须改变人们对于权威的期望及信任的基础。

这两个人都具备实施领导的重要资源。他们的权威不仅制约了他们，也为他们提供了多种权力。到现在为止，我们的讨论已经部分说明了他们权力的范围和运用。但是，对于权威资源的进一步研究是必要的。一个热衷于领导的人必须了解他能够支配的工具。

注释

1. 例如，可参见 Floyd Alwon，"Response to Agencywide Crisis：A Model for Administrative Action，"*Child Welfare*，第 59 期，1980 年 6 月，pp. 335—346。对于执行功能的组织研究的介绍，参见 Chester Barnard 的两本著作，*The Functions of the Executive*（Cambridge，MA：Harvard University Press，1938），*Organization and Management*（Cambridge，MA：Harvard University Press，1948）；Philip Selznick，*Leadership in Administration*（Berkeley：University of California Press，1984）；Daniel Katz & Robert L. Kahn，*The Social Psychology of Organizations*，第二版（New York：Wiley，1978）；Edwin P. Hollander，*Leadership Dynamic：A Practical Guide to Effective Relationships*（New York：Free Press，1978）；Leonard Sayles，*Leadership：What Effective Managers Really Do... And How They Do It*（New York：McGraw-Hill，1979）；and Thomas Gilmore，"Leadership and Boundary Management，"*Journal of Applied Behavioral Science*，第 18 期，1982，pp. 343—356。许多对于执行职能的研究都倾向于将领导与实现权威的社会功能相提并论。它们与利用权威完成适应性变革相关，但它们并不是在任何时候都集中于这个过程。

2. 政治经济学家所说的交易成本（如监督和实施协议的成本）与不确定性对合作和集体行动具有重要意义，我所说的权威的社会功能（方向、保护、定位以及准则的维护）与交易成本和不确定性的降低相似。参见 Douglass C. North，*Institutions，Institutional Change，and Economic Performance*（New York：Cambridge University Press，1990），pp. 48—51。

3. David A. Easton，*A Systems Analysis of Political Life*（New York：Wiley，1965），p. 213.

4. 为了保障个人的隐私权，短文中出现的名字均为假名。

5. 参见"Substitutes for Leadership，"载 Bernard M. Bass，*Bass and Stogdill's Handbook of Leadership*，第三版（New York：Free Press，1990），pp. 682—686。

6. 要了解关于依赖的精神分析观点，请参见 Wilfred R. Bion，*Experiences in Groups*（New York：Basic Books，1961）；Edward R. Shapiro & A. Wesley Carr，*Lost in Familiar Places*（New Haven：Yale University Press，1991），pp. 67—69，124，157—177。

7. 参见 Peter R. Andreas，Eva C. Bertram，Morris J. Blachman，Kenneth E. Sharpe，"Dead-End Drug Wars，"*Foreign Policy*，第 85 期，1991 年冬，pp. 106—128。

8. 1993 年 9 月，*The Boston Globe* 的顾问 Gerry Chervinsky 对全国 1,000 人进行了民意测验，结果显示，86% 的美国人知道曼纽尔·诺列加；65% 的人知道他们是否有个市长并知道他或她的名字；58% 的人知道帕布洛·艾斯科巴；45% 的人知道麦德林；28% 的人对于他们当地的毒品处理设施有所了解。

9. 关于对权威人物的要求随团体的扩大而增加的论述，请参见 John K. Hemphill，"Relations between the Size of the Group and the Behavior of 'Superior' Leaders，"*Journal of Social Psychology*，第 32 期，1950，pp. 11—22。关于对权威人物的

攻击和取代，见 Muzafer Sherif & Carolyn Sherif, *Groups in Harmony and Tension* (New York: Harper and Brothers, 1953), pp. 199—202; Robert Hamblin, "Leadership and Crises," *Sociometry*, 第 21 期, 1958 年 12 月, pp. 322—335; David Korten, "Situational Determinants of Leadership Structure," 载 Dorwin Cartwright & Alvin Zander 编著的 *Group Dynamics: Research and Theory*, 第三版 (New York: Harper and Row, 1968), pp. 351—361。

10. 为保护隐私权，此案例已经过处理。

11. 参见 Plato, *The Republic*, Cornford 译 (Oxford: Oxford University Press, 1941), 第二章与第三章; Renford Bambrough, "Plato's Political Analogies," 载 Peter Laslett 编著的 *Philosophy, Politics, and Society*, 1st ser. (Oxford: Blackwell/Oxford University Press, 1956); Robert C. Tucker, *Politics as Leadership* (Columbia, Missouri: University of Missouri Press, 1981), pp. 1—3。

12. 我用技术性知识一词表示实质性的技术专长。很显然，流程方面的专长也是技术性知识，因为它包含了技巧。实际上，这一研究的目的是为了增加技术性知识，旨在更好地领导人们通过适应性变化过程。

13. Robert Tucker 认为："对形势定义的有效性也许是个程度的问题。在任何特定的情形下，都在理论上而不是在实践中存在这样一种可能性，即有一个更多地包容了双方目标的诊断。" Tucker, *Politics as Leadership*, p. 53.

14. 见 Thomas C. Schelling, "Climatic Change: Implications for Welfare and Policy," 载于国家科学院的研究报告 *Changing Climate : Report of the Carbon Dioxide Assessment Committee* (Washington, DC: National Academy Press, 1983), pp. 449—482; 以及最近 John Broome 的著作, *Counting the Cost of Global Warming* (Cambridge, England: White House Press, 1992), 第一章与第二章，他基于更多新近的科学发现对 Schelling 进行了反驳。

15. 这一例子主要来自于 Henry Lee & Esther Scott, "Managing Environmental Risk: The Case of Asarco" (Cambridge: John F. Kennedy School of Government Case Program, Harvard University, 1985), 第#C16-88-847 号案例。除非特别注明，所有引用均出于该研究。

16. Barnett Kalikow, "Environmental Risk: Power to the People," *Technology Review*, 第 87 章, 1984 年 10 月, p. 57。

17. 威廉·拉克尔肖斯, "Letter: On Tacoma's Air—How E. P. A. Faces the Arsenic Risk," *The New York Times*, 1983 年 6 月 23 日, p. 22。

18. William Ruckelshaus 的个人通信, 1992 年 3 月。

19. Colin Conant 的个人通信, 1993 年 6 月。

20. Doug Sutherland 的个人通信，华盛顿州 Pierce 县行政长官, 1993 年 6 月。

21. 麻省理工学院 Lawrence Susskind 教授的个人通信, 1992 年 2 月。

22. 这种区别的结果之一是扩大了风险评估的范围，并在遍及美国的各种团体和区域内产生了相当多的风险评估。华盛顿大学高级访问学者、EPA 第 10 区前任空气项目分部负责人 Clark Goulding 个人通信,1993 年 6 月。对这种变化的讨论,见 Mark K. Landy, Marc J. Roberts & Stephen R. Thomas, *The Environmental Protection Agency:Asking the Wrong Questions* (New York:Oxford University Press,1990),pp. 258—259;以及由 EPA 1985—1989 年时的行政长官 Lee Thomas 资助的报告:*Unfinished Business: A Comparative Assessment of Environmental Problems*, (Washington DC: Environmental Protection Agency,1987)。EPA 的季刊对正在确立的机构使命中包含的风险评估和风险管理之间的区别定期进行了分析。具体例子请参见"Profiles in Risk Assessment:New Science,New Contexts,"*EPA Journal*,第 19 期,1993。

23. Robert B. Reich,*Public Management in a Democratic Society*(Englewood-Cliff, NJ:Prentice-Hall,1990),p. 171.

24. 当然,在美国有丰富的有关工厂关闭的文献,但是这些研究中,大部分是针对工厂关闭对工人的影响,而不是针对它对整个社区的影响。要了解对这些文献的介绍,参见 Jeanne P. Gordus,Paul Jarley,Louis A. Ferman,*Plant Closing and Economic Dislocation*(Kalamazoo,MI:W. E. Upjohn Institute for Employment Research,1981)。要了解它对社区的影响的研究,请参见 Robert L. Aronson & Robert B. McKersie,*Economic Consequences of Plant Shutdowns: Final Report* (Ithaca, NY: New York State School of Industrial and Labor Relations, Cornell University, 1980); David Bensman & Roberta Lynch,*Rusted Dreams:Hard Times in a Steel Community* (New York:McGrawHill,1987); Gregory Pappas,*The Magic City: Unemployment in a Working Class Community* (Ithaca, NY: Cornell University Press, 1989); Lloyd Rodwin & Hidehiko Sazanami 编著的 *Deindustrialization and Regional Economic Transformation: The Experience of the United States*(Boston: Unwin Hyman, 1989); Peter B. Doeringer 等, *Turbulence in the American Workplace*(New York:Oxford University Press,1991)。

25. 引自 Robert B. Reich,"Policy Making in a Democracy,"载 Robert B. Reich 编著的 *The Power of Public Ideas* (Cambridge:Harvard University Press,1990),pp. 149—150。

第五章　运用权力

要在具有权威的职位上进行领导，就需要了解如何使用伴随职位而来的权力。权威可划分为两种形式：正式的和非正式的。随正式权威而来的是职务的各种权力，随非正式权威而来的是一种影响态度和行为的权力，它超越了单纯的服从。[1] 正式权威是授予的，因为官员承诺要满足一系列明确的期望（职责说明、法定指示），而非正式权威源于满足隐含期望（如对信赖、能力、勤勉的期望）的承诺。

通过选任官员的例子，我们可以清晰地看出这两种权威的关系。在选举前，候选人会注重提升其非正式权威——来自选民的尊重、崇敬和信任。他的愿望是将这种信任转化为职务上的正式权威。但是，即使已获得职务和相应的权力，他仍不得不注意其非正式权威——他的声望——因为这仍是他的权威的重要来源。它不仅决定了他再次当选的前景，也决定了他在任时对同僚的影响能力。如果他的能力低下，同僚就将忽视他的存在。

因此,他的非正式权威不仅源于他在选民中的声望,也源自其同僚的尊重、信任、崇敬和畏惧。获得权力也意味着他从政治盟友那里获得非正式权威,他们是否会对他予以关注,取决于他们对以下问题的估计,即他将会对他们做些什么以及能为他们做些什么。在大多数情况下,他是通过非正式地将权威延伸到这些政治盟友的选民当中来获得影响力的。如果这些选民认为他是个了不起的人物,那么他的朋友就不得不关注他。他们会倾听他的意见,因为他们的选民正在这样做。[2]

正式授权带来的是职务权力,非正式授权带来的是微妙而实在的权力,这一权力可能远远超越岗位职责中界定的权力。正式权威会随着各种正式指令——如宣誓就职、雇用、解雇、法规签署、证照颁发等——的下达而发生跳跃性的变化。相反,非正式权威总是随着个人声望与职业名誉的变化而变化。

例如,作为一名公共管理者,威廉·拉克尔肖斯为了维护自己的权威,就必须完成国会要求 EPA 行政长官完成的责任。如果他不能满足这一要求,他就会像其前任安妮·戈萨奇·伯福特一样,冒遭受公众羞辱与激起民愤的风险。

拉克尔肖斯也必须使公众相信他会满足他们的期望。他知道,如果不能重新获得公众对 EPA 的信任,他将只有极有限的非正式权威来促使相关团体关注 EPA 的发现、裁决并与他们合作。因此,他的非正式权威与国会授予的正式权威同样重要。没有非正式权威,他将难以处理具有争议的问题。

芭芭拉·帕森斯与病人间的关系也阐明了正式权威与非正式权威的关系。病人选择了她,就表明正式同意了这种服务与报酬的交换,他们授权帕森斯作为其医生。为了支持这种正式交易,法律设定了医疗标准。根据这些标准,如果帕森斯未对病人尽责,就将面临医疗诉讼的风险。另一方面,如果她达不到国家颁证委员会的要求,就会失去医生执照。这样的话,她将被迫关掉诊所。

然而,帕森斯的许多权力既不是来自她与病人间的正式协定,也不是来自颁证委员会。她用以动员病人面对难题的权力源于非正式权威,而这是由病人的信任所赋予的。如果她的工作作风或建议辜负了病人的信任,他们可能就会离开她去另寻高明。如果要离开的难度太大,比如离开帕森斯的健康维护机构的代价过高,那么病人们可能就会选择对她的处方置之不理。

作为领导者的资源的权威

让我们更深入地考察一下布坎南和塔科马的例子,以便制定一个框架来评估用于动员适应性工作的战略资产。我以医疗案例为背景来对此进行总结。在这个案例中,帕森斯的正式权威与非正式权威赋予了她一系列的能力。

首先,帕森斯与布坎南一家的关系为包容适应性工作的压力提供了扶持环境。布坎南一家希望她能伸出双臂帮助他们负起责任。换句话说,担负责任使她能够行使其他各种随权威而来的权力。这种扶持环境为她所做的其他所有事情提供了基础。

第二,帕森斯能够控制并引导注意力。整个家庭都期待她拿出诊断方案和治疗计划。

第三,由于病人家庭期望她在方向性问题上做出决策,因此允许她接触有关信息。这有助于加深她对病人家庭生活的了解。他们将自己展现在她面前。

第四,由于允许她接触有关信息,帕森斯可以对信息传递进行一定程度的控制。她可以依据她对这个家庭承受力的估计,自主安排告知病情或濒临死亡等事实的先后顺序。

第五,帕森斯所获得的关注和接触信息的机会,使她具备了决定怎样提出问题的权力,从而能够影响病人家庭成员讨论的话题的内容。他们期望她能帮助他们理解这些问题。

第六,由于人们期望她能维持秩序,因此赋予她诸多协调冲突和控制无序的工具。例如,她可以组织家庭会议讨论有争议的问题,也可以在一个远离病人的地方对专业人员间的争议做出裁断,以免病人受到这些技术争议的烦扰。

第七,作为控制无序的必然要求,权威本身赋予了帕森斯选择决策程序的权力。她可以自主决定采用顾问型、独断型、合意型(consensual)或其他任何形式来决策。

她的权力有限,但这些是帕森斯必须运用的工具。

管理扶持环境

在医疗过程中,布坎南一家给予帕森斯医生掌握(hold 一词在英文中有控制、掌握、握住等意思——译者注)他们的权威,这不仅是指她能握住他们的手,也指在情感上能控制他们的注意力。布坎南将自己作为扶持环境(holding environment)的重要组成部分,让自己控制和疏导适应性努力带来的压力。

"扶持环境"一词起源于精神分析领域,用以描述精神治疗家与病人间的关系。在不断深入的了解过程中,精神治疗家"扶持"病人的方式有点类似于父母照管他们成长中的新生儿。[3] 对一个孩子来说,扶持环境就像成长过程中各个发展阶段、问题、危机和压力的包容器。在父母的照管下,孩子的成长能得到保护与引导。对实施精神疗法的病人来说,与精神治疗师的联系,提供了一个检测难题并谋取进展的地方。为了取得成效,精神治疗师必须强调并理解病人的苦痛,只有这样,病人才会开始更清楚地认识到自身问题的性质。这既需要技术知识,也需要程序技巧。用我的话来说,精神治疗师就是帮助病人将类型Ⅲ的问题转化为更为独立和容易界定的类型Ⅱ问题。例如,一个最初总是抱怨,对任何事物都感到颓废的人,开始发觉他有具体的理由去愤怒、沮丧或悲伤。

为了便于展开论述,我把"扶持环境"一词的运用推广到父母以及精神治疗关系之外的其他领域。扶持环境可以包含任何一种关系,只要在此关系中,一方拥有控制另一方注意力并促进适应性工作的权力。我把它应用到具有发展任务或发展机遇的任何关系中——包括政治家与他们的国家之间、国与国之间、教练与球队之间、经理与下属之间以及朋友之间的关系。

扶持环境会引发适应性工作,因为它包容并调整着由工作导致的压力。例如,如果一个朋友能够带着同情心去倾听他人的悲伤故事,或能够适时地讲个笑话,他就可以提供暂时的心灵休憩或减轻忧伤。友情关系是一种扶持环境。在艰难时期,良好的社会结构或对未来充满希望都能减少整个社会的焦虑。例如,富兰克林·罗斯福和新政就为大萧条时期的国家提供了一个扶持环境。

医患关系中的扶持环境主要由信任构成,但在其他权威关系中,它还包括畏惧、相互需要、暴力及威胁。监狱的高墙与栅栏、精神病院紧锁的门或国际力量的威胁都是潜在的扶持环境,都可以包容人们的压力。甚至连敌对关系也能产生扶持环境。在"二战"进入尾声时,联盟为德国和日本的重建提供了特殊的扶持环境。在1990—1991年的海湾危机中,因为伊拉克对科威特采取了军事行动,以美国为首的联盟对其可以用于解决国内经济和社会发展的手段进行了坚决的限制。在危机时刻结成的关系,有助于为中东的战后发展与和解构筑一个扶持环境。

因此,最初纯粹由强制手段促成的扶持环境,能够提供一个有力的途径,将压力转变为适应性变化。有时候,这是唯一可能的途径,但在其他时候,如果没有改变引发行为的态度、习惯和关系,强制性关系就只能暂时地压制不利行为,而无法发展成为扶持环境。

实际上，在强制性与非强制性权威关系中，采取适应性工作的机遇往往被浪费掉了。魅力型权威关系会退化成彼此依附，而这种依附会破坏双方的判断力；虽然医生能控制病人的注意力，但有时却会疏于对病人的生活方式提出重要的质疑；被牢牢关押在监狱里的犯人有时会自我反省并洗心革面，但许多人却只会变得更冷酷无情；[4] 战争中的胜利者可能会任由战败者变得衰竭和溃烂，而不会去追问战争的原因。

帕森斯与布坎南一家的关系提供了一个必要的扶持环境，这一环境增强了家庭支持网络。布坎南夫妇的心理承受力是由众多关系及其日常生活中的常规来支撑的。生活与工作的规律性有助于使疾病产生的不可预期性变得比较易于承受。为孩子做好上学的准备、安排他们放学后的活动、购物、做饭、赚钱谋生等都有助于在极度纷乱时为家庭指明方向。朋友、同事、宗教信仰以及史蒂夫的顾客的需求也有助于防止家庭被面前巨大的挑战压垮。帕森斯医生值得信赖和依靠，可以从她那里获取信息、指导、主意和同情，这也给予了布坎南一家额外的力量。

当然，帕森斯及其他人提供扶持环境的目的不是为了消除压力，而是为了调整和控制压力，使其不超出可以承受的范围。如果压力超出了人们可以承受的范围，他们就会被压垮，从而无法学会新的方式。但另一方面，如果压力完全消除了，人们就会失去开展适应性工作的动力。所以，要完成的战略性任务就是将张力维持在可以激励人们的水平上。

回到我们关于压力容器的比喻上，厨师通过调高或调低火力来调节扶持环境的压力。而蒸汽阀通过释放蒸汽使压力保持在安全的限度内。如果压力超出了容器的承受能力，容器就会爆炸。而另一方面，没有火力就煮不出东西。

帕森斯构造了一个由非正式权威关系组成的压力容器，这种权威主要来源于信任。如果信任很微弱，为了减小压力，她将不得不采取延迟通报坏消息这样的方法。如果信任足够强烈，她可以通过提出一个难题来加大火力。信任是一项重要的资源,她必须精心照管好这一资源。

要建立信任,我们需要了解信任是怎样产生的。在权威关系里,信任是在价值与技术两个维度上具有的可预期性。理所当然,人们总是期盼能从权威那里得到稳定、可预期的价值和解决问题的技术。如果社会生活中没有大量的可预期性存在,那么文明本身就失去了存在的可能性。为了社会的生存,我们都需要相信这一点,即社会结构与关系在维护我们所认同的准则方面将会有可预期的表现。

无数的科学和历史研究都表明,不可预期性可能带来严重的后果。[5] 各种动物和人类试验表明,不可预期的悲伤事件总是比可预期的更令人痛苦。比如,它们导致了更多的痛苦与不安。[6] 在南部意大利的历史上,黑手党的崛起及其势力可以追溯到17世纪西班牙王国的政策,这些政策摧毁了该地区的政治经济规则与结构。通过挑起几个主要地方政府间的宿怨、鼓励司法系统中的腐败交易以及毁坏市场的信任和合作规则,西班牙政府在短期内聚敛了大量财富,却导致了经济崩溃以及延续至今的地方社区的分裂。正如一位学者所描述的那样:"不信任感渗透于社会各个阶层,政府许可的不可预期性引发了契约的不确定性、工商业停滞以及对各种形式的合作的普遍抵制。"众所周知,西西里人不信任国家。对有限的小群体之外的人,他们也经常不信任。[7]

然而,促使一个人信任他人并授权给他人,除了可预期以外,还需要其他因素。那些被反复压榨的受害者会发现,他们的市长人选是可预期的,但却是不值得信赖的。人们希望权威能够有效地提供符合选民利益的保护、方向和秩序。能促成授权的信任还要有这方面的可预期性,即能够以可接受的价格提供必需的服务。信任有两个组成部分:可预期的价值和可预期的技术。

要信任帕森斯,布坎南一家首先需要感觉到帕森斯能把他们的利益放在心上,并且不会利用他们。她必须拥有正确的价值观。他们期望她不会滥用他们的脆弱，如突然提出增加报酬等。当然，这并不意味着他们希望她做自我牺牲。拥有宽容的品质并不意味着要她放弃个人满足或不从其诊治中获取收入。问题的关键不在于要她放弃自己的需要，而在于关心病人的需要。

对帕森斯来说，处理好信任的这一来源并不成问题。她乐意照料病人，也喜欢过舒适的生活。当然，她为保护自己的个人需要而设定了限度，她必须清楚地知道自己的限度，这样病人便可预期她什么时候不工作。例如，她不能把每个晚上或每个周末都给病人。但是，如果她接受一个病人，也就意味着她接受这个病人授予的权威。这种权威包括了布坎南一家对她以下做法的信任：即她不在时，另一个充分了解病人情况的医生会接替她的位置。

然而对某些病人来说，疾病引发的压力，有时会使他们的要求超过帕森斯的给付能力。这时，帕森斯就面临以下难题：如何在不丧失病人信任的情况下，拒绝他们的要求。通常，她可以成功地向他们讲清情况。而这种谈话经常为帮助病人提供了机会，使他们知道自己已被紧张心理控制，看不到自己具有启动其他资源的力量与能力。例如，一些病人不愿访问家人、朋友、同事和其他专业人员。通常情况下，帕森斯会在力所能及的范围内提供一些协助，如亲自给病人的亲属和朋友打电话，促成他们之间进行对话，安排病人家属和朋友团聚，等等。

但在极少数情况下，她无法培养病人动员其他力量以控制压力的能力，而他们的要求也超过了她所能给予的。在这样的病例中，她就会失去他们的信任，权威也随之而去。病人则会另寻高明。

帕森斯并不存在这样的问题，她不需要努力让布坎南一家知道自己关心他们。她不仅有很高的声望，而且与这个家庭有十年的接触历史。她的可获得性（availability）也在他们的期望范围之内。因此，在他们眼里，随时可得到她的帮助从来就不是她值得信赖的主要标志。他们尊重帕森斯拥有自己的生活，愿意在她不在时与其他代理人合作。他们知道她关心他们。

但他们的信任基础更为复杂。最初，布坎南之所以信任帕森斯，部分是出于错误的原因。在她与这个家庭的关系中，信任的基础不仅在于他们认为她关心他们，也在于他们认为她能够像十年前治好史蒂夫·布坎南的肾结石那样治好他现在的病。她必须微妙而循序渐进地将"医生会为我们处理好这个问题"的期待，转变为"医生也许没有全部的解决方法，但她会支持我们并帮助我们处理问题"。因此，帕森斯的战略困境就是：当信任取决于治愈病人这一不现实的期待时，应如何加强信任。

帕森斯能以多快的速度改变病人的期望，主要由以下三个因素决定：(1)适应性挑战及其引发的压力的严重性；(2)病人及其支持系统的承受力；(3)她的权威所提供的、用以控制和疏导压力的扶持环境所具备的力量。

帕森斯通过以下几种方法来调控压力水平：一是调整通报病情信息和她估计需要的适应性工作的节奏与顺序；二是组织可满足各种具体需要(家庭、宗教和财政)的支持性服务。在医患关系中，他们越相信她的能力(根据她的声誉、先前的接触以及现在的联系)，她就具有越高的控制他们的焦虑的能力。因此，他们之间的职业联系越紧密，她就能越快地推动病人去面对现实，包括交换、挑战和不确定性等。调整节奏包括测算家庭所能承受的压力，以及它与下一项适应性工作将引发的压力间的相互联系。

从她手术后首次遇到布坎南夫妇开始，帕森斯就认真聆听以估算史蒂夫和康妮的心理承受力。她注意观察这一家人及其朋友如何相聚与交谈，寻找有关家庭及其支持网络的承受能力的线索。当她开始建议有必要制订关于死亡的应变计划时，她倾听他们的问题与反应，包括他们夜间睡梦的状况，以测算在她的控制下他们能承受多大压力。她的行动同时具有以下两种功能，即引导他们把注意力转向适应性工作和“试一试水的深浅”，看一下系统现在有多大的承受力。如果病人家庭对她的问题显得迟疑不决，她就会考虑自己是否操之过急。

帕森斯需要多种专门技能，保持沉着镇定是内在的要求之一。她必须具有承受不确定性、挫败和伤痛的情感能力。[8] 她必须既能提出为死亡做准备的问题，又不能使自己显得过于焦虑。布坎南一家会认真观察帕森斯的非言语线索，以确定她处理那些要求他们解决的问题的能力。如果她在身体语言或声调上传递出焦虑的信息，例如坐立不安、吞吞吐吐、结巴、冒汗，那就表明她不值得依赖。如果她都无力进行艰难的谈话，那他们又怎么能做得到呢？[9]

塔科马。塔科马的例子阐明了在政治背景下扶持环境的任务所在。正如我们所看到的那样，1983 年 3 月，拉克尔肖斯重返旧职，领导一个已失去公信力的机构。要解决环境问题上的冲突，拉克尔肖斯必须重构政府的主要职能。在 1981 年，他曾说过：“在 20 世纪 80 年代，EPA 行政长官应该扮演教育者角色。”[10]但教育需要信任，只有重建信任纽带，他才能促使人们在健康与工作中做出艰难选择；只有重建机构的公信力，他做出的正式裁决与声明才会被人们遵守。否则，环境学家、资方以及遭受污染影响的当地居民将离开他，转而要求国会、州议会及其他国家机构捍卫自己的目标。拉克尔肖斯则将丧失调解他们的冲突的能力。

在公众要求解决砷污染、健康威胁以及工作等问题的呼声下，拉克尔肖斯来到了塔科马。但是，他的行动却让当地居民和利益集团感到诧异，抑或是惊愕。除了那些敷衍的形式，他们还不习惯被吸纳到决策制定中来。实际上，他们起初并不信任和欣赏拉克尔肖斯的做法：EPA 想重建公民对它的信任，但试图通过劳烦公众这种形式来达到这一目的无疑是一种奇怪的方式。毫无疑问，这是个风险极高的战略。

要求公众直面问题将引发焦虑，为了控制这种焦虑的程度，拉克尔肖斯运用了各种方法。首先,他运用了 EPA 行政长官具有的非正式权威。作为公共政策的忠诚代理人,他具有极高的声誉,这使他获得了由怀疑带来的益处。人们可能会惊愕于他在塔科马的行为,但仍会关注他的所作所为。由于他们了解他过去的立场,所以他们也许会高度怀疑,却不会恶意讽刺。此外,由于拉克尔肖斯此前曾在塔科马居住过,并在附近的大型木材公司惠好公司(Weyerhauser)担任副总裁,所以他与当地有一定的关系,并非一个华盛顿来的陌生人。

除了依赖其声誉外,拉克尔肖斯还采取了具体的行动来增强信任。他亲自去塔科马了解情况,人们也知道这个与自己谈话的人的身份,因此政府不再是那个模糊而冷漠的官僚组织。在这场关于工厂的争议中,人们感到更踏实,因为他们可以见到具体的负责人。通过与公众的共同探讨,EPA 赢得了人们的信任。通过召开专题讨论会来公开探讨决策基础,EPA 表明了自己对公众的尊重。虽然 EPA 质疑社区做出的推论,但其地方机构的官员的行为还是表明了这一点,即 EPA 是值得信赖的。之所以这么说,是因为他们并没有对社区居民在专题讨论会上提出的科学和人文问题采取抵触态度。事实上,出于对公众批评的回应,EPA 重新核定了几项科学调查研究的结果。没有人会指责 EPA 试图"草率了事"。EPA 坚持认为,关于工作与健康的取舍问题,公众自己才是最佳的决定人选。这种做法表明了 EPA 对公众的尊重和关心,从而也为它赢得了公众的信任。

但是,与帕森斯不同,拉克尔肖斯并不单纯依赖信任与尊重去建构扶持环境,他还拥有来自国会与总统授予的正式权力,并可以凭借这种权力来管制少数拒不服从的企业。这些强制权力强化了公众对 EPA 的关注,并提高了他们加入讨论会以参与 EPA 设计的程序的兴趣。拉克尔肖斯既可以简单地关闭工厂,也可以任由工厂向大气和海洋排放污染物,让其至少延续到另一个公共机构可能加以干预时为止。但是,他却有节制地保留了这种权力，从而将人们留在压力锅里。

在EPA内部，拉克尔肖斯的声望给了他足够的能力，使他能够承受住EPA由于被迫运用几乎毫无经验的决策程序时产生的焦虑。例如，负责塔科马等地区的EPA行政长官欧内斯特·巴恩斯就对政府在这个问题上扮演的角色持有异议。她认为，人们选举并任命官员去制定和实施棘手的决策，而不是把这些问题再交还给公众自己去处理。[11]持这种观点的绝非她一人。但是，巴恩斯同时也是拉克尔肖斯的亲密朋友，并且多年来一直非常信任他。如果她不信任拉克尔肖斯，她也许会像许多其他官员一样，采取拖延、阻碍、对抗等办法来对待来自不可信上级的可疑指示。但是，巴恩斯不仅继续工作，而且还和其职员一道，为做好工作而奉献了大量精力与时间。

当然，拉克尔肖斯在EPA内的正式权威也同样发挥了作用。他能够并切实地命令EPA在制定规章时要更充分吸收公众参与。他的非正式权威是一项重要的资源，但其正式权力则是必不可少的、起决定作用的力量。

在决策过程中，公众专题讨论会充当着控制争议较大的问题的扶持环境。这些专题讨论会规定了一定的结构，像开会时间、地点、椅子的摆放以及房间的大小等这样的细节全都非常重要。如果一个大房间里只有寥寥数人，就可能会使人觉得难以面对和倾听不同的观点；如果没有为会议规定明确的起始与结束时间，就可能使人们走进走出，而不是留在适当的位置上参与讨论；与大礼堂那种每个人都朝前看以寻求指导与答案的座位排列方式相比，环形座位更能激发人们的参与。在解决问题的过程中，如何排列座位、什么时候将大组讨论拆分为小组讨论等问题，都是必须由EPA来处理的、具体的结构性问题，且没有什么经验可以总结。尽管工作人员已举办过无数次听证会，但他们此前却从来没组织过这种类型的扶持环境。[12]他们很快就掌握了要领，如：把专题讨论会分成小组会使讨论易于控制;集中关注科学调查结果,就能传达该领域的专门知识并赢得尊重;认真对待公众提出的问题,就能体现出对公众能力的尊重并获得他们的信任。

从权威职务的角度看,把压力转化为工作的一项中心任务。但是,这并非唯一的任务。权威也为以下几个问题提供了资源:(1)将注意力引向问题;(2)收集信息并对其进行实践检验;(3)管理信息并确立问题;(4)协调相互冲突的观点;(5)选择决策程序。

引导注意力

注意力是领导的资本。战略的重点在于使人们关注棘手的问题而不分心。由于布坎南一家都期待帕森斯指明方向,因此她拥有了相应的权力,可把他们的注意力引导至她认为需要面对的问题上。此外,她可以减少他们受次要问题干扰的可能性。当然,处于注意力的焦点上同样是危险的。可能会存在这样的情况,即病人家庭为了分散焦虑感而将她作为替罪羊。他们可能会说:“问题不在于医疗条件,而在于我们找错医生了。”

当然,病人可能是对的,医生也许并不称职。谴责医生并不一定就等于回避问题。但对于面对着残酷现实的人们来说,迁怒于权威的强烈诱惑,可能会妨碍他们思考问题的真正原因和如何迎接挑战。

假若存在这种情况,则权威的战略任务在于重新把注意力从她本人及其角色上转移到正引发焦虑的问题上。帕森斯以布坎南一家能承受的速度,成功地将他们的注意力从医疗技术问题引导到适应性变化这一问题之上。这是一个动态过程。随着他们对她信任感的增强,她对他们的控制力也加强了。帕森斯与这个家庭的联系培育了他们的承受力,并加快了她转移他们注意力的速度。

拉克尔肖斯也面临着类似的挑战。他的权威使他能够吸引广泛的注意力。当他在公众场合露面时,便会处于镁光灯的中心。各种媒体对他进行了广泛报道。他的言论会引起人们的关注，因为源自正式权威的权力和源于非正式权威的影响力会使人们注视和聆听他的一言一行。

然而，把自己变成注意力的焦点也具有一定的风险。他可能受到新闻界、公众和自己所在机构的攻击。没有人赞同让社区在工作与癌症之间做出选择。因此，拉克尔肖斯面临这样一个困境：如果他用自己的职务具有的权力来做选择，那么他将不得不承受随之而来的压力。

承受压力亦是战略的一部分，没有它，拉克尔肖斯就无法向全国说明其观点。作为注意力的焦点，他具有了一种力量，可以将这些注意力引导到他所确定的问题上。市民必须在工作与健康中做出自己的选择，或找出另一个替代选择。他们不能为一个适应性问题寻求技术性答案。

实践检验

人们期望权威人物能为方向、保护和秩序这样的问题提供答案，因为人们相信他们知道答案；人们相信他们拥有专业知识或能够发动其他具有专业知识的人来解决手头的问题；人们期望医生通过检查、倾听病人诉说和进行化验来确定病情；人们期望 EPA 的科学家对工业污染物的产生、毒害以及工业在当地的经济和生活方式中的作用进行调查。

由于人们总期望权威能通晓一切，因此权威们被赋予了各种获取信息的途径。医生被授予了各种权力，他们可以探问病人的私生活、接触其身体并指令其进行检查以了解身体内部的情况。此外，她还可以向病人家属询问有关问题。EPA 的官员在与资方人员接触时可能会比较费劲些，但服从 EPA 的调查权现在已经是一种常规而不是例外。

人们认为，权威人物是实践检验的代理人：人们相信，与那些受问题困扰的人们相比，他们能更客观地对问题进行调查。借助于其权威，他们具有了特别优势的地位来调查与了解情况，他们可以比较各种证据的来源。但是当他们的选民不愿知道真相或不愿听到相反观点时，负责实践检验将使他们冒一定的风险。通常情况下，人们都想听到好消息，他们对坏消息的承受力将决定权威人物挑战他们时应采用的速度。

因此,有机会接触信息并不意味着具有了直接采取行动的自由。即使权威没有得到明确的授权,他仍可能会被允许广泛接触诊断数据。在实施领导时,人们必须小心翼翼地沟通,并充分考虑选民的特殊性、他们的支持网络以及新闻界的苛刻等因素。

管理信息并确定问题

帕森斯不仅仅是一个信息传递者。她的工作还包括决定哪些是她的病人已能够面对的问题,然后以适当的方式组织这些问题,以使病人可以继续前进。由于有时病人会以几乎无法觉察的方式隐晦地提出问题,所以帕森斯面临的一个主要任务便是确定哪些问题已经接近浮出水面,可以进行讨论,而哪些问题讨论的时机尚不成熟。她应该帮助病人提出哪些问题?是孩子问题、婚姻问题、财政问题还是职业问题?

帕森斯也不是信息的唯一传递者和解释者,系统里还有其他健康专家等信息来源。虽然布坎南夫妇也会从其他来源收集信息,但由于帕森斯是他们的主要医生,他们将特别重视她的话。

拉克尔肖斯的处境却没这么简单。除了他自己领导的EPA的信息来源外,他还有许多来自其他组织的关于环境问题的信息。与帕森斯相比,他对选民接触的信息内容及其传递的控制要少得多。但是由于他所处职位的原因,一旦公共领域里出现问题,人们倾向于依靠他来提出问题。他拥有的权力使他能自主选择他认为已经成熟或应该促使其成熟的问题,并有权提出这些问题。在很大程度上,他能够决定公众讨论的方向。任务就在于提出问题,以便人们能够理解他们面临的机遇和挑战。在塔科马,他选择了这一问题,即让社区自主决定是否与风险共存。在EPA内部的辩论中,他将此问题称为环境风险管理。

通过确定哪些问题目前正引发广泛的急迫感,我们可以决定一个问题的成熟度。这里的关键在于:问题是否已经在人们的脑海中扎根？而基本的战略逻辑则在于,人们可能更加关注那些急需解决的问题。如果问题提得好,它能促进适应性工作。如果像我们经常见到的那样,在一个社区里存在多个急需解决的问题,那么人们就得权衡处理这些问题的顺序。除非在特殊情况下,权威人物一般都会先处理那些已在人们脑海里扎根的问题,而不是那些尚不成熟的问题。这并非什么高深的科学道理。实际上,你可以做个合理的推测,或试一下人们对问题的接受程度,再重新评估问题的选择是否合理。如果问题里只有一小部分矛盾是紧迫的,但是经过分析认为,矛盾所反映的问题迟早会遇到,而且迟解决不如早解决,这时,战略性挑战就在于寻找可引发更为普遍的紧迫感的途径,以此来促使问题成熟。当然,让权威人物对问题采取权威式行动,是更为直接的使问题成熟的方式。虽然这将立即吸引人们的注意力,但也要付出代价,牺牲人们对其他问题的注意力。[13]拉克尔肖斯的塔科马之行吸引了全国的关注,并向人们提出了一个问题。但是,这个问题是以忽视酸雨、臭氧层破坏等问题为代价的。如果权威人士不打算将注意力限定于有限的几个问题上,他将采取等待或其他方式使人们关注问题,而不是使自己成为人们关注的焦点。我们将简要探讨这个逻辑的含义。

克林顿早期的执政经验部分说明了确定问题是否已经成熟的重要性。克林顿面临的问题非常多,其中一些问题的解决时机已成熟(如预算赤字、经济萧条、卫生政策),而另一些问题还不那么紧迫(如军队里的同性恋)。当然,总统的行动极具权威性,它能使问题迅速成熟。当克林顿宣布将通过行政命令解除军队中同性恋的禁令时,这立即成了一个全国性的问题。但是,这一行动消耗了他的非正式权威,减少了他解决其他对国会和国家更具挑战性的问题(如提高税收、关闭国防企业、重组卫生保健体制以及削减联邦福利等)时可用的非正式权威。[14]

协调相互冲突的观点

对适应性工作的领导往往需要协调各方冲突,且通常是多个政党之间的冲突。帕森斯的权威为她提供了解决冲突的两项主要资源:调解的权力和裁决的权力。在病人家属中,她的权威使她能够扮演调解员的角色。作为受尊重的局外人,她有权把家属召集到办公室里,并把他们有关如何对待史蒂夫病情的冲突意见明朗化。在如何使孩子们对史蒂夫的死亡做好心理准备的问题上,康妮和史蒂夫产生了不同的意见。这时,帕森斯能够在他们当中进行调解,避免痛苦而无效的争吵,帮助他们驱散忧虑。他们已争辩得够多了,而帕森斯的权威使其具有影响力以中止争辩并提供主意。在比布坎南更为棘手的病例里,她还可以向专家顾问求助。

作为卫生保健机构的内部人员,帕森斯的权威使她可以裁决专业同事间出现的争议。作为这个家庭的主要医生,她有权召集他们开会以明确和决定治疗方案。尽管她无权为这个家庭做出所有医疗决定,但她有权解决在诊断和治疗等专业问题上的争议。她将自主决定和选择向病人及其家属传递什么信息。她既可以向他们传达专家间的争议,也可以不向他们传达。就这一点来说,医疗惯例基本承认她有最终决定权。

对拉克尔肖斯来说,协调各个派别间的冲突是挑战的核心所在。实际上,如果没有各种对立的价值和观点(包括由于他所处的位置与偏见而使他具有的个人观点),这个问题将是直接明了的:根据是否对每个人都有益来决定是关掉或是保护工厂。但是决定应该对铜厂设定什么样的标准是件很棘手的事,因为社区里有一部分人主要想保护工厂的生存,而另一部分人主要想保护公众健康和环境。问题的本质在于协调这些相互对立的声音以达成某种和谐。

拉克尔肖斯面临的任务也是大规模社会系统中领导面临的典型任务。由于适应性工作具有的特性,它并不会总是在现有组织和社会结构的解决范围之内。难题的各个部分——即关于问题的信息——散布于各个部门、利益集团、组织和社区的利害关系人手中。不仅信息是分散的，而且解决方案也要求对许多持不同价值观的人的态度和行为进行调整。因此，权威人物在制定解决方案时，如果将利益相关者排除在确定和解决问题之外，他的解决方案将是不完整的，甚至可能针对了错误的问题。因此在他将部分人员排除在外时，至少要将由此缺失的观点及其利害关系记录在案。信息缺失不仅会损害工作的质量，由于排斥引发的苦恼也会使人们暗中破坏问题解决进程和攻击权威。

聚在一起研讨适应性问题的团体，一般由来自对问题有兴趣的各个派别的代表组成。要在这样的团体里实施领导，就要了解选民对这些代表的压力及各个组织间的关系。领导者可能会指出面临的适应性挑战，但代表不同派别的成员会按他们自己的方式来定义和解决问题。每个派别都有自己的一套分析形势的方法——一个内部逻辑系统，它以对其团体内部成员有意义的方式来定义与解释解决方案。这种解决问题的内部语言由传统、权力关系和利益关系决定，它大多是在无意识的情况下运用的。但当它被误用时，该派别的成员就会直觉地感觉到它被误用了。要领导一个由众多派别组成的团体，就必须要了解这些相互独立的语言。例如，塔科马的环境学家既会用精神上的用语来描述地球的尊严，也会用实际的措辞来谈论公众健康。Asarco 的工人既会谈论以这种方式过了一百年的家庭和社区生活，也会谈论他们的工作。要领导这些派别，就需要让每个派别的观点都为其他派别所了解。领导的任务在于协调各种观点的冲突，从而使各派别相互学习并至少达到这一目标，即让大家能够彼此尊重。

因此，要领导持不同观点的人，就需要对这些观点的界线进行渗透和变革。如果某个人要组织一次由存在争执的各群体代表参与的会议，他就必须打破正常界线，使每个决策者都相信，他保护“自家”利益的承诺可能难以实现。实质上,他是希望和这些人形成一种新联盟,新联盟的目标就是重新引导母组织的目标。如果成功地做到了这一点的话,新联盟将获得一种新的自我认知与利益组合。然而,这只是个开始。其后,每个代表都将在自己的派别内推广他在新联盟中学到的东西。显然这是个不断反复的过程,个人要随着选民观点的调整而不断输出或输入各种观点。

拉克尔肖斯就是要在这样的界线间开展工作。其首要任务就是公开提出问题,将相互对立的观点公开化,并以此来激发冲突。这件工作比较容易。他宣布即将做出裁决,而公众则要担负起评议的责任,这等于同时往火里浇了两把油:一是问题本身——对砷排放的裁决;二是决策过程——强调公众参与而非权威式的决断。由于具有了这两个特点,他的宣告引起了人们的关注和投入。

拉克尔肖斯要完成的第二项较为复杂的工作,是协调他在各派别中激起的冲突,在不失去控制(如退化为暴力)的情况下解决问题。没有人愿意看到一个震怒的白血病患儿的父母将 Asarco 工厂炸掉。这项任务占用了三十个工作人员四个月的全部工作时间。

工作人员运用各种工具来控制失衡的程度。在控制和引导争辩中出现的感情用事方面,专题讨论会的结构起了很大的作用。专题讨论会本身是高度结构性的,它们由工作人员精心设计,以确保不会出现任何人主导讨论的情形。书记员会记载下任何一个未解决的问题并承诺做进一步的调查。EPA 的科学家通过提供专家指导意见来支持扶持环境。外行参与者在与持不同意见的资方人员、环境专家和政府人员的讨论中,会感到自己的意见仅是一己之见。将外行的公民吸纳到决策过程中,既能教育公众又能减少公众焦虑和无助的感觉。当新的专题讨论会自发出现时,EPA 仍会继续到场监管和倾听讨论。人们会感觉到他们持续的商议得到了关注。

然而,公众辩论充满了冲突与情绪化的争辩。当一个多样化的社区面临复杂的适应性挑战的时候,这种争辩是不可避免的。专题讨论会可以确保各个派别能够听到其他各方的意见,但它并不试图消除冲突。[15]事实上,它也没有消除冲突。

随着人们形成由地区商业、工业、工人、联合劝募协会、州及地方机构、市政府等组成的新联盟,社区提出了两套处理当前问题的新机制。为Asarco创建的失业工人培训项目已成为处理当地工厂关闭问题的模式;而用以解决Asarco工业污染问题的公众参与途径,则在修正后成为处理社区里其他环境争议的工具。十年过后,这两套机制仍在继续发挥作用。通过穿越旧的界线并在不同派别间创造出新的关系,Asarco的实践增强了社区的适应能力。

选择决策程序

权威一般都具有选择决策程序的权力。实质上,他们必须对冲突的存在及其关系、是否以及如何解除冲突做出决定。决定在独断型、顾问型、参与型或一致同意型中选择哪一种程序,需要根据多种因素来判断。[16]我们已介绍了其中三个因素,包括问题的类型、社会系统的承受力以及问题的严重性。在此基础上我们还应增加第四个因素,即行动的时间。第一个因素相对比较简单。在技术性情景下,权威具有找出和解决问题的专门知识。此时,人们一般倾向于选择独断型或顾问型决策。除非人们是在利用技术性情景进行培训,其他选择都不合理。如果不是这样的话,还是让专家去做他们该做的事。

然而,适应性情景倾向于要求一个更具参与性的操作模式,以使责任转移到主要的利益相关者身上。由于问题主要在于他们的态度、价值观、习惯或现有关系之上,所以解决问题的关键在于他们的观念与想法。只有解决了派别内部和派别之间的冲突,才能在适应性问题上取得进展。但是,当面临适应性挑战时,权威人物也许会由于其他原因而选择更独断的模式。首先,组织或社区的承受力太小,难以承受适应性工作的压力。要求公众进行适应性工作可能会压垮他们,或不符合惯例。低适应能力可能源于缺乏解决冲突的经验、缺少共同的价值观、不愿承受短期痛苦以获取长期利益或是派别间在身份与信任上的联系过于脆弱等原因。人们可能既不了解自己应对共同面对的问题承担多少责任,也没有形成合作的传统。这时,面临的战略挑战就在于采取独断型行动,并以此带动适应性能力的发展。例如,国家首脑为了确立信任这一规范,可能会从革除司法体制中的腐败开始。公共管理者可能会命令一群困惑的下属为某个迫近的问题制订战略计划;执行官可能会改革绩效评估系统,奖励尝试和团队工作而不只是个人的成功。

其次,即使在一个有高度承受能力的系统里,如果权威面临一项严峻的适应性挑战——它引发的压力仍是这个社会所无法承受的——那他也许仍会选择独断型行动。这时,采取参与型的程序可能会进一步加剧对立派别间的冲突。在这种情况下,权威将不得不承担更多界定并解决问题的责任,哪怕明知道解决方案在实施过程中需要不断进行大量的修正。在各种需优先考虑的事情中,最重要的是权威将不得不减缓失衡的状态,以使焦虑程度降低到社会各派别能够有效开展工作的范围内,这常通过独断型行动来实现。例如,富兰克林·罗斯福在1933年采取了迅速而独断的行动。他之所以这样做,是因为稳定全国人心对于经济复苏具有重要意义,它的作用绝不亚于其他任何有规划的试验。

再次,在危机状态下可能没有足够的时间去采用更具参与性的程序。这时,领导者明知自己是靠猜测决策,并且事后将需要大量的修正,却仍不得不采取行动,罗斯福也证明了这一点。甫一上任,他即宣布银行暂停营业,关闭了所有银行,从而使可能导致大多数银行破产的挤兑趋势得以停止。独断型行动终止了挤兑,为采用更慎重的程序来制定长期银行政策创造了时间。

这三个因素可以提炼为以下经验规则：如果没有充足的决策时间，则在问题可能压垮某个群体或超出社会现有承受力的情况下，决策者应该更为独断。

在布坎南一家的例子里，帕森斯独自做出关于医疗的技术性决策，但偶尔也会征询其他医学专家的意见。在动员适应性工作时，随着布坎南一家逐渐适应了令人痛苦的可能性并培养出了面对这些可能性的能力，帕森斯逐渐从独断型的问题解决模式转变为参与型风格。她需要时间。尽管她在估计他们的心理准备程度时要从他们身上寻找线索，但关于如何确定问题并安排问题的处理顺序，则必须由她独自做出决策。依她的判断，他们起先并没有承受疾病所带来的焦虑的承受力，他们初期的言语明确地暗示了这一点。但随着家庭与扶持环境变得越来越坚强，随着布坎南一家本身开始明确地提出各种难题，帕森斯将更多的工作交给了他们。

对拉克尔肖斯来说，他的正式权威赋予了他权力，他可以决定怎样做才算是对 Asarco 工厂最好的规范。事实上，清洁空气法也要求他做出决定。但是，通过选择专题讨论会这一程序，他让出了决策权。当工厂于 1984 年 6 月自己决定关闭时，拉克尔肖斯的决定已延期五个月了。他的延迟代表了一个让利害关系人做决定的决策。

我们可以从任务本身看出他为什么会故意拒绝做出决策。拉克尔肖斯面临的挑战是要动员当地民众去处理棘手的适应性问题。随着铜价的持续下跌，经济多元化的需要变得越来越明显与迫切。不仅 Asarco 的所有者知道，工厂的工人和当地的受益者也已觉察到了这一点，即工厂不再具有生存能力。实际上，拉克尔肖斯将做出什么样的裁决已不再重要。1984 年 2 月，本是他应该做决定的时候。如果他这时真的做了决定，就很可能会因此而提供了一个分散注意力的焦点。这个地区会把工厂的关闭归咎于拉克尔肖斯及其对工商业的冷漠。人们将拒绝面对真正的问题，他们将把 EPA 当成替罪羊，从而阻碍适应性过程的进行。正如拉克尔肖斯所言，“我们必须给他们足够的考虑时间。这项工作在 2 月份时并未完成。”[17]实际上，不做决策的做法迫使公众继续探讨经济多元化带来的挑战。

然而，最初没有人知道威廉·拉克尔肖斯会推迟决策。他自己也没料到。为回应《纽约时报》中关于“恺撒”的评论，拉克尔肖斯写道，“我们不是在要求塔科马的人们做决定，我们只是在向他们征询建设性意见。他们知道被倾听的权利与受关注的权利是两码事。最终的决策权在于我。”[18]他公开强调自己拥有决策权。7 月 12 日，EPA 的地区行政长官欧内斯特·巴恩斯在公开声明中强调，拉克尔肖斯会固守他做出最终决策的特权。按她的说法，拉克尔肖斯打算慎重权衡公众的意见，但不会进行投票表决。

作为一项策略，这样做也是极有道理的。如果他放弃了决策权，那就等于放弃了引导辩论所涉及的相关各方，放弃了确定辩论程序的关键手段。如果 EPA 在专题讨论会中扮演一个没有决策权的角色，那谁还会来参加？人们来参加是因为他们认为让 EPA 倾听意见将使情况大为不同。但根据拉克尔肖斯所言，真正起作用的听众是公众本身。不同的派别可能会以为他们在游说 EPA，但事实上他们只是在 EPA 的赞助下进行相互游说（教育）。

注释

1. 这种区分类似于头领（headship）与领导（leadership）间的区别，在此，头领等同于职务的正式权力（正式权威），而领导相当于非正式影响力（非正式权威）。虽然按我所说，正式与非正式权威都可能作为实施领导的工具，但它们在本质上都不构成领导。头领/领导模式没有帮助我们关注适应性工作，因为它将影响力和正式权威作为分析单位。关于正式权力与非正式影响力（或头领和领导）的区别的探讨，请参看 Richard E. Neustadt, *Presidential Power and the Modern Presidents: The Politics of Leadership from Roosevelt to Reagan*，第三版（New York：Free Press，1990）；Cecil A. Gibb,

"Leadership," 载 Gardner Lindzey & Elliot Aronson 编著的 *The Handbook of Social Psychology*,第二版(Reading, MA: Addison-Wesley, 1969),第 4 卷,pp. 212—213; Jean Blondel, *Political Leadership: Towards a General Analysis* (Beverly Hills, CA: Sage, 1987), pp. 13—15。

2. 参看"Public Prestige," Neustadt, *Presidential Power*,第五章。

3. 参看 Donald Winnicott, *The Maturational Process* (New York: International Universities Press, 1965); Arnold H. Modell, "The 'Holding Environment' and the Therapeutic Action of Psychoanalysis," *Journal of the American Psychological Association*,第 24 期,1976, pp. 285—307; Edward R. Shapiro, "The Holding Environment and Family Therapy with Acting Out Adolescents," *International Journal of Psychoanalytic Psychotherapy*,第 9 期,1982, pp. 209—226; Robert Kegan, *The Evolving Self* (Cambridge: Harvard University Press, 1982); Edward R. Shapiro & A. Wesley Carr, *Lost in Familiar Places* (New Haven: Yale University Press, 1991)。

4. 关于把监狱作为扶持环境以引发改过自新方面的运用和滥用的探讨,请参看 Kegan, *The Evolving Self*, pp. 175—177。

5. 参看 David Good, "Individuals, Interpersonal Relations, and Trust," 载 Diego Gambetta 编著的 *Trust* (Oxford: Blackwell, 1988), p. 32。要了解对信任的组织研究,请参见 John J. Gabarro, "The Development of Trust, Influence, and Expectations," 载 Anthony G. Athos & John J. Gabarro, *Interpersonal Behavior: Communication and Understanding in Relationships* (Englewood Cliffs, NJ: Prentice-Hall, 1978), pp. 290—303; John J. Gabarro, *The Dynamics of Taking Charge* (Boston: Harvard Business School Press, 1987),第五章。

6. 例如,与受到强烈但可预期的电击的狗相比,遭受轻微但随意电击的狗会变得更倦怠无神。Martin E. P. Seligman, Steven F. Maier, Richard L. Solomon, "Unpredictable and Uncontrollable Aversive Events," 载 F. Robert Brust 编著的 *Aversive Conditioning and Learning* (New York: Academic Press, 1971); 另请参见 Good, "Individuals, Interpersonal Relations, and Trust"。

7. Diego Gambetta, "Mafia: The Price of Distrust," 载 Gambetta 编著的 *Trust*, pp. 162—163。另请参见 Anthony Pagden, "The Destruction of Trust and Its Economic Consequences in the Case of Eighteenth-Century Naples," 载于同一卷, pp. 127—141; Robert D. Putnam, *Making Democracy Work: Civic Traditions in Modern Italy* (Princeton: Princeton University Press, 1993), pp. 146—148, 167—180。

8. 本部分介绍领导希望改进的技巧与性格特质。另一章将讨论这一主题。

9. 对这种情况可做进一步的分析。医生通过注意自身的福利而使病人家属从工作上分心。这种分心会按下列机制引发不信任。人们会对适应性工作持矛盾的心理:他们想在棘手的问题上取得进展,同时也想避免相关的焦虑。因此,布坎南一家可能会欢迎医生分心,以逃避自己的问题。但同时,他们也可能为她的违约所激怒:"我们是病人,是我们而不是你应该受到关照。"

10. 1981年1月,在哈佛大学约翰·F·肯尼迪政府学院发表的演讲。

11. Ernesta Barnes Ballard 在1993年3月的个人通信。关于环境风险管理中公共部门参与的地位的深入探讨,请参看国家科学院的研究,*Improving Risk Communication* (Washington,DC:National Academy Press,1989)。

12. EPA第10区(西雅图)空气与水分部有害废物处负责人Alex Smith的个人通信,1993年4月。在拉克尔肖斯领导期间,她质疑道:"难道我们要在NISHAPS(此类规则)问题上召开公众专题讨论会吗?"

13. 拉克尔肖斯选择风险管理的原因当然是复杂的。他本来也许会选择酸雨或臭氧层破坏这样的问题,这二者都引起了公众极大的关注(其中酸雨问题更胜过臭氧层问题)。但是白宫对着手解决这样的问题没有兴趣,但它同意关于风险管理的意见。尽管拉克尔肖斯的权威给予他确定公众讨论主题的权力,但来自上级的授权却对他产生了明确的限制。参看 Landy, Roberts, Thomas, *The Environmental Protection Agency*, pp. 252—258。

14. 若没有历史观点的帮助,我将会用以下关于克林顿总统战略的问题来寻找这个论辩的逻辑;他是把军队里同性恋问题看作一个适应性问题,还是一个权威性行动即可解决的技术性问题?后一个估计是一个相当明显的错误,对军队同性恋的禁令既对军队的制度也对整个国家提出了适应性挑战,它要求对制度准则、程序、公众态度和习惯进行根本性的变革。但是如果总统知道这是个适应性挑战,那他也知道这个问题还未成熟吗?如果他知道,那么鲁莽的行动就意味着要促使问题成熟吗?显然除此之外还有其他选择可以使问题成熟。他有没有考虑这样做将会对其他问题和他的非正式权威产生什么影响?

15. 负责为EPA设计塔科马地区公众参与程序的顾问——Susan Hall的个人通信,1993年4月。

16. 如前面所提及的那样,关于各种不同的决策模式及其运用时机的深入分析,参看 Victor Vroom & Arthur Jago, *The New Leadership: Managing Participation in Organizations* (Englewood-Cliffs, NJ: Prentice-Hall, 1988)。

17. William Ruckelshaus 的个人通信,1992年3月。

18. William Ruckelshaus, "Letter: On Tacoma's Air—How EPA Faces the Arsenic Risk," *The New York Times*, 1983年7月23日,原文中的斜体部分。

第六章　在刀锋上行走

尽管权威会带来资源，但同时，权威也是一件紧身衣。[1] 选民们用资源换取服务。通常，人们期望权威为他们提供方向、保护和秩序。只有权威人物许诺满足人们的这些期望，人们才会接受权力。这些期望经常是很有道理的。在技术性情景下，人们对现有问题已做好了足够多的准备。程序、权威等级、角色和操作规范等都是早就设定好了的，人们非常清楚要做什么和如何做。有时也许需要创造力和灵活性，但它们往往是对已知的主题稍做变化，而绝不是创造新的主题。

当我们的组织和社区面对适应性挑战时，旧有的方法和程序往往不起作用。如果此时我们仍然期望权威人物提供答案，往往会产生相反的效果。如果权威人物不能采取措施迅速重建平衡，减轻我们的紧迫感，我们就会推翻甚至杀死权威人物。

有时候，我们将这种情况称为“领导危机”。习惯性地指责权威人物是“领导危机”的表现。在适应性情景下，我们仍然期望权威人物像往常一样提供解决问题的答案。如果困扰我们的问题久拖不决,且要求我们自己完成适应性工作,我们就会指责权威。因此,一如所料,权威将满足我们的需要,为我们提供虚假的解决办法或转移我们的注意力。如果他们想保持我们给予他们的权力,他们必须解决问题或做出解决问题的承诺。一旦我们意识到权威人物未能解决问题,我们通常让他们做替罪羊或是让许下新诺言的人取代他们。我们靠这种方式弥补自己的失败。

当权威人物应我们的要求提供一套快捷的解决办法时,他便将自己和人们引上了一条充满风险的道路。也许正在酝酿的大风暴将落在别人头上,让他们逃过一劫,也许他们不会这么幸运。很多国家的元首陷入了这样的危机,最近的例子便是海地的杜瓦利埃(Duvalier)、菲律宾的马科斯、尼加拉瓜的奥尔特加(Ortega)、东德的昂纳克(Honecker)、罗马尼亚的齐奥塞斯库(Ceauscescu)等。在过去十年里,很多美国商业界的领袖遭遇了同样的事情。其原因便在于他们在面对外国的竞争时,未能采取适应性回应。

在适应性情景下,从权威位置实施领导意味着逆潮流而动。在这种情况下,领导应提出问题,而不是满足人们要求得到答案的期望;应让人们感到威胁以激发其对环境的适应,而不是保护人们免受外界伤害;应该将人们从现有的角色中解放出来,而不是引导人们接受现有的角色,只有这样,新的角色关系才能得到发展;应该向既有规则提出挑战,而不是维持既有规则。

当然,现实生活是变化无常的。即使在适应性情景下,权威人物也必须依据不同的因素采取不同的行动,才能履行这些社会功能。这些因素正是刚才提到的:方向,保护,角色引导,控制冲突,维持规范。例如,在一个组织内,当权威人物向人们提出挑战并指出在方向上存在的冲突时,他可能必须采取坚定的行动才能维持规范与重新明确各人应该扮演的角色。但是,要依据这五个因素,将技术性工作转为适应性工作,首先就必须清楚地了解这五个因素的差异。表2列出了权威在适应性情景下应该做出的转变。

表2 适应性情景下的权威式领导

社会功能	情景类型	
	技术性	适应性
方向	权威提出问题的定义和解决方法	权威提出面临的适应性挑战,对形势进行诊断,并提出问题和解决方法
保护	处于权威保护之下,不受外部威胁	权威展示外部的威胁
角色引导	由权威引导	权威将人们从现有的角色中解放出来,或拒绝太快引导他们接受新的角色
控制冲突	权威维持秩序	权威展示冲突,或让冲突出现
维持规范	权威保持规范	权威挑战规范或允许它们被挑战

在适应性情景下,权威履行社会功能就像在刀锋上行走一样。如果权威人物以太快的速度向人们挑战,人们就会推翻他,因为他不能满足他们对稳定的期望。但另一方面,如果速度太慢,人们就会发现事情毫无进展,将因为缺乏进步而指责权威人物。最后,人们也会推翻他。为了在刀锋上保持平衡,我们需要对权威拥有的工具和受到的制约有一个战略上的了解。

然而,在任一种情况下,权威人物都可能会搬起石头砸自己的脚。当他成为人们希望和痛苦的焦点却缺少解决问题的灵丹妙药时,便会遭到人们的攻击——至少是言语上的攻击。即使是最敏捷的人也不能完全避开这些攻击,使自己不受生理和心理上的伤害。

实施领导就像在刀锋上行走,因为领导者必须持续地监管社会中出现的不平衡,在这一过程中,人们将面对各种生活和社会矛盾,并调整自己的价值观与行为以适应这种新的现实。我们已经探讨了权威在领导这一过程中具有的资源。按照领导的五个战略原则,可以将这些工具总结如下:

1. 识别适应性挑战。根据受到影响的价值观对环境进行诊断，解开对相关问题的束缚。

2. 将人们的焦虑控制在可以承受的、能够进行适应性工作的范围内。用压力锅来比喻就是，将火力控制在不会使锅子爆炸的水平。

3. 将注意力集中于促使问题成熟，而不是减少压力。找出能吸引注意力的问题；在将注意力引向这些问题的同时，也采取行动解决回避工作的做法，如否认问题的存在、寻找替罪羊、使敌人外部化、假装问题是技术性的或者针对个人而不是问题等。

4. 以人们能够承受的速度将工作交给他们。用问题给人们施加压力，培养他们的责任感。

5. 保护没有权力的领导的声音。保护提出困难问题和引起焦虑的人，他们指出了社会的内部矛盾。在发动人们进行再思考方面，这部分人经常具有权威不具备的力量。

我已经指出，正式权威和非正式权威二者均是扶持环境——即包容变革引起的压力的容器——的重要组成部分。从短期看，权威人物必须直接对压力进行控制。他们必须在包容器的压力承受范围之内工作。从中期看，权威人物通过强化他在社区内的权威关系，能增加自己对扶持环境的贡献，从而增强社区在他的任期内具有的承受力。

从长期看，这个包容器可以得到长久的承受力，使它能够在权威人物不在的情况下，承受非常困难的问题产生的较高的压力。权威人物能激励公民社团的发展，这些公民社团会带来相互认同的社会网络。[2] 它们具有多方面的作用，如增加权威组织和机构的可信度，[3] 创造体现和强化共同价值观的仪式，提出关于合作、承担责任和有效解决冲突的方法，进行广泛的授权[4]，促进学习和新气氛的形成，等等。经过一段时间以后，社会将会了解适应性工作及其带来的痛苦与好处。

本书将集中讨论领导的短期任务，即如何在面对适应性挑战时取得进步。领导的长期任务——即发展对环境的适应力——超出了我们现在讨论的范围,尽管从一定程度上讲,长期是由成功的个案积累下来的经验和吸取的教训构成的。为了将注意力集中到最相关的问题上,一个希望实施领导的人必须问四个实际而相关的问题:怎样才能识别适应性挑战?怎样才能将注意力集中到成熟的问题上?怎样才能将压力控制在有效的范围内?采取怎样的行动才能促进社会的学习以达到新的平衡?1965年为美国黑人争取选举权的努力为回答这些问题提供了一个试验场。在这一章,我们集中研究林登·约翰逊总统从权威职位实施领导的战略。[5]

前奏:促使问题成熟

约翰逊一上任,就立即着手修补美国社会承受压力的包容器。由于肯尼迪被谋杀,这一包容器已遭到严重破坏。他采取各种行动来减少公众害怕失去方向的恐惧心理。在他当选总统后第一次向全国演讲时,便清晰而直接地号召国会采取行动。他几乎没有提出什么新思想,与此相反,他承诺将继续前任未完成的工作。通过这些行动,他减少了人们过渡期的焦虑,重建了人们的信心。

> 现在,我们必须将肯尼迪的远大理想和抱负转变为有效的行动……在这个关键时刻,我们每个人的责任便是克服不安、迟缓与怀疑,表明我们有能力采取果断的行动。我们失去了领导,这无疑是一个重大损失。但是,这一损失非但不会削弱我们的力量,相反,它会使我们更强大。我们能够而且将立即采取行动。约翰·肯尼迪用他的生命表明了这一点——美国必须前进。

总统通常让自己的人担任政府内阁的要职。然而在1963年,在下一轮新总统选举前,约翰逊只有11个月的时间来证明自己,因此,他不得不依赖肯尼迪的内阁和白宫。通过保持人员的连续性,约翰逊在不将公众注意力吸引到自身的同时,增强了扶持环境的能力。由于他还有许多重要的事要做,他不能将自己置于公众注意力的中心位置,那样将使自己更易于受到攻击。“我时常认为,作为肯尼迪遗愿的执行者,继续他未竟的事业是我的责任。这一责任既包括对他的下属的责任,也包括对他的各项计划的责任。这些都是肯尼迪遗产的一部分。我绝不能让我的国家认为我是个独裁者。”[6]

甚至在他被选举为总统后,约翰逊也继续任用肯尼迪的人。他不仅仅看重他们的才能,他也需要他们代表的选民(包括媒体、东部选民和知识分子)的支持。[7] 因此,他继续借用肯尼迪的权威,用肯尼迪的名声掩护他自己的计划,避开公众对他本人的注意。他不得不增强扶持环境的能力,以承受将由他的政策产生的压力。

在约翰逊的许多开创性行动中,最成功的也许要算公民权利这一项了。[8] 他尽最大努力为自己创造了领导的机会。他一心一意地倾听人们的意见,找出国内潜伏的矛盾,并将有关相互对立的利益的对话转换成立法和各项具体的计划。他鼓励马丁·路德·金的公民权利思想,鼓励乔治·华莱士(George Wallace)关于经济正义的民粹主义看法。[9] 他知道,只有让人们参与进来,促使他们调整自己的观点或达成妥协,才可能取得进步。他认为,应该推动各个派别来做这项工作。

事实上,在他的立法计划中,约翰逊毫无例外地向那些请求他帮助的人施加压力。因此,为了说服保守主义者,他向黑人领导施加压力。在约翰逊看来,取得公民权利成功的关键在于少数派,即当时由参议员埃弗里特·德克森(Everett Dirksen)领导的共和党。没有他们的支持,新立法不可能得到参议员理查德·拉塞尔(Richard Russell)和南部民主党议员的赞同。后者将竭尽全力阻挠这类法案。他们将在议会发表无休止的演讲,使议案永远不可能获得通过。近一个世纪以来,他们一直都用这个方法来阻碍公民权利议案的通过。[10]但是,约翰逊不打算单独进行游说议员的工作。为了赢得共和党的支持,也作为那年引入《公民权利法》(Civil Rights Act)的前奏,约翰逊拜访了全国有色人种促进会(National Association for the Advancement of Colored People/NAACP)的领袖罗伊·威尔金斯(Roy Wilkins)。这次访问发生于1964年1月6日,即他任总统6个星期后。

约翰逊:"你什么时候来这儿开展公民权利活动?"

威尔金斯:"我一开完董事年会就来。"

约翰逊:"你告诉他们,我认为他们有一个了不起的好人。我认为在美国没有比他更好、更公正、更能干的人了。但现在,我希望你着手这项议案的事。因为除非你得到25个共和党议员的支持,你不能以提付表决来终结辩论。在这个问题上你不能引用我的话。拉塞尔说已有足够的人承诺将阻止提付表决。我认为你应该坐下来同德克森谈谈,说服他通过这个议案对共和党是有利的。你告诉他们,如果共和党继续采用无休止的演讲来对付这个议案,你们就不会在选举中支持他们。让他们知道,你们将支持一个能给你们希望、尊严和体面的总统候选人。不仅如此,你们也将支持这样做的参议员。我不是魔术师。现在我要同你在一起,竭尽所能帮助你。但是,你必须得到这些人的支持,越快越好。如果我们在这次斗争中失败,我们将倒退十年。"

事实上,参议院花了75天的时间来辩论公民权利法议案。这也是历史上耗时最长的一次。但在1964年6月10日,它决定终止辩论,将其提付表决。正如约翰逊所言,问题的关键在于德克森。拉塞尔抗议说:"这个议案完全是个政治问题,绝不是道德问题。"作为对此抗议的回应,德克森表明了自己的立场。他说:“实现公民权利这一理想的时间已经到来……我们面对的是一个道德问题。”他彻底转变了自己的观点。[11]在同威尔金斯等人的谈话过程中,德克森对各个问题的轻重缓急安排已有所改变。在外力的作用下,这个问题已经成熟。正如约翰逊后来对他的传记作者多丽丝·基恩斯(Doris Keans)所描述的:“困难之处在于了解每个人的真正需要是什么,哪些问题对哪些人具有重要意义以及为什么会这样。少了这种了解,什么也做不成。只有了解了领导者和他们的组织的需要,才能设计出既能满足他们的需要,又能满足我的需要的立法计划。”在一般性的国内政策方面,约翰逊试图让各相关方——工商业领袖、教育工作者、劳工以及媒体——都参与进来。某些权威人物可能关注如何让人们接受命令,而约翰逊则试图教育人们彼此合作,相互尊重对方的目标。他将人们引向合作。正如他描述的那样,“我希望他们每个人都以不同的方式参与我的政府。关键是将从不同团体来的人安排到多个委员会,这些委员会要解决的问题各不相同,这样一来,他们就会彼此关联,没有人能够在一个问题上毫不妥协。”[12]

近两百年来,我们都试图回避这些问题,而约翰逊却试图发动整个国家来解决它们。但是,动员社会解决困难问题并学会新的方法绝不是在议会中做做交易就能完成的,它需要领导公众的才能。约翰逊必须找出国家面临的适应性挑战,调控焦虑的水平,针对回避工作的做法采取行动,把责任交给应该承担责任的人,保护社会领导的发言权。在阿拉巴马州塞尔玛发生的事件极好地说明了他的领导战略。

塞尔玛——1965 年的 8 天

1965 年 3 月 7 日,星期天,美国黑人从塞尔玛出发,游行到州政府所在地蒙哥马利(Montgomery),强烈要求得到选举权。塞尔玛是一个人口总数约为 29,000 人的城市,黑人数量稍多于白人,但是选举人名单上黑人仅占3%。在15,000名黑人公民中，只有325名被登记参加选举。[13]这个地方使用种种耗时漫长的方法阻止黑人公民进行选举登记，包括长时间的写作测试和口头回答复杂的问题，如：复述宪法第十条修正案；在被大陪审团定罪后，公民有哪两种权利？在1962年的选举中，阿拉巴马州的州长华莱士宣称："在这个联邦的发源地，这个伟大的盎格鲁-撒克逊南部地区的心脏地带……现在要种族隔离，明天要种族隔离，永远要种族隔离。"[14]

为了对要求选举权的游行进行反击，当600名赤手空拳的黑人到达该市时，华莱士州长派出州警对付这些黑人。[15]全国的美国人在电视上目睹了这一令人震惊和愤怒的画面：黑人男人、妇女和孩子遭到警察的警棍殴打和催泪弹袭击，并被骑在马背上的骑兵鞭打，白人围观者则伴随着被打者的尖叫欢呼："打得好！打得好！"[16]这种暴行在全国激起了强烈反应，各地涌现了自发形成的示威运动，人们纷纷向约翰逊总统施压，要求他动用国民警卫队。[17]

但是，约翰逊却拒绝了这一提议。事实上，星期天的流血事件也给他带来了多种相反的压力，每种压力都有长时间的历史。一方面，愤怒的民众呼吁总统马上采取有力措施保护游行者。人们不仅到白宫和司法部游行静坐，也在全国媒体上指责他。马丁·路德·金博士用"惊慌失措与勇气尽失"等话指责联邦政府"懦弱"。[18]另一方面，也有很多人表明了对联邦政府干涉州事务的担忧，希望约翰逊不要卷入此事。南部白人，和许多其他白人一样，讨厌联邦政府干涉他们的生活方式，希望保持当地的规范和控制，约翰逊面对着价值观迥异的两类选民的冲突：代表白人至上的州权力和选举权。

这种冲突不是什么新闻。它可以回溯到内战时代。在决定公民权利这一问题上，地方和中央政府怎样分权才算平衡？作为一个长期生活在德克萨斯州的政治家，没有人比约翰逊更清楚这个问题在南部有多敏感了。同时,作为参议院多数派前领袖与副总统,没有人比约翰逊更清楚中央政府倾向于支持公民权利了。1954 年,最高法院裁定在学校实行种族隔离违法。[19]1957 年艾森豪威尔总统认为有义务支持这项决定,他派联邦军队去阿肯色州小石城市的中心高中,强制实行黑人和白人学生同校制度。五年后,即 1962 年,约翰·F. 肯尼迪总统派联邦军队去保护詹姆士·梅雷迪思(James Meredith)到密西西比大学注册。就在塞尔玛游行的前一个月,约翰逊和国会通过了历史性的《1964 年公民权利法》,这是一个进一步加强联邦政府控制地方事务权力的法律。在大多数公共场所,如旅馆、饭店和澡堂等,黑人不能再被歧视。雇主和工会必须为少数民族提供平等的就业机会。政府为学校提供财政和技术帮助以加快废除种族隔离的步伐。

经过多年的仔细考虑和权衡,全国大多数选民都支持保护公民权利,并反对地方违犯这一规则。但并不是全部的选民都持这种观点。此前一年,国会就没有通过 1964 年的《公民权利法》的选举权条款。约翰逊提出了这一议案,但被国会否决。许多白人发现在饭店和学校取消种族隔离非常困难。他们拒绝给黑人政治权利。国会在选举权上表现出来的僵持局面也暗示,作为一个整体,这个国家还不具备充分赋予少数民族各项权利的条件。认为这个问题已经非常紧迫的人还不普遍,选举权仍没有深入人心。在公民眼里,1964 年为保护公民权利而采取的行动已经足够了。

除非选民提出要求,议员不会去自找麻烦。议员自找麻烦意味着与其他议员进行讨价还价,在某方面做出让步以换得对方在另一问题上支持自己。如果立法者具有多重目标,且这些目标对他的选区的重要性各不相同,那么,这些讨价还价带来的麻烦和风险是最少的。可以用一个次要目标为代价换取另一个比较紧迫的目标,特别是其他议员有可以在重要性方面与自己的目标互补的议题时更是如此。公民权利立法就是这样的情况。直到塞尔玛游行时,全国的白人公民都认为选举权是个不太重要的议题。例如,在1957年参议院辩论公民权利法案时,四个西部自由主义议员:韦恩·莫尔斯(Wayne Morse)、沃伦·马格纳森(Warren Magnuson)、迈克·曼斯菲尔德(Mike Mansfield)和吉姆·米雷(Jim Mirray)同意支持一个已遭重创的议案,以此换取南部议员支持为爱达荷地狱谷(Hells Canyon)大坝工程建造拨付资金。这个大坝可以为当地发电。尽管这些西部的议员通常会支持公民权利法案,但因为他们的选区更关心大坝的事,因此他们被迫做出以上交易。[20]

约翰逊清楚地知道自己的地位带来的种种制约,因此,在1965年早期与金的私人会面中,他鼓励金实行推动选举权问题成熟的计划。尽管他不希望看到暴力,但他还是认为,公众的压力可以为立法行动提供一个大背景。[21]金的确这样做了。公民权利运动试图激起全国对这一问题的紧迫感,以改变公民对各项问题的重要性的看法,并促使国会采取行动。通过几十年的斗争,金和他的战略家已经看到,如果公众向政府施加压力,要求它保护美国黑人的权利,联邦政府将不得不这样做。[22]因此,公民权利运动将引发这一过程。通过电视新闻记者的曝光,全国每个家庭都将看到种族主义的残忍,示威运动将引起全国人民的关注。3月7日,星期天,在电视播放了塞尔玛的暴行后,金博士宣布:

> 在塞尔玛,毫无防备的公民受到残暴的对待,老太太和儿童惨遭棍棒殴打,并被施以瓦斯弹。我们目睹了种族主义疾病的爆发,它的目的是要毁灭美国……塞尔玛的人民将为国家的灵魂而抗争,但是,每一个美国人都应该帮助塞尔玛的人民承受这一重担。因此,我呼吁,所有宗教的牧师和国家各方代表加入到我们星期二早晨在蒙哥马利与塞尔玛之间举行的牧师游行中来。[23]

为了响应星期二的游行,全国各地都举行了示威游行,这给约翰逊带来了巨大的压力。公共汽车和飞机满载着神父、僧侣、犹太教士和修女到达塞尔玛。[24]在华盛顿特区,人们继续在司法部静坐,堵住检察总长的办公室。白宫则被要求采取行动的电报和电话淹没。在白宫对外开放期间,一队静坐在白宫的示威者对每个经过的人用带有侮辱性的字句愤怒地叫喊。很显然,人们不想在电视上看到金及全国各地的神职人员被殴打的镜头。公众希望约翰逊总统恢复秩序。正如他描述的那样,"无论我把目光投向哪里,我都看到自己因'难以置信地缺乏行动'而受到人们指责。"[25]

星期一下午,金的律师请求蒙哥马利的联邦法院发布禁止令,禁止地方和州当局干预星期二的游行。[26]可结果却恰恰相反,法官弗兰克·约翰逊(Frank Johnson)发布了一项阻止令,要求在制定出相应的安全准备之前延迟游行。由于这项命令的出现,约翰逊总统觉得必须卷入进来。他悄悄地派司法部的莱罗伊·柯林斯(LeRoy Collins)在空军一号上同金磋商一个不让总统违背法律的中间方案,该方案将继续维持公众的压力。就在游行开始前的最后一分钟,他们达成了一致。金避免了同地方和州警察以及联邦法院发生冲突,在星期天暴力事件发生的地点进行祈祷后撤走了游行队伍。[27]全国的人都在电视直播对峙的过程中屏住了呼吸。尽管他们暂时舒了一口气,但他们仍然非常紧张。金博士坚持将举行为期三天的向蒙哥马利的游行。

约翰逊继续保持着不温不火的态度,对此事既不压制也不煽风点火,既不采取任何引人注目的公开行动也不支持任何一边。星期二下午,约翰逊发表了一项态度冷漠的声明,对塞尔玛的暴行表示遗憾,并要求各方领导人"冷静合理地处理这种紧张局势,要尊重法律和秩序"。[28]他又说他将在周末向国会递交选举权法草案。但私下里,在看到电视转播的暴行和考虑它们对公众的影响后,他召集了司法部的官员,要求他们起草一份能通过立法审查的、最强硬的草案。[29]

星期二晚上，来自波士顿联合教派的教士詹姆士·J.里布（James J. Reeb）在塞尔玛遭到一群白人殴打，两天后死亡。这是第二例死亡事件。两个星期以前，一个叫吉米·李·杰克逊（Jimmy Lee Jackson）的17岁黑人，在游行至阿拉巴马州的马里恩（Marion）附近时被州军队枪击身亡。[30]里布教士被殴致死一事进一步激化了事态。“但是，”正如基恩斯后来所说，“约翰逊拒绝行动，纠察员围住白宫，手持标语牌，上面写着：‘LBJ（约翰逊总统名字的首字母缩写——译者注），睁开你的眼睛，看看南部的恶心事，看看你家乡的惨状。’他们试图用这种方法来促使约翰逊采取行动。要求总统采取行动的电报和信件源源不断地汇入总统办公室。”[31]然而，约翰逊镇静地度过了星期二晚上，接着又是星期三、星期四和星期五。在这中间，一个总统助手插嘴道：“我们必须做点什么。”约翰逊回答说：“我们会做的。继续保持压力。让他们知道，我们一步也不会让。那个华莱士……陷入困境的是他，让我们看看他如何脱身。”[32]

最后，在星期五，华莱士请求与总统会面，约翰逊马上同意了这项要求。正如约翰逊了解的那样，华莱士在全国都很知名。他曾在1964年短暂地参加过总统竞选。他负担不起他州里更多的流血事件被广播到全国各地。就像他憎恨在公民权利上让步一样，他还必须维护法律和秩序。因此，约翰逊有一些华莱士需要的东西。约翰逊可以帮助华莱士摆脱困境，因为华莱士不想自己主动摆脱这一困境。“星期六，他们在椭圆形办公室讨论了军队问题。约翰逊一直认为华莱士具有民粹主义的气质与雄心。现在，他试图唤起这一点。他向华莱士建议说，如果他能成为南部地区第一个将经济社会改革与种族和谐融合起来的州长，他的政治生涯将前途无量。这个人为什么不可以是华莱士呢？”[33]

会见促成了一项安排。约翰逊将帮助华莱士行使维护法律和保护无辜的黑人的职责。如果由华莱士来行使这一职责的话，这将严重损害他与白人选民的关系，令他付出极高的代价。但是，华莱士必须公开要求约翰逊动用国民警卫队。[34]会见后，约翰逊和华莱士出席了一个事先安排好的新闻发布会。在发布会上，他仍将华莱士牢牢地钓在钩子上，也就是说，仍然使华莱士对保护所有公民——不论黑人还是白人——负责。约翰逊宣布："如果地方政府不能正常工作，联邦政府将全面承担它的所有责任。"[35]

第二天是星期天，白宫附近约15,000名示威者唱起"我们将胜利"，并且齐声唱道："LBJ，你等着，看看1968年将发生什么。"约翰逊请求出席次日夜晚国会举行的联席会议。3月15日，星期一，他开始准备他的历史性演讲。[36]

领导的原则

这个演讲是所有这些事件的高潮。在回顾这一演讲之前，我们应该先分析一下约翰逊的领导战略。随着塞尔玛事件的不断发展，约翰逊必须问自己几个问题并据此做出评估。当然，任何人都难以肯定地告诉我们林登·约翰逊在这次危机中的真实想法，也不能告诉我们他的行动是经过深思熟虑的还是出于直觉。即使是约翰逊自己也不能完全告诉我们这一点，因为人脑工作的速度比回忆快，而且很多想法是在无意识状态下冒出来的。另外，约翰逊擅长讲述历史，他可以按他希望的方式讲述这段历史。但是，在不知道约翰逊到底可能做到什么程度的情况下，我们仍然可以提出这些战略问题。这个分析可能难以解释约翰逊的行为，但它较好地说明了领导的概念。

识别适应性挑战。约翰逊面临着两个他已经熟悉的问题：(1)这个冲突代表了什么问题——人们到底在捍卫什么？(2)这是一个需要权威式回应的技术性问题还是一个适应性问题？在很多情形下，对这些问题的回答是不明确的。但在这种情形下，答案是很显然的。多年来，这个国家一直在试图解决这些问题。这个问题是价值观的冲突。谁将胜出？是自由、平等的价值观，还是传统的、当地的白人文化？简单地说，或者白人腾出地方，或者黑人接受自己的处境。约翰逊不能解决这个左右为难的问题。任何权威式的总统决定也难以解决这类问题。这个问题深藏于公民的头脑和心里，只有在那里进行调整才能解决这种价值观冲突。总统能做的是发动和鼓舞全国的人来解开这一内在矛盾。这个矛盾的一方是他们支持的自由与平等，另一方则是他们生活中或认可的压迫现象。尽管法律、政治立场和计划不能强制要求人们进行适应性变化，但它们的确能够将人们的注意力集中到调整的需要上来。它们可以改变制度、创造新的规范和建立新的行为准则。[37]正如约翰逊在前一年《公民权利法》通过后所说的那样："我很清楚，法律不能改变人们的感情，但它是一个开端，指明了前进的道路。"[38]

约翰逊想知道，在他现有权威的制约条件下，怎样才能使人们形成新的态度和行为习惯，怎样才能改变人们的感情，使他们有足够的意愿去推动国会设定新标准与规范。在政治家与活动家的职业生涯中，他们需要经常考虑这些问题。约翰逊没有标准答案。但是他对塞尔玛的回应证明了这一点，即在识别出挑战后，至少有四个条件可以激发适应性变化，它们是：有节制的压力，专注于问题，向那些须为变化承担责任的人施加压力，保护受到威胁的领导。

调控焦虑。在危机中，最重要的是评估社会焦虑的程度。如果焦虑程度太高，就需要采取行动，使它降到能产生结果的范围。如果社会完全被焦虑压倒，整个社会或它的某些部分就会依赖极端方式来恢复方向、保护和秩序。这些极端方式包括威权统治、压制异见分子、分裂成较小的派系（民族的、宗教的和地区的）和战争（国内的和国外的）等。因此，约翰逊必须评估社会不平衡的程度，以便决定是否需要采取紧急行动，如派遣国民警卫队等。这个国家能够挺过这场风暴而不分裂吗？将人民团结在一起的纽带（政治与公民制度、经济上的相互依存、文化规范、共同的价值观、爱国热情）能够承受得起这种压力吗？[39] 国家会被其他原因压垮（经济萧条和战争）吗？

这些问题决定了容忍度的上限。对此，约翰逊的回答非常清楚：作为一个整体，美国能够接受这一挑战。美国人曾经历过比这更严峻的挑战。将国家团结为一个整体的纽带没有断裂。政治机构仍在运转，虽然某些特定的文化和政治准则以及公民的价值观正受到挑战，但许多其他的社会准则与价值观仍在一如既往地发挥作用，为人们的生活提供意义、方向和结构。人们仍在为自己的生意而忙碌，越南局势的升温没有吸引多少注意力，经济正平稳地运行。很多人深深地怀疑国内的矛盾，但似乎很少有人放弃了爱国心。公民权利活动家的确遭到了粗鲁的伤害和杀害，也可能需要立即对此采取行动，但是国家本身并不存在风险——这一点就像一百年以前一样。约翰逊完全能够在一段时间内保持沉着。

因为在危机时期，人们指望权威人物提供答案，所以危机会给权威带来更大的权力。焦虑不但促使人们更多地将目光投向权威人物，而且增强了他们的影响力。因此，在焦虑时期，全国的人都会仔细审视总统的每一个回应。之所以会这样，正是因为他是全国的权威中心人物。他们希望从他那儿找到指示，并决定自己对当前形势的焦虑程度。如果在他看来已非常警惕，那么，他们的恐惧心理就会增加。

因此，在危机时期，总统控制危险的最直接技巧便是控制他自己。如果他通过沉着的态度表明，虽然形势很严峻，但不必感到恐慌，那么，他便减少了恐慌出现的可能性。他可以通过各种暗示——甚至是音调和语调——来调控社会的不平衡。当然，他也不能做得太过分。如果很久以后，他仍不承认人们正在经历的困难，人们将会愤怒起来。

无论如何，人们不仅期望权威人物给出暗示，也期望他们采取行动。行动本身可以降低不平衡的程度，因为它把问题的责任似乎转移到了采取行动的人身上。行动意味着"他将给我们指路"。因为权威人物在关注问题,所以人们可以放松一下紧张的情绪。因此,权威采取行动将减少压力,而不行动则会增加压力。不管具体的行动如何,这一点都千真万确。行动本身就能说明问题。例如,在富兰克林·罗斯福上任的前一百天中,最能减少危机感的不是他具体采取了什么行动,而是他的确在行动。对于这一点,我们都能够理解。[40]

约翰逊如何调控焦虑的程度?在这个案例中,一些不直接与他相关的事情导致了焦虑的产生。虽然约翰逊在其中起了极其微妙的鼓励作用,但危机主要还是由南部的黑人和白人引发的。作为国家的权威中心人物,约翰逊有意无意地利用了这一机会。金和他的组织开启了加热器,而约翰逊却任由它慢慢沸腾起来。通过他沉静的态度和不冷不热的声明,约翰逊传达了这种信息,即这场危机并不是什么紧急情况。但是,通过不作为,约翰逊提高了紧张程度。黑人正为要求得到平等选举权而遭受殴打,人们不能再对这样的粗暴现实坐视不理。

专注于问题。直到过了一个多礼拜,约翰逊才采取行动。这样做的结果是种族暴行的画面得以对公众的良知产生震撼性的效果,从而使他不必在时机不成熟之前就采取行动。当他与华莱士一起在新闻发布会上宣布将在必要的时候采取果断行动时,他仅仅是缓解了表面的焦虑。产生焦虑的问题现在已深入人心,它将继续导致不和谐的出现。不和谐的存在将使人们要求采取更多的行动,这时,问题便成熟了:人们将逐步把这个问题当作必须优先考虑的问题,从而为彻底解决它创造了机会。约翰逊不是简单地消除不和谐音了事,而是耐心地等待,直到他能够着手解决种族公平问题的时机出现。他抓住了塞尔玛这一事件,并赋予了它一定的意义。

如果约翰逊按照国民的要求,派遣国民警卫队进行干预,这就一定会降低公众由于警察残暴对待美国黑人而产生的焦虑感。这样一来,约翰逊的行动便会将国民的注意力引向另一个不那么重要的问题:保护游行者表达他们愿望的权利。然而,在约翰逊看来,问题并不在于游行的权利,而在于选举权。如果约翰逊立即进行干预,这个问题可能会被人们误解。

更糟糕的是,他的干预还会将全国的注意力从种族主义转向州权问题。作为南部来的政治家,约翰逊当然知道绝不能让这种事情发生。

> 如果我派穿着大黑靴、扛着步枪的联邦军队去,它看起来就会像再次对南部进行重建一样。我将失去在阿拉巴马和所有其他南部诸州的支持。大多数南部人民不喜欢这种暴力。他们心里也知道,情况将会有所改变,而他们将会适应这种变化。尽管他们不喜欢变化,但是他们一定会适应这种变化。但是,如果事情看起来就像另一次内战,情况就会完全不一样。那将会把他们推向极端主义者的怀抱,华莱士则会成为烈士。这对黑人没什么好处……我可能不得不派军队过去。但是,直到我不得不那样做,直到每个人都看到我别无选择,我不会那样做。[41]

就个人而言,如果约翰逊马上干涉,他也许会继续生活得很好。作为一个南部人,他派联邦军队干涉,保护黑人,可能因此赢得大多数国民的欢迎。联邦军队干预种族骚乱是有前例的,如肯尼迪在密西西比、艾森豪威尔在阿肯色都曾这样做过,而且他们都是北部人。

但是,如果约翰逊过早地介入此次危机,就会打断这个国家正在做的一项工作。约翰逊让危机持续了一个多星期,从而使国民别无选择,不得不面对种族主义本身。目瞪口呆的公众绝不会允许南部白人将这个问题当成州权问题。此外,全国的选民都在他们的起居室里目睹了这一点,即游行者要求的是投票权,而不是游行权。人们不会把这个问题误解成州权或黑人的游行权。公众要求约翰逊采取行动，而他却拒绝这样做。这样一来，公众必须面对他们社会中的内部矛盾，这种矛盾具体表现于他们在电视上看到的种种画面。

将工作交还给人民。约翰逊的长期经验提醒他要小心华莱士设置的陷阱——即将所有的责任都推给最高行政当局。如果派遣军队干预，约翰逊便把自己和自己的职务变成了人们谴责或赞扬的对象。但是，不论扮演其中哪种角色，这都会将人们的注意力从种族平等问题上转移开去。这样一来，对危机的解决办法就成了"约翰逊的办法"，问题也成了联邦干预州事务或联邦保护游行权的问题。与此相反，直到公众的目标已经十分明晰，约翰逊没有采取任何行动来转移公众的责任。[42]他任由与这个问题有关的人去承担重压。约翰逊让黑人承担激发人们进行改革的主要责任，坐等华莱士请求派遣联邦军队，坐等全国选民做的工作足以向他们自己与他显示出大致的解决办法时，他才采取行动。基恩斯描述道："最后，当约翰逊派联邦军队去阿拉巴马时（危机爆发的两个星期后），人们不但没有把它看成是危险的、强制施加联邦权力的行动，反而认为这是为阻止更多暴力而采取的必要措施。他给了评论家与电视简报以足够的时间，使他们能够对全国的人产生影响，从而也使人们相信了这一点，即他之所以采取行动，完全是出于不情愿和不得已，而不是因为他急于向一个犯事的南部州动用联邦力量。"[43]

公民权利运动吸引了公众的注意力，并且促使问题成熟。约翰逊的任务是避免让自己吸引注意力和承担责任。这种保持沉着的策略迫使公众自己去体会解决问题的必要性，这样一来，公众便能面对问题及其得失。他使公众及其代表自己去完成以下工作，即改变态度和调整公正在其心目中的重要性。

因此，通过以下做法，即将公众注意力集中在具体体现这个问题的人们的身上，约翰逊得以将适应性工作交还给与问题相关的人们。这些人包括公民权利活动家、乔治·华莱士、国会和普通公众。例如，在私人会面中，他鼓励金唤起人们的注意，因为被鼓动起来的选民将会产生很强的政治意愿，从而促使国会采取行动。此外，他让华莱士在热锅里待了一会儿，并在华莱士处于焦虑的时候，要求他调整对自己的看法。可以将约翰逊的话解释如下："华莱士可以成为一个政治家，不仅是阿拉巴马的政治家，而且是全国的政治家。他可以帮助他的人们适应经济和社会改革的需要。只有从经济正义的角度来解释，华莱士这样的民粹主义者才可能认为社会正义具有合理性。"[44]约翰逊作为总统的权威给了他利用华莱士的机会。但是，只有他采取克制态度，不把人们的注意力和维持法律与秩序的责任从州长身上转移到自己身上的时候，他才能做到这一点。当华莱士最后请求联邦帮助时（这一请求的前提是阿拉巴马承担不起保护游行者需要付出的代价），约翰逊让每个人都知道他是在华莱士的请求下才采取行动的。[45]他确保了这一点，即争论的焦点仍然是公民权利，而不是州权，并且华莱士已经承担了这一重担。正如约翰逊公开所说的那样，"保护公民行使自己的宪法权利是州政府的责任，联邦政府并不希望承担这一责任。"[46]

保护社会领导者的声音。约翰逊以鼓励、指导和提醒等形式向金和他的同事提供了保护。但这并非毫无风险。例如，如果警察攻击金博士和全国神职人员在星期二举行的游行，这无疑将是对总统权威的一拳重击。一旦如此，作为一个南方人，他还可能再得到这么高的权威吗？谁会相信他只是犯了一个策略上的错误呢？当联邦法院发布禁止令将游行推迟几天时，约翰逊知道，那就是极限了。尽管金以前也曾用过违背地方和州的法律这一招来表明自己的主张，但他还是需要依靠国家的价值观、政治和民意，只有这些才能使各州和城市进行变革。违反联邦法院的命令便侵犯了国家的权威结构，亦即最后的压力包容器。约翰逊则处于这个结构的顶端。无论是约翰逊还是金或是公民权利运动本身，都承担不起破坏人们对法律的信任可能带来的后果。为了避免金和联邦政府之间的对抗，约翰逊设法劝阻金不要在那一天举行游行。金坚持要那样做。但是，不管怎么说，他们还是达成了妥协。实质上，约翰逊向金表明了自己所能提供的保护的限度。结果是，金举行了一个简短的游行，而约翰逊则对此保持沉着。[47]

要求约翰逊控制形势的压力是巨大的。人们期望总统控制内部冲突，而这通常意味着压制不和谐的声音。但是，约翰逊基本没有阻挠金，任由形势变得越来越紧张。他这样做冒着一定的风险，有可能使他失去人们的信任，从而失去他的权威基础。然而通过保护金、威尔金斯和其他人，约翰逊使得问题浮出水面并成熟，而他自己则仍能操控随后而来的辩论。

演说

约翰逊的按兵不动既提高了整个国家的赌注，也提高了他自己的赌注。作为总统，如果国家在经历很长的危机之后，他仍不能采取果断行动以结束危机，公众就会让他为此承担责任。公众的期望是对他的制约。正如其他处在较高权威位置上的人一样，总统最后必须提供明确意见，指出如何恢复方向感和规则。在塞尔玛事件发生后的第八天，约翰逊这样做了。在那时，全国人民都对约翰逊抱有很高的期望。但到那时候，全国人民不但已经做好了听他们想听的东西的准备，也做好了听他们需要听到的东西的准备。在电视黄金时段，约翰逊在国会联席会议上发表演讲。以下这一长段摘自于他的演讲，它体现了约翰逊的战略。

> 我今天晚上的演讲是为了人们的尊严和民主国家的命运……有时候，历史和命运会在某个时刻、某个地点相遇，在人们永不停止追求自由的过程中制造出一个转折点。莱克星顿(Lexington)和康科德

(Concord)是这样的转折点,阿坡马托克斯(Appomattox)是这样的转折点。上个星期阿拉巴马的塞尔玛也是这样的转折点。我们没有理由为上个星期发生在塞尔玛的事情自豪。在上百万美国人被长期拒绝给予平等权利时,我们没有理由洋洋自得。但是,今天晚上在这里将要发生的事情,使我们有理由对民主抱有希望和信任。

因为痛苦的呼号与被压迫人民的抗议声将我们这个伟大政府中所有杰出的人物召集到了一起……我们也曾经历过巨大的危机……但从来没有任何一个问题,让美国的良心如此毫无遮掩地展现出来……这是一个挑战,它既不是针对我们的成长或财富,也不是针对我们的福利或社会保障,而是针对我们的价值、目标和我们国家的意义的挑战。

让美国黑人得到平等的权利就是这样一个问题。即使我们能够击败每个敌人,让我们的财富翻番、征服太空,却仍在这个问题上裹足不前,我们就算不上是一个民族和一个国家。国家就像人,"如果他得到了整个世界,却失去了灵魂,那对他又有什么好处?"……这不是州权或国家权力的话题。这是为人权而进行的战斗……

上次,总统向国会递交了一个包含选举权条款的公民权利法案。经过八个月的争论,这个法案终于获得通过。当这个法案送给我签署时,我却发现选举权条款的核心内容已被删掉了。这一次,我们在这个问题上再也不能延迟、犹豫或妥协……我们不应该,也不能,更不会再等八个月才通过这个草案。我们已经等了一百多年。等待的时机已经过去。

因此,我请求你们和我们一道为通过该法案而夜以继日、废寝忘食地工作。我不是轻率地提出这一请求的。我坐在窗户边思考我们国家的问题时,我意识到,屋外已充满了美国发自肺腑的愤怒与其他国家的深切关注——以及历史对我们的严厉评判。

但是，即使我们通过这个法案，斗争也不会结束。塞尔玛事件只是影响了美国每个州和每个地区的庞大运动中的一部分。它是美国黑人为了获得美国生活全部幸福的努力。他们的目标也是我们的目标。不仅仅是美国黑人，而是我们所有人，都要克服偏见和不公正的历史残余。我们也一定能克服它。作为一个根在南方土地上的人，我知道种族主义给人带来了多少痛苦，我知道重新设计态度和社会结构有多么困难……今天晚上，我要在这里告诉你们和全国人民，那些要求你们继续保持过去做法的人是在以否定你们的未来为代价。

这个伟大、富有和永不自满的国家，有能力为所有人——黑人和白人、北部人和南部人，佃户和城市居民——提供机会和教育。我们的同胞不是我们的敌人，我们的敌人是贫困和无知。我们也要克服这一点。无论是谁，无论他来自哪里，他都不应以一种自傲的正直来看待邻居的痛苦。在美国，没有哪一个地方实现了完全平等的诺言。无论是从布法罗到伯明翰，还是从费城到塞尔玛，美国人都在为自由的胜利而战。我们身处同一个国家。发生在塞尔玛和辛辛那提的事也是每个公民的事。但是，请我们每个人都仔细看一看我们自己所处的社区和我们自己的良心，并从那儿找出不公正的根源。

这场战斗的真正英雄是美国黑人，他们的行动和抗议　他们冒着危及安全甚至是出现生命危险的勇气唤醒了国民的良知，他们的示威游行是为了唤起人们对不公平的注意、促进转变和激励改革。他们呼吁我们坚守美国的承诺。如果没有他们坚韧不拔的意志和勇气，没有他们对美国民主的忠诚，谁敢说我们也能取得今天的进步？因为这场争取平等的斗争的核心就是对民主过程的信仰。[48]

这一演讲磅礴的气势和铿锵有力的论断鼓舞了很多国民。它不仅体现了——而且帮助总结了——领导的原则。首先，约翰逊明确地提出了国家的基本价值,正是这些价值——自由、平等和民主——才使其成为一个民族。因此,必须在这一背景下来看待公民权利问题。他指出了我们的价值观与行为之间的不一致,并在此基础上,确定了国家面临的适应性挑战。事实上,他还指出了国家必须面对的下一个适应性挑战:贫穷。

第二,通过采取在国会联席会议发表演讲这种戏剧性的方式,约翰逊试图在他提出问题的原因的同时,也维持问题具有的紧迫感。如果约翰逊没有要求国会立即采取行动就接手这一问题,无疑将减少问题带来的压力。此外,约翰逊还指出,在以前的公民权利立法中,国会没有做好应该做的工作。这些指责维持了压力的继续存在。

第三,约翰逊警告公众要清醒地认识到可能出现的工作回避机制。通过这一警告,约翰逊使人们的注意力集中于核心问题之上。这些工作回避机制包括:(1)把塞尔玛发生的事情当作关于州权的问题,而不把它当成国家的价值观问题;(2)将选举权立法当作一种技术性答案,立法之后,人们便可松懈下来;(3)坚持过去的做法;(4)以“自傲的正直”自居,将塞尔玛的白人当替罪羊,从而否认全国广泛存在的种族主义。

第四,约翰逊告诉人们,应对公民权利这一挑战将需要开展持续的适应性工作,即必须改变社会的态度和结构。同时,他也承认这将是一件非常困难的工作。这个工作的大部分将需要普通大众来做。选举权立法并非一劳永逸的解决办法,它只是所有应该采取的行动中的一步而已。另一方面,约翰逊也没有放过国会。他公开向国会议员提出挑战,要求他们夜以继日地工作。这样一来,国会也不得不为尽快解决问题承担责任。他要求国会尽快通过他将于两日后提交的草案。这一要求把所有议员(也包括他自己在内)全部拴到了一条绳上。[49]

最后,约翰逊以一种其他权威人物很少能用的方式实施领导,即保护那些几乎没有正式权威的领导者的声音。尽管这些声音经常反常和让人生厌,他仍然对它们予以保护。约翰逊赞赏公民权利运动,因为它激发民众面对理想与现实之间的差距。

在对公民权利问题实施领导的过程中，约翰逊是在推行他自己关于国家的看法吗？事实并非如此。1937 年起，约翰逊便开始担任南部议员，1949 年起又担任参议员。但是，直到 1956 年，他才开始赞同公民权利问题。因为直到此时，他才认为这个问题已经成熟。同时，他开始将自己视为总统竞选人。[50]在将近 20 年中，他每次都在国会投票反对公民权利议案。这些议案包括废除投票税的法律、废除武装部队种族隔离制度的法律和废除私刑的法律等。[51]1960 年，他还反对自由派设立联邦选举登记员的提议，该提议支持正在审议的选举仲裁员提案（但最后未获得通过）。担任副总统期间，他又反对放宽参议院的规定。这曾使倡导公民权利的人士极为不满。[52]在对《1964 年公民权利法》的辩论中，他对有关选举权利的法律条款持中庸的支持态度。当国会甚至连这也不愿意接受时，他也没有努力去争取。

公民权利运动与塞尔玛发生的事件不但对整个国民的良心产生了影响，也对约翰逊的良心产生了影响。他在回忆录里写道："没有什么比总统这个职务更能使人直接按自己的良心办事。坐在那把椅子上意味着做决定，这些决定最能体现一个人的本性。责任的重担会使他的灵魂一览无余地展现出来。他再也不能毫无异议地接受任何事情，再也不能将希望与需要当成不可能而弃之不理。在白宫那栋房子里，人就是他的本性。他知道他真正是谁，知道他真正想成为什么样的人。"[53]

我们经常认为，领导即意味着有一个明晰的愿景（vision）与劝说人们实现这一愿景的能力。在这个案例里，约翰逊没有提出任何愿景。各个事件作用于他，形成了他的愿景，他则用强有力的语言将这一愿景表达出来。他找出了国家的愿景并将它用语言表达出来。随着国家价值观的逐渐清晰，他的价值观也跟着清晰起来。约翰逊的领导体现在他赋予危机以意义，并避免掉进过早恢复秩序这一常见的陷阱。他任由压力维持在很高的水平,将人们的注意力集中到那些产生压力的问题上。他将责任转移给那些与问题相关的人。他让人们听到异见人士的声音。他与国民一起,努力为那些基本的价值观而斗争。他将自己的声音与影响具有的力量融入那些价值观。[54]他抓住时机,将刚出现的民族价值观写入立法。[55]

1965 年 8 月 6 日,约翰逊签署了《选举权利法》,使之正式成为法律。一个星期后,联邦登记员制度建立。6 个月后,9,000 名黑人在塞尔玛登记参加选举。[56]

注释

1. 参见"Leader or Clerk?"载 Richard E. Neustadt, *Presidential Power and the Modern Presidents: The Politics of Leadership from Roosevelt to Reagan*,第三版(New York: Free Press, 1990),第一章; Warren Bennis, *Why Leaders Can't Lead: The Unconscious Conspiracy Continues*(San Francisco: Jossey-Bass, 1998)。

2. Robert D. Putnam 的研究, *Making Democracy Work: Civic Traditions in Modern Italy* (Princeton: Princeton University Press, 1993)。研究表明,在公民参与(如足球俱乐部、合唱团和扫盲团等)和团体的绩效(如经济发展、立法创新和官僚的反应)之间有很强的正相关关系。

3. 例如,很多学者将乔治·华盛顿的伟大归功于他的远见和在头几年有能力加强中央政府。华盛顿将联邦政府的可信性和威望放在最优先考虑的地位。他之所以能做到这一点,是因为他不陷入"纠缠不清的联盟"(在法国革命期间),显示占绝对优势的军事力量(在 Whiskey 叛乱期间),保持政府的财政清偿能力(支持汉密尔顿设立债务的建议)。Richard Ellis & Aaron Wildavsky 将此描述为"用真实的权力代替形式上的权力"。我认为这混淆了正式权力和非正式权威的差别。政府非正式权威的来源在于其可信度。这不是使它的权威不真实,而仅仅是表明了这一点,即信任是非正式权威和正式权威的最终来源。在我看来,华盛顿的目标是加强中央政府提供的扶持环境。在政府刚组建阶段,这种做法极大地提高了它将整个国家团结起来的能力。参见 Richard Ellis & Aaron Wildavsky, "'Greatness' Revisited: Evaluating the Performance of Early American Presidents in Terms of Cultural Dilemmas," *Presidential Studies Quarterly*,第 121 期,1991 年冬,pp. 18—22。

另请参见第四章和第五章拉克尔肖斯努力将 EPA 建成一个讨论各种环境问题的机构的例子,同上。

4. 关于授权与行使权威的讨论,请参见 Herbert C. Kelman & V. Lee Hamilton, *Crimes of Obedience: Toward a Social Psychology of Authority and Responsibility* (New Haven: Yale University Press, 1989), pp. 322—327。

5. 我之所以用"美国黑人"代替现在所说的"非洲裔美国人",是因为这个案例发生于20 世纪 60 年代,当时,"美国黑人"这个词正在成为要求平等与尊重的表达方式。

6. 引自 Doris Kearns, *Lyndon Johnson and the American Dream* (New York: New American Library, 1976), pp. 180—181。

7. 同上, pp. 184—185。

8. 当然,要说清约翰逊哪方面的成功最重要是一件很困难的事。正如 Joseph Califano 总结的那样,"约翰逊给这个国家带来的改变远远超出了我们的意识。到他离任时,他已经推动国会通过了许多立法:医疗照顾制度和医疗补助制度,为老人和最大多数穷人提供医疗保障;为幼儿园、小学、中学和高等教育提供资金;空气、水和噪声污染法;土地保护措施;公民权利法;帮助贫困家庭的食品券;大规模的住房计划,以及大量的消费者保护法。他清楚地表达了平权措施的概念,凸显了史无前例的富裕中隐含的贫困问题。他签署了信息自由法,为艺术和人文创立了全国基金,为表演艺术创立了约翰 · F. 肯尼迪中心,创设了公共广播企业,设立了多个内阁部门和机构,他还改变了联邦政府在美国人生活中的作用。" Joseph A. Califano Jr., *The Triumph and Tragedy of Lyndon Johnson: The White House Years* (New York: Simon and Schuster, 1991), p. 12.

9. Kearns, *Lyndon Johnson*, p. 239.

10. 有一个例外是国会通过了 1957 年艾森豪威尔提出的公民权利法,因为参议院多数党领袖林登 · 约翰逊考虑到 1960 年的大选,因而让它通过。参见 Robert Dallek, *Lone Star Rising: Lyndon Johnson and His Times: 1908—1960* (New York: Oxford University Press, 1991), pp. 517—528。

11. 引自 Richard N. Goodwin, *Remembering America* (Boston: Little, Brown, 1988), pp. 313, 314, 斜体部分。

12. 引自 Kearns, *Lyndon Johnson*, p. 194。

13. Robert A. Caro, *The Years of Lyndon Johnson: Means of Ascent* (New York: Vintage Books, 1990), p. xvi.

14. 引自 Califano, *The Triumph and Tragedy of Lyndon Johnson*, p. 53。

15. "Troopers Rout Selma Marchers," *The Washington Post*, 1965 年 3 月 8 日, p. A1。

16. Caro, *Means of Ascent*, p. xv; J. L. Chestnut Jr., Julia Cass, *Black in Selma: The Uncommon Life of J. L. Chestmut, Jr.* (Farrar, Straus and Giroux, 1990), p. 207.

17. Kearns, *Lyndon Johnson*, p. 239. 国民警卫队由各州州长领导的部队组成。"派遣国民警卫队"需先将这些部队联邦化,而后才能由总统指挥。

18. "King is Dismayed by U. S. 'Timidity,'" *The Washington Post*, 1965 年 3 月 8 日, p. A2.

19. *Brown v. Board of Education*, 347 U. S. 483 (1954) (Brown I)。要了解这方面的概述,请参看, Laurence H. Tribe, *American Constitutional Law*, 第二版 (Mineola, NY: The Foundation Press, 1988), pp. 1474—1480。

20. Dallek, *Lone Star Rising*, pp. 521—522.

21. 据 Califano 所说："1965 年 2 月 9 日，总统在白宫会见了马丁·路德·金，他听金汇报了在阿拉巴马州的达拉斯县县府塞尔玛进行的黑人登记投票运动。作为一个准备说服国会通过公民投票权法的政治领导人，约翰逊非常欣赏金选择了塞尔玛。约翰逊告诉金，他很快就会将投票权立法草案送到国会，他认为公众在塞尔玛的压力将有助于获得立法通过，但他也不希望看到暴力。"参见 Califano, *The Triumph and Tragedy of Lyndon Johnson*, p. 55。

22. 例如，在 1941 年，公民权利运动威胁要在华盛顿举行大规模游行，目标是要求在平民和军人之间有平等的工作机会，这种规定是国家为"二战"做的准备。这个游行的威胁迫使罗斯福在约定游行的两周前，发布一个促进公平雇佣的行政命令。这个游行因此被取消。参见 Thomas R. Brooks, *Walls Come Tumbling Down: A History of the Civil Rights Movement 1940—1970*（Englewood Cliffs, NJ: Prentice-Hall, 1974）。

23. "Trooper's Rout Selma Marchers with Tear Gas," *The Washington Post*, 1965 年 3 月 8 日, p. A3。

24. Chestnut & Cass, *Black in Selma*, p. 209.

25. Lyndon B. Johnson, *The Vantage Point: Perspectives of the Presidency 1963—1969*（New York: Holt, Rinehart and Winston, 1971）, p. 162.

26. Ralph David Abernathy, *And the Walls Came Tumbling Down*（New York: Harper and Row, 1989）, p. 334.

27. 我将在第九章深入讨论这一事件及其策略。我认为约翰逊根本不打算阻止塞尔玛的示威运动，但一旦联邦法院出示了命令，他将被迫延缓金的行动。如果金违反法律，约翰逊将被迫采取措施反对金。约翰逊和金的计划将会导致相反的后果。参见 Abernathy, *And the Walls Came Tumbling Down*, pp. 335—342。

28. "President's Statement," *The Washington Post*, 1965 年 3 月 10 日, p. A3。

29. 参见 James Henderson, Philip B. Heymann, Richard E. Neustadt, Glenn Reichardt, Mark H. Moore, "Voting Rights Act of 1965（B）: LBJ and the Department of Justice"（Cambridge: John F. Kennedy School of Government Case Program, Harvard University, 1975），第#694—75—114 号案例。

30. "Cleric's Death Saddens Selma Crowd," *The Washington Post*, 1965 年 3 月 12 日, p. A8; Abernathy, *And the Walls Came Tumbling Down*, p. 325。

31. Kearns, *Lyndon Johnson*, p. 239.

32. Goodwin, *Remembering America*, p. 320.

33. Kearns, *Lyndon Johnson*, p. 239.

34. Goodwin, *Remembering America*, p. 323.

35. "Transcript of News Conference at the White House," *The Washington Post*, 1965 年 3 月 14 日, p. A12。

36. "Crowd of 15,000 at Lafayette Park Protests Federal Inaction in Selma," *The Washington Post*, 1965 年 3 月 15 日, p. A6; Caro, *Means of Ascent*, p. xviii; and Goodwin,

Remembering America, p. 324。

37. 对联邦自发在公民权利方面采取行为的影响的研究,至今已持续了一代人。这个影响是深远的。关于将结构和态度转变联系起来的分析,请参见 Thomas F. Rettigrew,"Advancing Racial Justice: Past Lessons for Future Use,"载 Harry J. Knopke, Robert J. Norrell, Ronald W. Rogers, eds., *Opening Doors: Perspectives on Race Relations in Contemporary America* (Tuscaloosa, AL: University of Alabama Press, 1991), pp. 165—178。关于将公立种族混合中学作为态度转变的中介的案例研究,请参见 Janet Ward Schofield, *Black and White in School: Trust, Tension, or Tolerance?* (New York: Praeger, 1982)。同样,此前也有制度转变引起态度转变的案例研究。例如,美国军队从1948年开始废除种族隔离,要了解权威行动与制度变革改变人们在这方面的态度上所起的关键作用,请参见 Leo Bogart, ed., *Social Research and the Desegregation of the U. S. Army* (Chicago: Markham, 1969), pp. 1—41。

38. Goodwin, *Remembering America*, p. 316.

39. 从政治经济的观点看,人们可以用社会资本这一术语来分析一个团体的适应力和承受力。社会资本可以理解为"社会组织的特色,如信仰、规则和网络系统,它们可以通过促进合作行动的方式来提高社会效率。"参见 Putnam, *Making Democracy Work*, p. 167。社会资本越多,社会的扶持环境越强,社会不需转向工作回避也能承受的压力就越高。

40. 当然,不是所有的行动都能降低压力水平。在似乎不需要采取紧急和极端行动的情况下,紧急和极端行动将令人紧张。我在第七章描述了一个这样的例子:1979年7月卡特政府内阁的大量裁员。

41. Goodwin, *Remembering America*, p. 319—320.

42. 作为参议院少数党领袖,约翰逊在参议院抵制约瑟夫·麦卡锡的努力中,也使用了类似的策略。正如他告诉 Maury Maverick 说:"你必须认识到……地方和政府的歇斯底里……只有顺其自然,人们才能看清这些争吵到底是为了什么。"约翰逊耐心地等待麦卡锡疏远他的保守派参议员及美国人们,麦卡锡最后也确实这样做了。当麦卡锡的共和党同事责备他时,约翰逊召集了民主党政策委员会会议,劝说民主党员不要采取支持的立场,以免"被麦卡锡利用,延续他在共和党的体面"。相反,委员会劝告每个参议员按自己的良心投票。他还组织一个两党委员会调查麦卡锡,选举了有不容置疑的资格和名望的保守的民主党员与共和党员,由他们组成小组指责麦卡锡参议员。参议院以67—22的票数同意了这项提议。议题有它们自己的成熟速度。同塞尔玛事件显示的一样,这个速度可以加快,但最终它还是取决于人们理解的程度。我相信约翰逊理解成熟议题的可能性,1964年1月对 Roy Wilkins 的拜访可证明这一点。同样,他也明白推动议题成熟有一定的限度。当他在 McCarthy 被调查后对 Elizabeth Rowe 谈到了这些限度:"你要明白,你总是要我快点,要我加快议题的进程,但我告诉你,你不能加速,当时机到来时,你会知道的。" Dallek, *Lone Star Rising*, pp. 451—459.

43. Kearns, *Lyndon Johnson*, p. 239.

44. Kearns, *Lyndon Johnson*, p. 239,华莱士的确参加了1968年的总统大选。

45. 参见 Goodwin, *Remembering America*, p. 323。

46. Charles E. Fager, *Selma: The March that Changed the South* (Boston: Beacon Press, 1985), pp. 148—149.

47. 要了解金、艾伯纳西和约翰逊的特使莱罗伊·柯林斯之间达成交易的详情,请参见 Abernathy, *And the Walls Came Tumbling Down*, pp. 337—341。这个交易是指在游行到星期天发生暴行的地方后,游行队伍必须返回。

48. From "Text of Johnson Address to Joint Session of Congress," *The Washington Post*, 1965年3月16日, p. A14。

49. Thomas Schelling 将此称为"决心战略"。约翰逊通过采取公开行动的方式,向国会表明了自己的决心。Schelling 在使用这个词时,与他提出这个词的背景有所出入。他提出该词的背景是核武器控制,在这种情况下,决心报复是使威胁可信的手段,这种决心反而减少了不得不真正使用报复的可能性。Thomas C. Schelling, *The Strategy of Conflict* (Cambridge: Harvard University Press, 1960), p. 14.

50. Dallek, *Lone Star Rising*, pp. 496, 517—528.

51. Caro, *Means of Ascent*, p. xvii.

52. "President Seizes Rights Movement Leadership," *The Washington Post*, 1965年3月17日, p. A14。

53. Johnson, *The Vantage Point*, p. 157.

54. 约翰逊向国会发表的演讲是由他的演讲稿撰写人 Richard Goodwin 所作。约翰逊经过深思熟虑,选择了 Goodwin,而不是其他撰稿人做这个工作,是因为约翰逊认为 Goodwin 最了解如何将约翰逊的价值观和感情融入到文中。按照 Goodwin 的说法,如果这个讲稿是为另一个人所写,结果则会完全不同。参见 Goodwin, *Remembering America*, p. 328。

55. 立法对这个问题的作用超出了任何人此前的想象。通过一个双启动机制,在那些普遍存在歧视的州中,联邦登记员将代替州地方官员行使登记权力,检察总长有权否决任何州关于投票资格的法律。参见 Henderson et al., "Voting Rights Act of 1965(B): LBJ and the Department of Justice"。

56. Chestnut & Cass, *Black in Selma* pp. 233—235.

第七章　从刀锋上跌落

林登·约翰逊在国内问题上获得了巨大成功，这与他在越南问题上遭受的失败形成了鲜明对比。在外交事务中，约翰逊采取了领导者领导而跟随者跟随的做法。在引导主要利益相关者制定政策及估算其政治后果方面，这种做法提供了一个错误的立足点。决策专断权的基本假设是权威人物无所不知。在约翰逊的案例当中，这一假定限制了他检验实质的、政治的和道义的前提的能力。

政策中的实质缺陷表现在很多方面。在制定越南政策时，约翰逊和他的顾问错误地将其与1938年的慕尼黑、"二战"后英国对缅甸叛乱的镇压、朝鲜战争和法国的印度支那战争相比。[1] 此外，他们接受了多米诺骨牌理论，认为如果一个国家落入共产主义，那么其他国家也会像多米诺骨牌一样落入共产主义。他们接受了这一理论，而不是把它当成一个需要仔细考虑的假说。[2] 而且，他们对越南人民的历史和心理、他们的战争和权力机构以及游击战的承受力做出的假设既不充分，也没有经过检验。[3]

政策制定过程中的不足在于未能系统地回答个别顾问和总统提出的关键政策问题。对于这类问题,要么是置之不理,要么是仅凭印象作答。例如,越南是否愿意谈判?[4] 美国人民是否愿意在亚洲打一场持久战?越共(Viet Cong)将用美国人熟悉的常规战法还是游击战?这场战争符合道德吗?关键问题被提出来了,然而却未能对它们进行充分的调查和分析。[5]

最后,约翰逊错误估计了进行这场战争的政治风险。由于担心丧失国民对其国内政策——即伟大社会(Great Society)——的支持,他过于乐观地估计了将胡志明拉到谈判桌旁的难度。在短期内,他成功地获得了国会和公众的支持,但是,他未能估计到旷日持久的军事行动对他的事业及国内政策可能造成的后果。[6]

在制定外交政策方面,约翰逊好像没有吸取其国内政策成功的经验。只要一关系到外交政策,他所熟悉的国内事务的知识似乎就被遗忘得一干二净。在制定和执行越南政策上,约翰逊犯了致命错误。他扮演了孤独战士的角色,不仅用秘密手段对付敌人,还用秘密手段对付自己的选民。用约翰逊在公民权利问题上表现出的领导原则的话来说,他未能让国民面对越南问题产生的适应性挑战,未能将焦虑的程度控制在有效范围之内,未能控制人们的注意力,未能正确地分配责任以及将不同意见当成洞察力和其他选择的来源。他心目中调整工作节奏的努力最终却成了误导国民的行动。

“约翰逊的战争”

肯尼迪去世后,约翰逊许诺“我们将继续他的未竟事业”。然而,除了继承了公民权利立法、反对贫困以及其他理解并信仰的国内政策外,他还继承了越南危机。1963 年 11 月初,在美国的支持下,南越总统吴庭艳(Ngo Dinh Diem)被推翻。这一事件使越南危机达到了沸点。据他的顾问说，如果不大规模增加美国军事力量的支持，南越将落入共产主义分子手中。

因为约翰逊当时关注的是伟大社会计划和第二年 11 月份要进行的大选，所以约翰逊对此颇为犹豫，尽量避免做最后的决策。另一方面，他采取了一些小打小闹地支持南越政府的办法。他承诺将继续支持摇摇欲坠的南越政权，将“顾问”的数量从 16,300 人增加到 23,300 人，并增拨了 5,000 万美元的经济援助。他还批准了一项针对越南的秘密行动方案。[7]同时，约翰逊的政策顾问准备了一些将改变美国介入性质的预案。根据这些预案，美国将对越南实施轰炸并向南越派遣大量地面部队。预案还准备了一份要求国会授权战争的法律文书草稿。[8]

虽然约翰逊的顾问打算在选举后再将战争升级，约翰逊自己却在竞选运动和与国会议员的私人谈话中否认要转向更大规模战争的说法。约翰逊将他的共和党竞争对手巴里·戈德华特（Barry Goldwater）说成是越南问题方面的“鹰派”和一个不顾后果的战争制造者。约翰逊告诉美国人说，美国的卷入只限制在培训和后勤支持上。他不断重复竞选演讲中的承诺：“一些人说你应该去北边扔炸弹，破坏他们的补给线，他们认为那样便会使战争升级。我们不愿让我们的美国孩子为亚洲人打仗。我们不想深陷于……亚洲的一场地面战之中。”[9]

竞选期间的 8 月 4 日，据称越南人对东京湾（Gulf of Tonkin）的两艘驱逐舰进行了毫无缘由的袭击。[10]两天后，约翰逊将早已准备好的法律文书提交给国会，敦促它“批准、支持总统作为总指挥，采取一切必要的措施抗击任何针对美军的武装袭击，以防止进一步的侵略行动……（及）采取一切必要的措施，包括使用武力，向任何请求美国帮助以保卫其自由的东南亚联合防卫协议（SEATO）成员国或协约国提供帮助”。[11]只有两名参议员对此表示反对。在众议院，这一议案以 416:0 全票通过。在东京湾事件上，国会给了约翰逊进行战争所需的全部授权。[12]

美国在东京湾中确实遭到了袭击吗？我们报复性地轰炸越南是否仅是基于雷达的发现？没有发现敌舰，也没有找到沉船的残骸。国防部部长罗伯特·麦克纳马拉(Robert McNamara)和其他人知道这次袭击缺乏证据，但他和总统都不打算在国会或是人民面前提出任何疑问。珍珠港的记忆还历历在目，一次对美国战舰的“无理”袭击可以激起国会和民众更多地投入战争。“各位，”约翰逊后来在私人谈话中说道，“据我所知，他们可能正在那儿开枪射击鲸鱼。”[13]然而，即使真的发生过袭击，它们显然也不是毫无道理的。东京湾的舰艇参与了对越南进行的间谍活动。[14]看起来，美国士兵和水手是受害者，但事实上，他们已经与南越并肩作战了好几年，在越南海岸线的秘密活动也已进行了好几个月。

在对越南进行报复性轰炸的过程中，约翰逊告诉国会和公众说，这只是一次单独的行动，并非大范围卷入的开始。“目前，我们的反应是有限和适当的。虽然别人似乎会忘记扩大冲突的危险，但我们美国人不会。我们不寻求进一步的战争。”然而东京湾决议却写得含糊其词，从而给了约翰逊将来升级战争的权力。很明显，麦克纳马拉很高兴政府已签署了一张空头支票。[15]

1964 年 11 月，约翰逊以绝对优势获得了竞选的胜利，民主党在国会两院均得到了多数席位。他看到了一条光明的道路：伟大社会计划中许多关于国内政策的动议都将成为法律。在约翰逊看来，越南是块绊脚石。形势正在急剧恶化。在越共 1964 年 9 月、11 月然后是圣诞前夜对美国驻点的袭击中，许多美国士兵被打死或打伤。在华盛顿，气氛越来越紧张。尽管约翰逊采取了克制态度，军队却加紧准备轰炸越南及派遣地面部队。然而，在 1965 年 1 月 22 日的一次会议上，约翰逊告诉国会领导说：“因没有进行全面战争的决定，不需要向南越派遣更多的美国部队。这场战争必须由南越人来打。我们不能控制他们做的每件事，我们必须依靠他们自己来打他们的战争。”[16]国会议员也对该做什么感到困惑。国务院向约翰逊报告说:“大多数国会议员既不感到满意,也不会感到不满意;他们的想法很不一致,他们确实感到很困惑。在这种情形下,他们愿意与承担直接责任的人们——即行政部门的专家——一同前进。”[17]

1965 年 2 月 7 日,越共袭击了美国在波来古(Pleiku)的兵营和直升机——打死 9 人,打伤 126 人,并且摧毁了 22 架直升机和飞行器——这是迄今为止美国受共产主义袭击损失最惨重的一次。美国处于日益危险的境地之中。对地面部队的攻击事件已然发生。美国的存在使它容易受到攻击,而这反过来又需要更多的部队来保护已经在那里的士兵。

作为报复,约翰逊轰炸了越南。与以往相比,这次轰炸又略有不同。他转向了持久轰炸的政策,并称其为“滚雷行动”(Operation Rolling Thunder)。公众对这一轰炸持支持态度。在盖洛普民意调查中,67% 的人赞同,15% 反对,而 18% 的人未发表意见。哈里斯民意调查(Harris Poll)显示,约翰逊的支持率从报复行动前的 41% 增加到之后的 60% 。然而,发往白宫的电报表明,对报复行动持反对态度的占 1/12。这些电报往往是发自那些持强烈支持或强烈反对态度的公民。事实上,民意测验显示,公众绝非一边倒地支持战争。只有 6% 的人认为这场战争“非常重要”;69% 的人认为它“不是非常重要”,而 20% 的人认为它“略微重要”。[18]

随着空中打击的扩大,要求派遣地面部队的军事压力进一步增加。起初,两个营的海军陆战队士兵被派去保护美国基地,但在 1965 年 4 月初,随着形势的进一步恶化,任务便从保护基地转向进攻性行动。驻越美军总指挥威廉 · 威斯特摩兰(William Westmoreland)后来写道:“好的攻击就是最好的防卫。这句格言不但适用于历史,也适用于越南。”[19]然而,约翰逊却公开否认他们在宗旨上有任何改变,并给出指示说“采取一切预防措施避免过早公开化”。[20]他无意转移国会和公众对伟大社会计划的注意力。该计划包括了新的选举权力草案等内容。到 1965 年 6 月时,已有

72,000 名美军士兵在越南,但他们对南越政府的稳定性和战争能力的影响显然不足以阻止战败的发生。

事实上,美国人的存在好像只是加强了越南尽快获胜的决心。到 1965 年 7 月时,南越好像很快就要垮台了。由于预料它将在几个月之内崩溃,约翰逊觉得正被无情地拖入将战争全面美国化的泥坑之中。在他获悉以下消息——到 1966 年中期为止,将需要 425,000—600,000 士兵,1966 年全年需要 8 亿—12 亿美元开支,以及五年才能打赢这场战争后,约翰逊在 1965 年 7 月 28 日做出了全面投入战争这一重大决定。他批准在年底前将越南的总兵力增加到 200,000 人。[21]

为了不把公众的注意力引向这一决定,约翰逊将这一声明和其他引人注目的事件——阿贝·福塔斯(Abe Fortas)被提名至最高法院,约翰·钱斯勒(John Chancellor)就任美国新闻总署(United States Information Agency)的负责人——在一次午间新闻会议上提了出来。他有意缩小了越南战争扩大的规模,他报告说总兵力将增加到 125,000 人,并暗示说可能会更多一些。"我已经问过总司令威斯特摩兰将军需要多少士兵来发动进攻,他告诉了我。我们将满足他的需要。"[22]预期的实际成本,包括人员、时间和物质方面,都被隐瞒了。

专断行为的来源

从政治上讲,约翰逊觉得必须独自承受压力并欺骗民众。他认为不能像某些顾问所建议的那样将他的政策付诸辩论。麦克纳马拉和参谋长联席会议主席争辩说,执行一项阻止游击暴动以及支持南越政府的政策,需要全国人民齐心协力才能完成。[23]他们提议让国会及公众立即面对需为战争付出的代价:提高税率、实行战时经济,动员 235,000 名预备役军人。[24]1965 年 2 月7 日,就在越共袭击了波来古以后,约翰逊决定对越南进行持续轰炸之前,约翰逊的国家安全事务顾问麦克乔治·邦迪(McGeorge

Bundy)在西贡写道：

> 最乐观地看，越南战争也会持续很长时间。向我们的人民和越南人民澄清这一点非常重要。过去我们经常传递出这样一种印象，即战争将很快结束，而那些在战场上的人却知道战争不可能很快结束。我们相信美国人民有足够的意愿来接受和执行以现实为基石的政策，现实是没有可以在南越取得胜利的捷径。但遗憾的是，这仅是我们一厢情愿的个人信仰而已。[25]

约翰逊比他的顾问更清楚，持久战将会消耗国会和公众的时间及注意力，并损害他自己的非正式权威——他的职业声誉和他在公众中的声望。所有这些资源都将以对伟大社会计划的支持为代价而消耗殆尽。然而，对于约翰逊来说，就任总统的机会在于在国内取得社会和经济公平，而越南却阻碍了这一机会的实现。显而易见，国家不可能两者兼得。然而，约翰逊却想两者兼得，专断和欺骗——使政策制定脱离国会和公众的监督——看来是两者兼得的唯一办法。他既不能让伟大社会计划冒风险，也不能让南越垮台。[26]

约翰逊政治上的错误不仅仅是个人错误或性格上的失败，错误的发生还需要允许它发生的环境。即使是在1965年7月部署美军参加地面战争这一关键决定上，国会也将责任转让给了总统。除参议院多数党领袖迈克·曼斯菲尔德外，国会其他领袖——参议员德克森、希肯卢珀(Hickenlooper)、库克(Kuckel)、朗(Long)、斯马瑟斯(Smathers)以及众议院议员麦科马克(McCormack)、阿尔伯特(Albert)、阿伦兹(Arends)、博格斯(Boggs)与福特(Ford)——都认为总统应该通过行政决定直接派兵，而不需将此议案提交国会进行辩论。他们希望约翰逊承担这一重任。[27]

历史越来越倾向于由总统自主决定是否发动战争，否则的话，专断行为将是难以想象的。在外交事务方面,宪法的规定模棱两可,这使总统在外交政策方面享有比国内政策更大的自主决定权。[28]两个世纪以来,总统们充分利用了这种模糊性,稳固地扩大了他们的权力。例如,如果总统不能合法地发动战争,他便可以把美军置于有可能受到攻击的位置,然后在受到攻击时,发起一场防卫战。1846 年,在德克萨斯与墨西哥发生的战争中,波尔克(Polk)便采用了这一战略。国会承认这一战争,但从未宣战。[29]到 20 世纪时,总统们已把许多事情都纳入自己的管辖范围。1909 年离开办公室之前,西奥多·罗斯福这样说:"最重要的事务,如朴次茅斯的和平、取得巴拿马以及将舰队派至世界各地等,我都尽量不和任何人商量;因为当一件事非常重要时,最好还是由一个人来处理。"[30]

在林登·约翰逊执政期间,总统日益依赖其总司令的身份来执行急剧扩张的权力。[31]第二次世界大战和冷战不仅使美国成为超级大国,而且也使它成为自由世界的领袖。尽管全面战争已经结束,但危机感却没有完全消失。当杜鲁门打算进入韩国时,他甚至没有请求国会的同意。他一意孤行,而国会也就听之任之。通过这种做法,杜鲁门和国会扩大了总统的自主权。事实上,他们开创了将国会争论看成是有助于敌方的先例。[32]在全世界范围内,共产主义似乎都在威胁着美国的价值观和利益。这使得美国有必要摆出绝不妥协的架势,并维持一支庞大的常规部队,在全球各地建立军事基地并做出安全方面的安排。多数人认为,只有强有力的行政力量才能摆出这种架势和控制这样的战争机器。美国不但认为自己永远处于危机之中,还认为,在核武器时代,时间已被高度压缩,危机将需要由一个人——也只有一个人——来判断是先发制人还是采取报复行动。[33]

总统在外交政策上做决定的趋势始于美国建国初期,在 20 世纪,这一趋势加速发展,并导致总统抓住决定权不放,只在不得已的情况下才和国会及公众商讨。国会和公众强化了这种趋势。[34]他们总是在既成事实之后反对或同意(常是后者),对政策制定没有丝毫影响。他们指望总统来承担外交事务的责任,一些人甚至认为一直以来总统都是这样做的。

到20世纪60年代,华盛顿盛传两个世纪以来的总统们共制造了150场“小型战争”。[35]然而,这一传闻从历史上讲是不准确的,因为这些所谓的战争中的大多数只是为了控制海上抢劫和保护海外的美国公民免受当地动乱的骚扰。事实上,在过去,国会反对总统增加国会发动战争的宪法权力。但是,这些努力——其中一些林登·约翰逊或许还记得——却起了极大的反作用,反而加强了总统自主决定的趋势。最显著的例子发生在“一战”时,国会颁布了中立法案,这一法案后来阻止了罗斯福采取行动以增强反对纳粹的盟国的力量,否则的话,他们本可能有时间阻止“二战”的发生。小阿瑟·斯莱辛格(Arthur Schlesinger Jr.)说:“之后很长一段时间内,没有人会相信国会制定的外交政策。连国会自己都不相信自己。”[36]

一些议员认为,在冷战形势下,需要总统承担这一重担,而其他人则看到了将自身置于决定美国外交政策之外的好处。[37]1955年,当艾森豪威尔请求国会给他充分的自由裁量权以处理与中国台湾地区相关的问题时,国会以压倒性的优势同意了这一请求。那时的参议院多数党领袖林登·约翰逊宣称:“我们不会把责任从法定领导手中夺过来由自己掌控。”[38]

因此,要想约翰逊总统以一种完全不同的方式就越南问题进行决策,就要极大地改变当前人们对总统在外交事务中所负责任的看法,或者出现一个极具创新精神的掌舵人。在国内政策方面,约翰逊是一名创新者,但在外交政策方面,他却采取了习惯的做法。在制定越南政策时,约翰逊用历史趋势说服自己应对战争行为及其结果担负个人责任。我们看一看他的推理:

我所了解的历史告诉我，如果我从越南退出，让胡志明在西贡统治这个国家，那我就和张伯伦在“二战”中的所作所为没什么两样了。那样，我便是给了侵略者一大块肥肉作奖励。我知道，如果我们让共产党成功获得南越的统治地位，我们国内便会出现无休止的辩论——令人极不舒服且极具破坏性的辩论——而这将粉碎我作为总统的权威，终结我的行政班子，并且破坏我们的民主。[39]

以及：

无论我选择哪个方向，形势都很糟。我知道如果我退出……我将成为第一位这样做的美国总统，他背弃了艾森豪威尔、东盟、国会、东京湾决议、肯尼迪、博比·肯尼迪(Bobby Kennedy)所做的全部承诺，置我们的盟友于失败而不顾……我将成为第一位夹着尾巴逃跑的美国总统，因为我没有勇气站出来维护条约和另外两位总统的政策。[40]

专断行为的技术原因

总统行为之所以向专断方向发展，部分原因是制定外交政策的要求多种多样。首先，正如1967年越南政策所表明的那样，由于总统身后存在着众多的不一致，总统在和国外的朋友及敌人打交道时，往往不得不做出很多妥协。可以想象，倾向于服从权力并对美国外交政策的代价知之不多的公众将团结在总统的周围。第二，军事危机需要快速反应。只有权力链条清晰，才能在短时间内执行复杂的战略。第三，外交事务微妙而复杂，只有具有广泛经验的专家才能妥善处理。只有深谙技术细节的总统及其政治、军事顾问才清楚地知道什么是最好的。第四，谈判需要果断决策。国际法要求每个国家都要有单一的权威对此负责。[41]最后，总统处于军事和外交信息渠道的枢纽位置，其中某些信息属于秘密，总统需要对这些信息保密。正如宪法制定者认识到的那样，可能需要远离公众辩论与立法政治的干扰，才能制定出务实的外交政策。甚至连托马斯·杰斐逊——一个认为总统权力极具危险性的人——都在1790年担任乔治·华盛顿的国务卿时说："应由行政来和外国打交道。"[42]

因此，由于外交事务具有的复杂性，采取专断行为是有一定道理的。显然，正如约翰逊感觉到的那样，必须由总统及其顾问来做这件事，其他人则必须跟随。基恩斯描述了约翰逊的想法：

> 在共和党人担任总统时，约翰逊作为民主党多数派的领袖，在绝大多数外交政策上都支持艾森豪威尔。他倡导并实践了两党合作制。现在他是总统，他希望国会也能服从他。毕竟，两党制和公众辩论不利于制定合理的外交政策。由于公众往往凭着一时冲动忽东忽西摇摆不定，所以将国际事务中的复杂问题交由总统处理是符合他们的利益的。约翰逊推断说，公众知道得太多只会伤害他们自己。民主要求给人们好的结果，而不是激烈的辩论。[43]

当然，在以下两种形势下，约翰逊将自己看成决策制定者以及方向、保护与秩序的唯一提供者也是合情合理的：一是问题属于常规问题；二是团结、快速、专长、谈判权威和保密是外交政策的首要要求。但在越南的案例中，这些要求要么难以达到，要么毫不相关。首先，专断行为不能获得持续的团结。团结在总统身边最多只能给他提供一种短期优势。如果战争将持续很长时间而其必要性却不能说服美国公众，他们从来都不愿意轻易服从。1965年时，几乎没有任何迹象表明越南战争将很快结束。而且，在电视化时代，公众不可能长时期都对事态一无所知。要在越南问题上长期保持团结，就要使这一问题成熟并争取人们的同意，决不能单方面做出决定。

第二,越南政策并不需要快速的决定,政府有充分的考虑时间。也许正如一名参议员所说的那样:“对自己在世界中扮演的角色,美国仍是一个新手,还不能将真正的紧急情况和只是看起来需要采取紧急行动的事情区分开来。结果是,国会采取了过激的行动,错误地认为在某些看起来紧急的情况下质疑总统的判断是一种不爱国的行为。”[44]

第三,虽然越南政策具有高度的技术上的复杂性,因而需要在国际政治、南越和越南政府的战略承受力、战地政策、军队要求等多个方面进行专业与系统的分析,但是,价值观与事情的轻重缓急等基本问题是政治性的而不是技术性的。只有政治过程才能有效地揭示出美国评判其总统和政策的各种价值观,并将其儿女送去参加战争。

第四,虽然在国际谈判中需要单一的、对此负责的权威,但这并不说明谈判者不需要其他支持。谈判者仍需要选民的支持。1967 年国内出现的巨大的反对声浪,显然削弱了总统在和平谈判中掌握的主动权。尽早让国内公众进行广泛的辩论不会削弱约翰逊代表美国进行谈判的正式权威——他仍是总统——但这或许将有助于澄清他应该执行哪些授权。没有这些授权,美国这个敌人就会变成一个很容易破解的字谜游戏。

最后,越战问题不是那种需要保密的问题。越战是场正义的战争吗?值得付出这么大的代价吗?公布这些问题完全不能叫作违反安全。实际上,接触秘密信息的分析家和决策者完全可以将其秘密信息过滤掉,使它可以为立法部门与公众所用。

因此,用专断方式制定外交政策的理论基础并不适合这一案例。越南政策要求很大的投入、交易、损失,以及对美国在世界舞台上的角色做出界定。无论美国是选择继续战争或是让南越垮台,美国人都需要改变他们对事情的轻重缓急的判断、态度、信仰与行为。没有信念,战争就不可能持续下去。

1940 年，当英国和纳粹做斗争时，富兰克林·罗斯福也面临着同样的困境。虽然罗斯福觉得急需和英国并肩作战，正如他的一项新政所描述的那样："伍德罗·威尔逊教会了他将一个分裂的民族带入战争的可怕责任。他不但肯定，而且非常肯定这一点，即如果美国不得不加入战争，它必须尽快团结起来，并以一个团结一致的国家的形象加入战争。"[45]在 1940 年的大选前，即使罗斯福用驱逐舰交换英国的基地这种租借交易也在国内引起了广泛的争论。政府的各个部门之间、政府与国会之间、政党之间与媒体之间均对此各执一词。选举结束后，罗斯福将他的政策——这些政策主要体现在租借法案和其他法律当中——提交给国会，并经过了一个"费力的、艰难的、不受任何限制的"国会程序。[46]罗斯福识别出了适应性工作并使整个国家面对它并采取行动。虽然在 1940 年，他在是否有意加入战争这一点上撒了谎，但他在准备参加战争时，并没有将自己的行动掩盖起来。[47]罗斯福控制了挑战的速度，但他并没有像约翰逊那样将国会和民众与只有他们才能做的工作隔离开来。

约翰逊以应对技术性问题的方式来应对越南问题，因此他没能像处理国内事务一样获得成功。在处理国内事务时，他创造了一个扶持环境，以让其他人分担问题的责任并保护异见人士的声音。例如，他对参议院多数党领袖迈克·曼斯菲尔德以及参议院国外关系委员会（Senate Foreign Relations Committee）主席 J. 威廉·富布赖特（J. William Fulbright）进行了威胁。这两人对使战争美国化抱有疑虑，并认为公众将不会同意这样做。那时，约翰逊仍旧很受欢迎。1965 年，他这样嘲讽富布赖特："你今天对共和党干了什么好事？你说你的胃不好，那是因为你近来太反对约翰逊的缘故。我告诉过你，老是跟我过不去对你没好处。现在你告诉你妻子我爱她，而且我很抱歉你一直都那么古怪与忧郁。"[48]

通过压制像富布赖特及曼斯菲尔德这一类的人，约翰逊吓退了那些可能会激起有益的争论的人。约翰逊扮演了孤独战士的角色，以为只有他自己才知道什么是最好的办法。这样一来,他便浪费了许多政治工具,这些工具本可以对他的政策进行实践检验。他可能暂时缓解了系统压力,为关于伟大社会的立法提供了更多空间;但他也使国家和他的总统权威走上了灾难性的道路。他没有意识到,在一项很少有人知道或在意的政策上采取强硬立场,将损害自己在政策制定程序中享有的协调者这一独一无二的地位。到1967年时,他再也不能控制人们的注意力,因为人们的注意力都集中在他身上。他再也不能控制焦虑的程度,因为似乎他就是焦虑之源。越战成了"约翰逊的战争",而不是国会的或国家的战争。[49]

当调整工作的节奏成了回避工作

人们有许多理由去回避或延迟适应性工作引发的焦虑、冲突与学习。首先,如果问题不会带来紧急的威胁,延迟可以使人优先处理更为重要的问题。第二,如果挑战极大地超出了社会的承受能力,延误不但能降低具有毁灭性的不平衡,还能提供时间让社会增强解决问题的能力。在越南案例中,前一个原因更具相关性,并在约翰逊的想法中扮演了重要角色。

约翰逊希望迅速将胡志明带到谈判桌旁,他认为他可以尽快找到一个解决方案,避免使问题转化为对国家的适应性挑战。他还以为,至少可以将承认这一问题的日子推迟一些,以便为伟大社会计划的立法赢得时间。正如他后来所描述的那样:"我决心不让战争粉碎这个梦想,这意味着我别无选择,只能尽力将外交政策捂住。"[50]

不幸的是,他的假设过了头。胡志明不是用胡萝卜加大棒就可引导到谈判桌上来的人。伟大社会计划要取得成功,绝不是只要立法机关在机会之窗关闭之前通过就行了。国内立法并不是改变公众对长期国内问题的价值观、态度与行为的代替品。约翰逊的计划需要持续的公共和行政领导。[51]由于约翰逊被当成越南政策的象征,他丧失了专注力与力量,不能将那一议程推至比立法更远的地方。具有讽刺意味的是，约翰逊试图通过向国会和公众隐瞒战争决策来保护他的国内议程，但最终的结果却恰恰相反：他让人们看到了战争，这场战争阻碍了国内议程上的工作。

一不小心，越南政策创造了更多的、公众难以承受的不平衡。除了公民权利运动和20世纪60年代性革命带来的变化之外，还有许多其他形式的焦虑，包括家庭、大学和社区的破裂，暴乱和警察施暴，以及其他各种回避工作的形式（吸毒、退学、诽谤各种权力结构等）。要调控公众的焦虑，就需要让他们信任权威，但这种信任已不复存在。

任何同时面临大量问题的总统都必须着重强调其中的一部分，以便在国民遭受各类问题的侵扰时，能够调整他们工作的节奏。不论面对的是国内问题还是外交问题，这一点都正确。对某些问题，必须加以控制，而对另一些问题，则需要掩盖。从这个意义上说，总统必须根据价值和问题的成熟度来决定解决问题的节奏和先后顺序。[52]毫无疑问，约翰逊想将公众的注意力集中在国内问题而不是外交问题上，并以此来组织国家的工作。但是，战争一旦开始，就会吸引公众的广泛注意。它们产生的痛楚是不能被隐藏起来的。到1967年，公众自己开始着手解决问题。他们反对总统，举行了声势浩大、震耳欲聋的辩论。这些辩论丝毫不受总统权力的指挥。约翰逊失去了公众的信任，使越战成为一场自己的战争，从而破坏了他在冲突中继续领导国家的能力。

为了将人们的注意力引向某些特定的问题，约翰逊努力将国家面对的诸多问题排列顺序。但是，在调整人们对越南问题的适应性工作的节奏上，他看来好像没有什么战略。调整节奏是一种方法，可以让人们做好处理棘手问题的准备。同时，它也是让人们面对问题这一大战略中的一项战术。调整适应性工作的速度可能与回避工作相似，因为它们两者都可能采用欺骗的手段。但是，前者是一种暂时的战术，真正目的是寻求机会，在人们已经准备好时将工作移交给他们。然而，约翰逊既没有帮助人们做好准备,也没有在条件许可时引导国会及国家来处理越南问题。实际上,由于战争久拖不决,他采取了压制冲突、维持其唯一的决策制定者地位的做法。这不是战术,而是一种先发制人的战略。

必须知道答案

约翰逊说过,民主要求的是结论而不是辩论。从他的国内政策经验来看,他非常清楚这一点。他知道如何让民主起作用,因为他知道如何协调人们由挑战引发的相互冲突的观点。如他所说:“一个负责任的领导,其任务……是避免完全不能和解的立场”。[53]根据他处理国内事务的助手约瑟夫·卡利法诺(Joseph Califano)的说法,约翰逊“是一位政治和智力的面包师,他用巨手不断揉捏,直到对提议的每一方面都有充分的了解;一旦他相信做到了这一点,他便将面包放进烤炉”。[54]

在国内政策方面,约翰逊非常擅长包容各种政治观点。他找到(并创造)了各种各样的方法,使人们参与检验提议与解决问题的过程。他就像一个交响乐团的指挥,发动人们去解决问题并扮演好自己的角色。这样,他的手便可以一直握着指挥棒。他可以退后一步对这一过程实施领导,感觉它的低潮与高潮,判断需要发展哪些主题,哪些主题已经可以演奏以及哪些声部可以被组合到一起。

但是,约翰逊认为外交政策需要的是技术专长,在这一领域不适合采用包容政治。他具有使国会和国家面对问题而不是逃避问题的政治能力,却拒绝利用这一能力,从而使自己卷入一个巨大的旋涡,即人们对总统作用的过高期望。此外,他对主导大多数事件这一点有强烈的个人需要,这种需要曾一度受到立法政治的约束,使其转化成了对参与政治的娴熟运用。可是现在,他却处于一种陌生的环境中,在这里,传统与规范反而进一步强化了个人的主导作用。[55]作为总统,人们期望他在外交事务上起主导作用。

以下两个因素，即他对个人主导作用的需要与外交政策领域的一般做法，深深地制约了约翰逊，使他不能提出艰难的问题，也不能与政治同僚及国民一起学习。对于约翰逊来说，让他站在国民面前并说出他所知道的全部事实无疑是政治自杀。如果将问题留给公众或国会，则很容易被看成是缺乏能力或是对总统职责的玩忽职守。

事实上，这些事件的部分参与者和观察者数年后问过自己，如果是自己在做这件事的话，他们可能会为约翰逊写一篇什么样的演讲稿。大体上讲，他们也不知道。[56]我想，其中的原因很清楚。即使是在做事后的分析时，分析家们还是认为约翰逊的任务首先是找到一个政策解决方案，然后说服公众。这说明，从某个领导地位实施领导时，将面临诸多制约。甚至在我们事后的分析中，我们也不能设想总统会提出一个他自己都没有最后答案的问题。

确定自己的位置

权威在解决问题时，必须决定把自己放到什么位置。[57]大体上讲，他有三个战略选择：(1)回避，并冒可能再次回到潜在危机中的危险；(2)正面挑战——站在正前方，通过介绍危机成为“坏消息(bad tidings，字面意思为恶浪——译者注)的承受者”；或(3)驾驭潮流——站在危机的前方，预测波浪的情况，并将它的力量引导到适当的方向。

在公民权利问题上，约翰逊采取了第三个选择。他看清了潮流。自从1954年最高法院取消学校的种族歧视以来，他就看到了这一潮流。他既没有退到危机之中、退到问题背后，也没有站到问题的最前沿为公民权利摇旗呐喊。相反，他以总统的身份在幕后工作，为将要到来的焦虑做准备。当波浪真正到来时，他已准备好了。他的演讲撰稿人、负责草拟公民权利法案的司法部以及国会都准备好了。

然而，在越南问题上约翰逊却采用了第一种战略——回避。他躲到了危机背后。当国民发现这是一场出人意料且代价高昂的战争时,人们觉得受到了捉弄、背叛与误导。他既没有在危机后面做准备(就像他在处理公民权利问题时那样),也没有很早就站到危机前沿,为国民接受问题做准备(就像拉克尔肖斯在处理塔科马事件时那样)。任何行动看来都将损害约翰逊高度重视的国内计划。

即使约翰逊在越南问题上实施了领导,他可能仍会遭遇失败。实施领导并不能保证生存。但在需要适应性工作的情景下,实施领导会增大生存的机会。至少我们希望如此。在约翰逊所处的情形下,领导应如何行动?这值得思考。

如果约翰逊不避开国会和公众,他可能会使用其他两种不同的战略形式。一种正面战略可能以这种方式出现,即在1964年选举结束之后,以演讲的形式向国会和公众提出以下问题,如卷入越南战争的好处与坏处、战争的可能性和代价、美国外交政策和国内议程等。约翰逊可能会受到很多质问,数量可能多过拉克尔肖斯因去塔科马而受到的质问。但是在他竞选大获全胜后,约翰逊完全有时间承受一次挫折并恢复公众对他的支持。如果他保持沉着,拒绝在问题成熟之前匆忙做出任何决定,他或许能找到一项全国人民都可以接受的政策。当然,政策不可能完全符合他的顾问专家的观点,但适应性工作总是需要在一定程度上放弃“专家”对结果的控制。确实,在对约翰逊的越南战略进行回顾时,我们发现有一点是很清晰的,即如果约翰逊自己的问题和由他的政策顾问提出的问题得到了更加全面的考虑的话,结果可能会好得多。

然而,这类战略很可能会让约翰逊付出最不愿付出的代价:立法部门对伟大社会计划的注意力。为了让国家面对这种交易,约翰逊则必须面对失去部分梦想这一现实。对于一个像他这样意志坚定的人来说,这无疑是件非常困难的事情。

还有一种更能保护他的国内议程的正面战略,该战略借助1964年的竞选创造一个退出战争的机会。他可以宣称“让亚洲的孩子打这场亚洲人的战争”。事实上,当时公众对任何一种做法的态度都不坚定。1964年春天,超过2/3的美国人说他们对越南事件只有一点注意,或根本没有注意。[58]因此,约翰逊可能有机会在这方面促使问题成熟。特别是当他面对像巴里·戈德华特这种鹰派人物时,更可以这样做。事实上,约翰逊曾成功地利用人们的反战情绪攻击了戈德华特。但是,他却没有继续利用好这种情绪,反而被戈德华特拉向了更具进攻性的立场,从而造成了选举前三个月的东京湾事件。

具有讽刺意味的是,政治选举时期,应该是让公众参与公共政策问题的最佳时机,因为这正是人们的注意力高度集中的时候。然而,为了尽量满足不同选民的不同期望,候选人往往在难以处理的问题上采取低调。他们告诉选民想听的东西,而不是向他们提出挑战,要求他们面对生活中将做出的各种调整与交换。毫无疑问,促成反战命令的努力可能会使约翰逊丢掉一些选票,但那时候,所有民意测验都表明约翰逊的支持率远远超过了戈德华特,他具有很大的安全空间——事实上是一种一边倒的安全空间。他本有机会为自己争得一些支持,从而在南越垮台时为自己提供一定的保护。[59]约翰逊害怕失去任何选票,不管是强硬派的还是其他派别的。这种恐惧心理使他不能利用大选促成人们达成一致意见。在经历了大选失败以及仅以微弱优势胜出的经验之后,他不想再冒任何风险。[60]前任总统死后反而更受人们欢迎,约翰逊也希望像他的前任一样受人欢迎。

这一策略也会招来损失。为了使国家面对南越政府可能垮台这一现实,约翰逊不得不自己面对那些损失,这也是他和大多数顾问都不愿做的一件事。任由法国被胡志明的运动打败是一回事,而让自由世界的超级大国蒙受耻辱却完全是另一回事。例如,1965年6月28日,助理国务卿乔治·鲍尔(George Ball)给约翰逊写了一份备忘录,可以为从越南脱身提供一个基础。起初,这份备忘录的题目是“减少我们在南越的损失的计划”。军事上,鲍尔说:“南越的地形极坏……这正是戴高乐将军(General de Gaulle)向我所描述的那种‘非常烂的国家’……政治上,南越是一件毫无意义的事。经过20年的战争,国家的血都流干了,人们已极度厌倦战争……南越是一个有军队而没有政府的国家。”但在第二天,约翰逊的顾问认为备忘录太极端,使得鲍尔将他的重点转移到了谈判上,并提交了一份新的备忘录,题为“折中的解决办法”。[61]这一做法导致了难以估量的损失。

采纳第三个战略选择——驾驭潮流——也可能允许约翰逊站在危机之前,但必须使冲突外部化。为了阻止它成为“约翰逊的战争”,约翰逊可能走到幕后,针对越南问题激发人们各种相互冲突的观点。他可以鼓励鹰派和鸽派在国会中进行辩论,让他们权衡各种交换的利弊得失。由于约翰逊在政治上颇有一手,他或许能够指挥好这样一场辩论,从而为自己提供掩护和选择。这种选择也许不是他和专家顾问在独立状态下所能发现的。他甚至还可以在东京湾事件之前组织一次严肃的讨论,衡量一下不同行动的成本和收益。然后,由国会根据当时的信息与军事条件,自由决定采取以下三种做法中的哪一种:进行全面战争;在战争完全美国化之前退出;采取中间路线。辩论可能会使人们为做出的选择共同分担责任。这样一来,约翰逊便可以由国会出面介绍这一问题,从而让它也承担一部分责任。这也符合他一贯的做法。正如约翰逊告诉他长期的政治朋友和顾问吉姆·罗(Jim Rowe)的那样:“记住,我们的老朋友莫里·马弗里克(Maury Maverick)已不在这儿了。莫里走到人们前面太远了,我决不会那样做。”[62]

所有这些选择都会要求约翰逊面对损失并让其他人为损失做准备。他不但要考虑那些困难的问题,也必须放弃某些东西。就伟大社会计划与美国人的外交利益这两方面而言,无论约翰逊采取什么策略,都有一方面要在某种程度上做出牺牲。但是如果这个国家不愿进行持久战的话，约翰逊越早知道这一点越好。

在越南政策上，完全不存在适当的权威式决定，可约翰逊却采取了权威式的行动，因此从刀锋上跌落下来。他使总统成为决策制定者，而不是解决国家问题的领导者，因而失去了对扶持环境的影响力。[63]他既不能调控焦虑的程度，也不能引导注意力的方向或适当地分配责任。他不能保护那些没有权力的领导者的声音，因为他把自己的权威和问题联结在一起，从而使所有异议都变成了对他自身权威的威胁。他给越南政策问题很低的优先权——将这一问题隐藏于公众和国会的视线之外——从而使这一问题在混乱与危机中自己成熟起来。战争引发了压力和注意力，约翰逊却失去了对这些压力与注意力的引导能力，从而不得不自己承担所有的压力，牺牲了自己的总统职务。

理查德·尼克松的垮台

约翰逊的继任者也在越南问题的背景下失去了总统职务。[64]总统专断这一趋势不但影响了约翰逊的外交政策制定过程，而且影响了理查德·尼克松的外交政策制定过程。事实上，尼克松的压力更大。约翰逊留下了一个分裂与处于痛苦之中的国家，这只增加了尼克松以自己的权威方式来解决越南战争的压力。他将以体面的方式结束战争，获得和平，同时又不使这场战争毫无意义。支持战争和反对战争的人都能在这一目标下团结起来。虽然可能没有总统能达到这一目标，但尼克松还是想试一试。

在他执政的前几个月，尼克松反复表达了他想使国家团结在一起的愿望。“他的政府将是一个团结一致的国家的政府”。[65]但是，要获得国内的团结，就要在越南实现和平。尼克松采用了一种经典的模式：我是这儿的领导，这里的一切都由我来承担！他带着这种思想入主白宫，并且坚信自己比约翰逊更了解怎样才能将胡志明拉到谈判桌上来。毕竟,在外交政策方面,尼克松比约翰逊更在行。尼克松希望通过一系列方法加快和平进程,如对中立国柬埔寨的越南难民营进行广泛、秘密、未授权的轰炸(这是约翰逊所不允许的),威胁敌人将遭受"重大后果和武力打击"以及秘密的外交政策,等等。[66]他在选举期间说过:"如何结束一场战争?我告诉你们朝鲜战争是如何结束的……艾森豪威尔向中国与朝鲜抛出了这句话——以外交方式抛出了这句话——他不会容忍地面消耗战继续下去。结果,在数月内他们便进行了谈判。"[67]

尼克松将1969年11月定为在战争问题上取得突破的最后期限。但是他结束这场战争的努力似乎只产生了一个后果,即扩大了在柬埔寨的战争。国内的反对呼声日渐高涨,抗议示威遍布全国,成千上万的人到华盛顿游行。尼克松试图将这一问题转变成他的政治优势。于是,政治团结让位给了政治分裂。副总统斯皮罗·阿格纽(Spiro Agnew)把它叫作"正极化"。[68]1969年11月3日,在他向"安静的大多数"发表的演讲中,尼克松声称,被误导的少数人正发出巨大的声响,他们试图通过"在街上游行示威"来将自己的价值观"强加"于别人头上,他代表美国的基本价值观反对这种做法。[69]

由于尼克松将国内的反对看成是敌人,因此他努力压制它。他不顾公众的反对,强化了FBI和CIA对国内的监控。[70]面对国会的反对意见,他指示手下不要再"四处乱转","别担心分裂。剑已出鞘,就用力刺吧,刺进去就不要拔出来"。[71]

到1972年为止,尼克松总统、他的顾问、媒体和数量众多的政治党派已经发展成为"我们对他们"的模式,并将之作为分析事件和做出决定的基础。正如尼克松的演讲撰稿人所说:

> 1968年的选举以及对尼克松前半部分任期中出现的事件的反

> 应,使总统和其信任的顾问更加确信:(1)“他们”永远也不会赞同“我们”,努力争取他们同意或取悦他们纯粹是浪费时间。(2)“他们”在以下意义上对“我们”有用,即所有支持我们的人和那些可能支持我们的人可以以他们为反对目标团结起来。(3)我们的论坛是总统职务,他们的论坛是东部白人办的媒体,因为他们“操纵”了新闻,所以我们最好让这些媒体失去信誉。(4)“我们”站在正义的一边,代表民主国家中人们的意愿,多数派有责任识别和说服反民主的精英。政府内部对这些看法有不同意见,尤其是对我们应在多大程度上和媒体开战这一点。但是,对于这些意见隐含的假设,即“他们”几乎在所有事情上都和“我们”作对这一点,我们几乎没有异议。[72]

尼克松极力强调,只有他才会做他想做的事,并以此来使“我们”和“他们”间的区别更加鲜明。只有他才能与中国和苏联取得突破性进展。只有尼克松才知道怎样去解决国家面临的问题。尼克松将用自己高超的表现让国家目瞪口呆。根据他的发言撰稿人的说法:“在尼克松叫霍尔德曼(Haldeman)所写的备忘录中,‘只有尼克松才可能’再次出现,这为与苏联就SALT谈判铺平了道路,同时又不会激起极右派的反对。但是,对于一个更具自由主义观点的总统来说,这可能会是一个很大的问题……尼克松具有使右翼跟随他的能力。虽然他们很不情愿,但却又‘无处可去’,只能跟着他。这也是他最大的优势之一。”[73]

然而,尼克松的防御和专断行为最终疏远了华盛顿的政治同盟者。“我相信斗争,无论是竞选中的斗争还是这个办公室里的斗争……它总是与你形影不离。也许我比别人更喜欢斗争,因为这是我的风格。”[74]秘密行动加剧了公众潜在的恐惧感,他们认为尼克松不值得信任。自他从政早期起,人们就有了这种感觉。尼克松对人们的不信任使人们不信任他,人们对他的不信任反过来又加剧了他对人们的不信任。如此反复,导致了一个永难跳出的恶性循环。就像他的一名助手后来所描述的那样:"逐渐地,当我们把圈子拢得越来越紧时,'他们'的队伍开始膨胀。"[75]

水门事件是专断行为导致错误的高潮。这一事件众所周知。1971 年 6 月,反战人士丹尼尔 · 埃尔斯伯格(Daniel Ellsberg)泄露了五角大楼的资料。白宫有一群间谍和办事人员,其主要任务本来是针对丹尼尔 · 埃尔斯伯格这样的反战抗议者采取行动,这时却将其工作方向转到了帮助尼克松参加 1972 年冬季的大选。[76]由于既没有经济方面的好消息,又没有战争方面的好消息告诉民众,尼克松的支持率正在急剧下降。1971 年 1 月的民意测验显示他和参议员埃德蒙 · 穆斯基(Edmund Muskie)的支持率均为 41%。[77]为了扭转这一趋势,尼克松的人蓄意破坏穆斯基的竞选,后来在 1971 年 6 月,又进入民主党位于华盛顿水门饭店和华盛顿特区办公大楼的总部进行盗窃。在盗窃案发生后的一周内,尼克松签署同意遮掩此事。起初,遮掩是成功了,盗窃案没有影响尼克松再次竞选的胜利。然而,两年多后,这一事件逐渐被公开并为大众所知晓。随之,众议院起草了弹劾议案,尼克松被迫辞职。[78]

单独行动的代价

尼克松总统辜负了人民的信任:他为了自身利益向公众撒谎,最终却露出了马脚。在战争年代,出于国家安全的考虑而掩盖真相可能说得过去。但无论如何,掩盖盗窃竞选秘密的真相是无论如何也说不过去的。尼克松不仅破坏了民主党,也破坏了总统这一职务具有的正式权威的基础——代表这片土地的法律。[79]更重要的是,约翰逊总统破坏了总统这一职务,而尼克松则增大了其破坏程度,因而也破坏了国家扶持环境的一个重要部分。制度失去了可信性,从而削弱了以公民和政府相互信任为基础的非正式权威关系网。总统不但没有为已被战争和急剧的社会变化分裂的国家提供凝聚力，反而让自己被分裂所淹没。被损害的制度再不能为困惑的人们提供支持，再也不能继续解决国家面临的最困难的问题。由于承受力下降，国家从这一工作中抽身而逃。事实上，如果不从研究这种损害造成的冲击开始，任何人都不可能对美国在过去20年中的成功与失败做出正确的分析。1992年的洛杉矶暴乱只是长期以来工作回避的一个症状而已。

由于尼克松以孤独战士的领导模式运作，他绕过了国会、公众甚至他自己在行政执行部门的顾问。[80]尼克松相信，如果让他一个人干，他不但能解决越南问题，而且能将国家带入一个与共产主义国家和平共处的新时代。他明白中国和苏联之间的不和给美国创造了机会，他可以让这两个国家相互争斗。他也认识到，一个拥有世界上1/4人口的国家是不能被忽视的。他意识到，要处理好这些关系，保密是一个非常关键的因素。在不相信美国政府能保密的情况下，中国和苏联都不会进行严肃的谈判。[81]

但是，对保密的需要是否完全排除了让公众了解以下信息的可能性？这些信息包括对共产主义国家的看法的改变，以及对越南的投入与损失的看法的改变。在公众对外交事务的适应性工作方面，难道总统就完全不能发挥作用吗？尼克松具有很高的外交才能，他完全有理由为这一点感到骄傲。他打开了与中国的交往局面，缓和了与苏联的关系。但是，他的外交政策最终要由国内公众来评判。和苏联缓和关系与进行军备控制是否妥当，完全依赖于公众与国会对这种一反常态的行为的理解。毕竟，两代美国人都对共产主义抱有憎恶与恐惧感，而且成千上万美国儿女正在为东南亚的反共事业做出牺牲。在这种背景下，公众将对总统与中国及苏联交好做出什么样的反应？电视上一边播放越南战争的画面，一边播放尼克松总统与毛泽东及列昂纳德·勃列日涅夫（Leonid Brezhnev）微笑祝酒的画面。这无疑是对我们的价值观、态度与行为的巨大挑战。如果将制定外交政策仅仅当成指向国外的工作，那么在国内推动适应性工作的严肃性就会大打折扣。

要改变美国的态度，至少要对公众辩论的作用有所认识。但尼克松却将公众辩论看成威胁。他更喜欢“沉默”的大多数。由于尼克松将公众的动荡看成威胁，而不是进行适应性工作的机会，他采取了防御性的回应。从技术的观点来看，他是正确的，因为国内的分裂确实为敌人提供了帮助和安慰。然而，具有讽刺意味的是，他的“我们对他们”的态度会使越南相信美国仍将处于分裂状态，因而能够被打败。无意之中，他又往冲突上浇了一把油。

尼克松的性格虽然是他采取“我们对他们”这一观点的关键原因，但它绝不是唯一的原因。“我们对他们”这一观点充分体现了冷战期间的社会和情感现状。汽车保险杠上全都贴上了这样的标语：“美国：不爱它就离开它”。在越战时期，好像每个人都武装起来了。国内的分歧已经使一位总统下台。尼克松的性格和公共生活与这种分极化趋势完全一致。[82]

因此，两个有利因素加强了尼克松向专断行为发展的偏好：一是越战年代的分极化趋势，二是冷战期间高涨的、在外交事务方面朝总统自治方向发展的历史趋势。这些因素和尼克松的孤立风格融合到一起，从而促成了将外交政策与国内政策分离的专断行为。[83]

因此，将尼克松的下台仅仅归因于性格无疑把问题简单化了。尼克松的领导哲学——领导者领导，跟随者跟随——与林登·约翰逊在外交事务上的领导战略没什么不同。两位总统都像技术员一样行动，将领导与提出答案等同起来。他们都将越南看成是一个技术性问题，只要有外交政策与军事知识，外加一点政治上的操纵，就能解决这个问题。两人都把全部工作包揽下来，而不是将一部分负担交由国会承担。两人都落入了这样的陷阱，即将自己孤立起来，忽略公众的适应性工作。两人都将辩论看成障碍，而不是社会应对适应性挑战的表现。他们将自己与政治过程隔离，从而失去了在越南战争政策这一现实中检验他们的技术、政治和道义判断的重要机会。不仅如此，尼克松还失去了在柬埔寨检验以上各方面的机会。两人都没有运用总统的能力将公众的注意力引向这样的战略，即协调公众对问题的参与或激发、丰富和发展公众的争论。两者都破坏了总统的扶持环境，因此也降低了他们控制焦虑的力量。两人都没有把越南政策的政治领导看成是包容政治，尼克松在这一点上表现尤甚。

尼克松采取了约翰逊回避战略的变通形式，竭力扭转和控制危机，并希望这样做早晚能得出一个完美的技术解决方法。其实，尼克松可以采取这种方法，即理解并接受公众的动荡，将它看成民主的标志，并利用其职务减轻动荡的强度和澄清相关的问题。尼克松既不应将自己与公众的辩论相隔离，也不应将各种攻击当成人身攻击并对其采取防御态度，相反，他应主动与公众和国会接触。例如，他应该在全国性的电视频道主持召开一系列讨论，由主战派与反战派代表人物就战争的可行性或战争引起的道德困境发表看法。他们关于战争可行性的看法应该以中国和苏联当时正出现的趋势为背景。他还可以依据自己掌握的专门知识，从总统这一特殊角度来提出自己的问题和观点。或者，他也可以要求国会给他一个清楚的指令，从而让国会也分担政策制定的责任。通过宣扬自己的民主精神而不是反对它，尼克松向外界发送的与美国有关的信息会更加一致。但事实恰恰相反，他将冲突妖魔化并跟没有卷入其中的人开了个玩笑。[84]

尼克松可以利用他的职务来协调在越南问题上的公共辩论，但这样做不但违背了他的个人倾向，也和当时盛行的由总统掌握更多权力的趋势背道而驰。然而，这样做却可以给尼克松创造更好的选择机会，这些机会比他与基辛格的发明要强得多。这样的公共辩论还可以澄清他们的政策在国内的可行性。美国愿意把战士留在越南执行条约吗？尼克松辞职不到一年，南越政府就开始垮台。这时，美国犹豫了。这并不仅仅是因为水门事件使人们失去了对政府的信心，也是因为人们失去了打仗的兴趣。他们想减少损失。这个国家一开始就没做好准备，在战争期间，又多次在战争的代价问题上被误导，他们已经受够了。和平并非触手可及，更非已是囊中之物。[85]即使真的能获得“体面的和平”，尼克松也几乎没做任何事情以让人们为它所需要的长久奉献做准备。

尼克松下台的悲剧并不仅仅是个人的悲剧，真正的悲剧在于被忽视的工作。[86]政治罢免有时会起工作回避机制的作用，它向社会提供了错误或不完全的诊断（这都是“领导的”错），并将社会的注意力从仍要面对的适应性工作上转移开。当然，反尼克松的强烈呼声并不完全是回避工作。水门事件代表了总统独揽外交政策与国内事务权力这一趋势造成的结果。如果可能的话，这种趋势以及随之而来的滥用权力必须得到遏止。水门听证会是国会再次确定其宪法权威的机制。但是，听证会在试图扭转这种趋势的同时，也无意中转移了人们对其在外交事务的需求（包括战争创伤）这一点上的注意力。例如，在 1973 年和 1974 年，当国民目瞪口呆地观看电视上转播的水门事件听证会的时候，成千上万名战士灰溜溜地从越南回来，开始了长时间受人忽视及备受内心折磨的生活。[87]我们中的许多人不是正面面对这些人和我们第一场大败仗的现实，而是转而观看国会的争斗去了。这并不是说听证会本身是个错误或它应以不同的方式来举行。美国人可能会四处去看别的事情而不想看到任何关于士兵回来的消息。正如 1975 年年末一个专栏作家所写的：“今天，战争似乎从未发生过。美国人已经将它们弃之脑后。他们既不谈论战争，也不谈论它的后果。”[88]1976 年的总统大选几乎就未提起过越南。[89]直到十年后，我们才开始面对越南战争给我们带来的牺牲、错误与代价，并建造纪念碑、制作纪录片与故事片、拥抱参战的士兵与吸取经验教训。

总统的领导

宪法创制者希望将行政权力(executive authority)从君主制向受制约的总统制进行转化。他们试图通过两条途径来强迫总统关注他人的观点:一是与立法机构、法院分享权力;二是可根据公意决定其任职与否。人们希望总统能高度重视分析相互冲突的价值观、优先权、信仰和多元化国家每日面对适应性挑战时的行为。

从某种意义上说,总统作为一个机构,它象征了行政领导(executive leadership)概念的革命性变革。因此,它从一个新成立与富有反抗意识的国家的反权威情绪中出现毫不奇怪。人们不再指望孤独的银背猩猩——帝王——就方向、保护、定位、冲突与维护规范等问题做出最终的决定。殖民者已经厌倦了被统治者误导,因为统治者的想法仅仅是他们自己的想法。殖民者想要这样的公共官员——他们的想法来源于外部并受外部影响。总统的观点必须接受实践检验,他的任何行动都需要他人的协作。

具有讽刺意味的是,20世纪,随着美国在世界事务中主导地位的确立以及由这一角色带来的国内压力的出现,总统在不同程度上转向了帝王模式。[90]在冷战的压力下,人们要求提供更为传统的领导。杜鲁门、艾森豪威尔和肯尼迪在外交政策上都采取了更加专断的行为风格。[91]作为一个整体,国会和公众都期望领导采用技术专家型和专断型的政策制定。那也正是他们所得到的。在长期的焦虑状态下,我们把注意力全部集中到了权威身上,从而影响了总统的行动与选择。到约翰逊和尼克松执政时,悲剧的舞台已经搭好。

宪法对总统的设计看来特别适合面对适应性工作的国家,然而,更新这种设计本身也成了一个适应性挑战。水门事件之后,吉米·卡特试图迎接这一挑战。他在总统任期内的做法非常复杂,但基本上还是像技术员一样采取行动。不同的一点是，在处理与公众的关系方面，他采取了更诚实的做法。

一方面，吉米·卡特将自己看作是设计精良的政策的提供者。他接受的是工程师的教育，这可能使他难以理解政策的适应性需要及因此产生的对合作与调整节奏的需要。由于他是以反华盛顿的局外人身份参加总统竞选的，因此上任时，他与国会议员的联系比较弱。上任后，这一局面仍没有改观。他既不理解国会在解决公共问题上扮演的角色，也不理解他们解决问题的方式。在入主白宫后的前几个月里，他向国会提交了大量的政策动议。但在水门事件后，国会既不愿意听取任何人的命令，也不能在短时间内消化这么多的东西。[92]

另一方面，卡特在没什么技能但是有勇气的情况下，努力让国家接受挑战，面对价值观和习惯问题。1979 年 7 月 15 日，在伊朗革命期间，他发表了关于石油政策的讲话。他在讲话中激励美国面对"道义和精神危机"。在这场危机中，自我放纵和消费威胁了家庭、社区和信任的价值。他认为在我们的社会中，"人的身份已不再取决于他做什么，而是取决于他拥有什么。"然而"拥有消费品并不能满足我们追求有意义生活的需要。"在后来的讲话中，他讨论了石油危机，并提出了具体的建议。他要求美国人"不要进行没有必要的旅游，尽量使用公共交通设施，每星期少用一天车，遵守速度限制，将自动调温器调到省油状态"。[93]两条消息看上去都很糟糕。记者们称它为"抑郁"的讲话。虽然卡特可能花了数月的时间来考虑和权衡这些问题，甚至召集学者与政治家在戴维营开了十天的会议才得出这些想法，但是，他却忽视了引导公众经历一个相似的学习过程。只有在这一过程中，公众的观点和责任感才会改变。卡特没有这样做，他只是给出了问题的答案。

但是，使人们更加怀疑其领导能力的也许并不是他那令人吃惊的讲话，而是他后来的行动。演讲的第二天，卡特要求他的整个内阁和白宫高级成员辞职,这是自从19世纪40年代泰勒(Tyler)总统以来从未发生过的事情。他的这种做法使人们不得不面对接踵而至的焦虑感。总统在挑战了国家的价值观后,又在政府顶层制造了混乱。顶层的混乱将公众的注意力从他演讲中谈到的问题又转移到了水门事件之后的华盛顿。卡特无意之中又削弱了一个本已受到伤害的扶持环境。他的做法传达了这样的信息,即权力结构、包容器都没有发挥好自己的作用,更糟糕的是,他在挑选向谁授权方面犯了严重的错误。在能源短缺的情况下,敦促人们检查自己的消费和浪费情况是一件恼人的工作。在发表了这种恼人的讲话之后,卡特需要向前看来维持局势的稳定。他需要给人们时间来接受挑战。正如约翰逊在塞尔玛事件中面对焦虑的国民时的回应那样,他必须保持沉着。当变化引起焦虑并迫使人们寻求可以依赖的权威时,顶层的混乱也许是人们最不愿看到的事情。[94]

卡特总统可能认为应该让人们面对问题,但他似乎不知道该如何去做。这不全是他的错:指挥适应性工作的战略——即使在某种方式上已被富兰克林·罗斯福和林登·约翰逊模式化了——从来都没有成为传统领导智慧的一部分,它甚至不是一个研究重点。[95]

权力制约着领导,因为在焦虑的时候,人们的期望很高。他们形成了不适当的依赖,这种依赖给权威戴上了一副无所不知的面具,从而将他们与公众隔离开来。然后每个人都将这种依赖理性化。正如越南战争时一些参议员所说的那样,在危机时代,民主是件难办的事。[96]在全球都在变化的时代,每件事看上去都像是一场危机,即使它们事实上并非如此。结果是,疑虑、观念交换、权衡相反的价值观、协同工作、以对立的观点来检验自己的想法并改变这一想法等,都成了负担不起的奢侈品。如果某个人提出艰难的问题,他就要冒枪打出头鸟的风险,哪怕他提出的这些问题有利于推动问题的解决也是如此。在社会动荡时期,人们急需问题的答案,他们对权威人士提供领导的需要也变得更为迫切。然而,如果权威人士加重这一依赖,使人们错误地认为,哪怕自己没有答案,也必须提供某种答案,那么,权威人士就没有扮演好自己的角色。在必须知道答案的压力下,他必然会提出一个答案。即使这一答案未经过充分的检验,有误导作用甚至完全错误,他也仍将这样做。

注释

1. 参见 Ernest R. May,"*Lessons*" *of the past*:*The Use and Misuse of History in American Foreign Policy*(New York:Oxford University Press,1973),第四章;Yuen Foong Khong,*Analogies at War*:*Korea*,*Munich*,*Dien Bien Phu*,*and the Vietnam Decisions of* 1965(Princeton,NJ:Princeton University Press,1992)。

2. Larry Berman,*Planning a Tragedy*:*The Americanization of the War in Vietnam*(New York:Norton,1982),p. 131.

3. 参见 George C. Herring,*America's Longest War*:*The United States and Vietnam* 1950—1975(New York :Wiley,1979);Larry Berman,*Planning a Tragedy*。

4. 据美驻越南前大使 Maxwell Taylor 将军所说:"1965 年,我们对除胡志明和武元甲将军以外的河内领导知之甚少,对其个人或集体意图更是一无所知。然而,我们只是推测说他们会像朝鲜和十年前的中国一样行动;当追求另一种途径的成本巨大时,他们会寻求向我们妥协。然而,结果证明越南在承受损失方面具有非同一般的决心,这一损失远远超出了西方计算出的越南将从其中得到的好处。"引自 Berman,*Planning a Tragedy*,p. 143。

5. 约翰逊的顾问并没有进行集体研究,情况恰恰相反(Irving Janis,*Groupthink*,第二版[Houghton Mifflin:Boston,1982],第五章),最近出版的文件说明约翰逊听到了许多相左的意见。副国务卿 George Ball、Clark Clifford、副总统 Humphrey、Jack Valenti、参议员 Mansfield、CIA 局长 William Raborn 以及大使 Llewelyn Thompson 等人均提出了不同意见。在 Burke & Greenstein 看来,主要问题不是缺乏不同意见,而是缺乏对其中差异进行分析的过程。他们比较了约翰逊和艾森豪威尔的政策制定。作为军事指挥官,艾森豪威尔更深刻地知道容易在外交政策中被误导,从而将实践检验作为决策制定过程的一个重要步骤。

6. 参见 Richard E. Neustadt,*Presidential Power and the Modern Presidents*:*The Politics of Leadership from Roosevelt to Reagan*,第三版(New York:Free Press,1990),pp. 209—212。

7. Herring,*America's Longest War*,p. 116.

8. Arthur M. Schlesinger Jr.,*The Imperial Presidency*(Boston:Houghton Mifflin,1989),p. 179.

9. Richard N. Goodwin,*Remembering America*(Boston:Little,Brown,1988),p. 362.

10. Herring,*America's Longest War*,p. 120.

11. Gordin Silverstein,"Constitutional Constraints: How Constitutional Interpretation Shapes the Making of American Foreign Policy"(Ph. D. diss. ,Harvard University,1991), pp. 200—201.

12. Doris Kearns, *Lyndon Johnson and the American Dream* (New York: New American Library,1976),p. 207. 关于参议会对这一事件的感觉,请参见美国参议院外交关系委员会"Hearing on U. S. Commitments to Foreign Powers,"90th Congress,1967, p. 139。

13. Goodwin,*Remembering America*,p. 359.

14. Berman,*Planning a Tragedy*,p. 33.

15. Goodwin,*Remembering America*,pp. 357,361.

16. Burke and Greenstein,*How Presidents Test Reality*,pp. 118—149.

17. 国务院报告"国会对南越的态度",引自 Burke & Greenstein,*How Presidents Test Reality*,pp. 148—149。对 83 名参议员调查发现,只有 8 个人赞成美国在越南采取军事行动,只有 3 个人赞成立即撤军。10 位参议员想立即谈判,而 31 个人赞成在加强美国和南越讨价还价的地位后再谈判解决。同上,p. 148。

18. 同上,pp. 130,192—194。

19. 引自 Berman,*Planning a Tragedy*,p. 55。

20. 同上,p. 57;"Chronology of Presidential Decisions,"载"Vietnam Documents"(Cambridge: John F. Kennedy School of Government Case Program, Harvard University), Case C#14—80—271D。

21. Robert McNamara, "Memorandum for the President: Recommendations of Additional Deployments to Vietnam,"1965 年 7 月 27 日,载"Vietnam Documents"。另请参见 Berman,*Planning a Tragedy*,pp. 112—123。

22. 引自 Burke & Greenstein,*How Presidents Test Reality*,p. 230。

23. Herring,*America's Longest War*,p. 141.

24. Kearns,*Lyndon Johnson*,p. 294.

25. 摘自 McGeorge Bundy, "Memorandum for the President: The Situatioon in Vietnam,"Saigon,1965 年 2 月 7 日,载"Vietnam Documents"。Bundy 认为,以为美国人愿意打这场战争只不过是一种猜想而已,不过,他没有这么明确地说出来。实际上,从来没人要求公众想过这个问题。如果有的话,约翰逊以压倒性优势击败鹰派参议员 Goldwater 获得竞选胜利就暗示了这一点,即人们不愿看到战争。1965 年 6 月 9 日的盖洛普民测验表明,20% 的公众想"继续我们现在的行动",21% 的人想"增加军事行动",26% 的想"停止军事行动",而 28% 的人没发表意见。这很难说得上是意见一致。参见 Burke & Greenstein,*How Presidents Test Reality*,p. 253。

26. 关于隐瞒的原因,参见 Herring,*America's Longest War*, pp. 142—143 和 Neustadt,*Presidential Power*,p. 211。

27. 参见 Lyndon B. Johnson,*the Vantage Point: Perspectives of the Presidency 1963—*

1969(New York:Holt,Rinehart and Winston,1971),pp. 150—151。参议员 Mansfield 此前一直支持美国卷入越南事务。实际上,他是越南 20 世纪 50 年代“越南之友”的建立者。但是,应肯尼迪的要求,1962 年他对越南进行了一次收集事实的旅行,之后,他的观点便发生了重大转变。他对南越政府的生存能力做了非常低的评价。在美国投入了大量的支持之后,“如果说困难没有变得更艰巨的话,那么,它们仍然像以前一样艰巨”。Douglas J. MacDonald,*Adventures in Chaos:American Intervention for Reform in the Third World*(Cambridge:Harvad University Press,1992),p. 223. 另请参见 Schlesinger,*The Imperial Presidency*,p. 327。

28. 参见 Silverstein,“Constiturional Constraints”。

29. Kearns,*Lyndon Johnson*, pp. 289—290. 另请参见 Schlesinger, *The Imperial Presidency*,p. 46.

30. 引自 Schlesinger,*The Imperial Presidency*,p. 89。直到第二次世界大战时为止,虽然总统们都认为自己在外交政策上有很多特权,但他们也承认在许多问题上仍需要国会的授权,哪怕是事后的授权也好。例如,杰斐逊(Jefferson)与巴巴里海岸(Barbary Coast)的海盗开战,但事后还是要求国会授权。波克(Polk)与墨西哥开战后,再要求国会宣战。林肯在内战开始后,才要求国会给予授权。虽然每个总统都超出了对总统权威的限制,但他们都承认自己这样做了。参见 Silverstein,“Constitutional Constraints”。

31. Silverstein,“The Emergence of an Executive Prerogative Interpretation of the Constitution,”载“Constitutional Constraints”第三章。

32. Schlesinger,*The Imperial Presidency*,p141. 并不是所有国会成员都这样认为。在朝鲜战争失利后,国会议员高特(Coudert)提交了一个“阻止海外武装力量在等待政府决定的时候便擅自进攻”的决议。参议员塔夫特(Taft)说,“我认为(对敌人的)这类帮助与安慰的价值被极大地夸大了。能给敌人以真正帮助的唯一方法是采用他们喜欢的政策。”同上,p. 137。

33. 同上,p. 128。

34. 至于美国在外交政策上实行的秘密操作,请参见 Gregory F. Treverton,*Covert Action:the Limits of Intervention in the Post-War World* (New York:Basic,1987)。Schlesinger 认为,到艾森豪威尔时,向国会隐瞒信息已是家常便饭。而法院则加强了这一趋势。1930 年代两个法院判决——*Curitss-Wright* 与 *Belmont*——均裁决总统在外交事务上有控制权。在 *Curtiss-Wright* 判决中,Sutherland 法官写道,国会“必须给总统一定程度的、不受法令限制的自由裁量权。如果牵涉到国内事务,则绝不允许发生这种事情”。因为“在这种巨大的外部世界里,存在着许多重要、复杂、微妙的问题,总统本人有权代表国家发言与聆听”。引自 Schlesinger,*The Imperial Presidency*,p. 102。

35. 例如,参议员 Barry Goldwater 在 1971 年说:“在 150 多场已经发生的战争中,只有5 场是我们宣战了的。”引自 Schlesinger,*The Imperial Presidency*,p. 53。关于这些所谓的战争的更为广泛的讨论,请参见 *The Imperial Presidency*,第三章。

36. 同上页注释35,p.99。

37. Silverstein,"Constitutional Constraints,"p.182.

38. 引自 Schlesinger,*The Imperial Presidency*,p160。

39. Kearns,*Lyndon Johnson*,p.264.

40. Lyndon B. Johnson Oral History,1969年8月12日,Johnson Library;引自 Burke & Greenstein,*How Presidents Test Reality*,p.191。

41. Schlesinger,*The Imperial Presidency*,p.14.

42. James Madison,*Debates in the Federal Convention of* 1787,第2卷(Buffalo: Prometheus,1987),pp.457—458,由 Schlesinger 引用,*The Imperial Presidency*,p.14。

43. Kearns,*Lyndon Johnson*,p.297.

44. Congressional Record 的参议员 Frank Church,1969年6月20日,由 Silverstein 引用,"Constitutional Constraints,"p.218。

45. Benjamin Cohen,由 Schlesinger 引用,*The Imperial Presidency*,p.109。

46. 同上,p.110。

47. 1940年,罗斯福在总统选举中许诺道:"我以前已经说过,但还要一直说下去:你们不会被派出国去参加任何战争。"由 Califano 在 *The Triumph and Tragedy of Lyndon Johnson* 一书中引用,p.172。

48. Kearns,*Lyndon Johnson*,p.327.

49. 到1966年,约翰逊有意让这件事发生。为了保护国防部,他教训他的部下,"他们将毁灭那个人。这不是他的战争。如果它属于任何人的话,它是我的战争。让我们阻止他太多地谈论这件事,我将保卫它。使它成为总统的战争,而不是麦克纳马拉的战争。" Califano,*The Triumph and Tragedy of Lyndon Johnson*,p.47.

50. Kearns,*Lyndon Johnson*,pp.277,296.

51. Neustadt,*Presidential Power*,p.200.

52. 例如,里根和他的成员从吉米·卡特执政中取得的一个教训便是,在一个时期要集中处理一个主要问题,而不是超过国会的承受力,让它做太多的事情。卡特政府国内政策顾问 Stuart Eizenstat 的个人通信,1983年5月。

53. 给 Chester Bowles 的信,Robert Dallek 引用,*Lone Star Rising*:*Lyndon Johnson and His Times*:*1908—1960*(New York:Oxford University Press,1991),p.528。

54. Califano,*The Triumph and Tragedy of Lyndon Johnson*,p.124. 在我看来,约翰逊知道怎样捡起那些已经成熟的问题和怎样使问题成熟起来。请参见"Lyndon Johnson and the War on Poverty,"载 Barbara Kellerman,*The Political Presidency*(New York: Oxford University Press,1984),第七章。

55. Kearns,*Lyndon Johnson*,pp.268—269.

56. Richard E. Neustadt & Ernest R. May,*Thinking in Time*:*The Uses of History for Decision-Makers*(New York:Free Press,1986),p.88.

57. 这是 Neustadt & May 对"位置"(placement)一词的应用,但其含义略有不同。它指将正在分析的人或组织放在要分析的重大公共事件这一背景中,这些事件是个人与组织性格形成的背景。请参见 Richard E. Neustadt & Ernest R. May, *Thinking in Time*, pp. 238—240。

58. Kearns, *Lyndon Johnson*, p. 206.

59. 根据 Burke & Greenstein 记载,直到 1965 年 2 月波来古攻击事件时为止,约翰逊在这个问题上对国会和公众都还有很大的斡旋空间。波来古事件急剧增加了卷入的动力。Burke & Greenstein, *How Predidents Test Reality*, pp. 270—271。

60. 在第一次竞选参议员时,约翰逊以 1,000 张选票的弱势落选。而在 1948 年,则以 87 张选票的优势当选。参见 Robert A. Caro, *The Years of Lyndon Johnson: Means of Ascent* (New York: Vintage Books, 1990),该书生动详细地描述了这两场竞选; Robert Dallek, *Lone Star Rising*, pp. 223, 346; Kearns, *Lyndon Johnson*, p. 215。

61. Burke & Greenstein, *How Presidents Test Reality*, pp. 205—206.

62. Caro, *Means of Ascent*, p. 15.

63. 1965 年夏天,爱达荷州参议员 Frank Church 在国会研究服务采访中,报告了他与约翰逊在 6 月份参加联合国成立 20 周年庆典的印象。约翰逊告诉他,在等待听取有多少架美国飞机将在战斗中损失的汇报时,他经常失眠。到这个时候,约翰逊已经将战争个人化了。这引起了我极大的不安,因为我想由于他不能超然置外,这将使他失去做出客观判断的能力。引自 Burke & Greenstein, *How Presidents Test Reality*, p. 240。

64. "他采取极端措施来保护他的越南政策不受假想的敌人或真实的敌人的攻击,这是引发水门事件的直接原因,而水门事件最终导致他辞职。" Herring, *America's Longest War*, p. 251. 另请参见 Jonathan Schell, "The Nixon Years: Parts I—VI", *The New Yorker*: 1975 年 6 月 2 日, pp. 42—83; 1975 年月 9 日, pp. 70—111; 1975 年 6 月 16 日, pp. 55—96; 1975 年 6 月 23 日, pp. 60—91; 1975 年 6 月 30 日, pp. 39—77; 1975 年 7 月 7 日, pp. 38—62。

65. Schell, "The Nixon Years," Part I, p. 54.

66. Herring, *America's Longest War*, pp. 221—225.

67. 引自 Schell, "The Nixon Years," Part I, p. 46。

68. 1969 年 10 月 30 日的讲话,引自 Schell, "The Nixon Years," Part I, p. 75。

69. William Safire, *Before the Fall: An Inside View of the Pre-Watergate White House* (New York: Doubleday, 1975), pp. 178—179; Schell, "The Nixon Years," Part I, p. 77.

70. Schell, "The Nixon Years," Part I, p. 57.

71. Safire, *Before the Fall*, p. 190.

72. 同上, p. 308。

73. 同上, p. 366。

74. 引自 Schlesinger, *The Imperial Presidency*, p. 217。

75. Charles W. Colson, *Born Again* (Old Tappan, NJ: Chosen Books, 1976), p. 41.

76. Neustadt, *Presidential Power*, p. 188.

77. Schlesinger, *The Imperial Presidency*, p. 267.

78. 要了解水门事件,请参见 Elizabeth Drew, *Washington Journal: The Events of 1973—1974* (New York: Random House, 1974); Sam Ervin, *The Whole Truth: The Watergate Conspiracy* (New York: Random House, 1980); John Wesley Dean, *Blind Ambition: The White House Years* (New York: Simon and Schuster, 1976)。

79. Neustadt, *Presidential Power*, p. 189.

80. Schlesinger, *The Imperial Presidency*, p. 189.

81. 参见基辛格的回忆录: *White House Years* (Boston: Little, Brown, 1979) 以及 *Years of Upheaval* (Boston: Little, Brown, 1982)。

82. 参见 Bruce Mazlish, *In Search of Nixon* (New York: Basic Books, 1972)。

83. 根据 Schlesinger,尼克松比其他总统更多地在法定权力之外处理国内事务。他运用否决权或不给予资金支持——这是否决的代替——来单方面终止法律规定的计划。Schlesinger, *The Imperial Presidency*, pp. 235—277.

84. Herring, *America's Longest War*, p. 232.

85. 要了解《巴黎和约》多么肤浅与脆弱,请参见 Herring, *America's Longest War*, pp. 252—254。

86. 从被忽略的工作这一点来说,水门事件的影响是多方面的。不但总统这一机构不得不承受由于国会未能在越战期间果断行事而产生的压力,还影响了许多其他问题,如与苏联的军控谈判、1973 年石油危机之后引起的通货膨胀等。参见 Neustadt, *Presidential Power*, p. 213。

87. 关于从单个"二战"士兵角度研究战争影响的文献,请参见 J. Glenn Gray, *The Warriors; Reflections on Men in Battle*, 第二版 (New York: Harper Torchbook, 1970); Tim O'Brien, *The Things They Carried: A Work of Fiction* (Boston: Houghton Mifflin, 1990); Frederick Downs, *Aftermath: A Soldier's Return from Vietnam* (New York: Norton, 1984); Laura Palmer, "The Nurses of Vietnam, Still Wounded," *The New York Times Magazine*, 1993 年 11 月 7 日, pp. 36—73.

88. Joseph C. Harsh, "Do You Recall Vietnam And What About Dominoes?" *Louisville Courier-Journal*, 1975 年 10 月 2 日; 引自 Herring, *America's Longest War*, p. 265。

89. Herring, Amereca's Longest War, p. 265.

90. 要求总统在外交事务上享有自决权的压力并不单单来自国内,世界社会的形势会加大这一期望。政治科学家与经济学家在霸权稳定理论中描绘了这种期望。这种理论认为,"国际政治中,由一个强大的、占支配地位的行动者实施领导,对世界各国都有利。与此相反,霸权国家的缺失往往与世界系统中的无序联系在一起,这对任何国家都没有好处。" Duncan Snidal, "The Limits of Hegemonic Stability Theory," *International Organization*, 第 39 期, 1985 年秋, p. 579, 原文为斜体字。Charles Kindleberger 以大萧条为背景描述了霸权的作用:"在这种情况下,国际经济与货币系统需要领导。有一个国家在它已经内化的系统规则下,有意或无意地为充当领导做好了准备。它准备为其他国家制定行为标准并促使他们遵守这些标准。它也准备好了要承受这个系统给它的更重的负担，特别是，在恶劣的形势下接受多余的产品、维持资金的流动并兑付它的纸币。" Charles P. Kindleberger, *The World I Depression, 1929—1939*(Berkeley:University of California Press,1986),p. 11。是否有这样一个占支配地位的行动者满足了这种期望？不管它是1913年以前的英国，还是"二战"后的美国，这都是一个富有争议的问题。参见 Joseph S. Nye Jr., *Bound to Lead: The Changing Nature of American Power* (New York:Basic,1990),pp. 50—52。但没有那么多争议的却是，人们都期望霸权能在国际系统中扮演特别的协调角色。美国总统对这种期望有特别深的感受。从某种程度上说，这些期望与本书提到的期望可以相提并论：对于适应性的挑战，人们期望得到一个技术性的解决方法，这样，主要的利益相关者便可以逃避责任。解决问题的责任被转移给了处于支配地位的权威。要了解美国拒绝支持金本位的做法经常被视为放弃霸权的责任的论述，请参见 Barry Eichengreen, *Golden Fetters: The Gold Standard and the Great Depression*, 1919—1939(New York:Oxford,1992),pp. 390—399。但作者认为，战争年代有很多复杂的问题(包括金本位问题)并不是技术性方法所能解决的。

91. 参见 Schlesinger, *The Imperial Presidency*, 第九章。

92. 参见 Neustadt & May, *Thinking in Time*, pp. 65—74。

93. "Transcript of President' s Address to Country on Energy Problems," *The New York Times*, 1979年7月16日, p. A10.

94. 根据《纽约时报》/*CBS* 的调查，演讲后一天，卡特的支持率从26%上升到37%。"Speech Lifts Carter Rating to 37%; Public Agrees on Confidence Crisis," *The New York Times*, 1979年7月18日, p. A1. 但一个月以后，盖洛普调查表明，人们认为卡特具有"很强的领导能力"的选民从一年前的38%下降到了27%，而认为他具有"领导国家向前的清晰计划"的人则从29%下降到了19%。"Many in Poll Place Trust in Carter Despite Doubt over Performance," *The New York Times*, 1979年8月12日, p. 25.

95. 要了解两篇关键的摘录，请参见 Neustadt, *Presidential Power*; Arthur M. Schlesinger Jr. 关于罗斯福的三卷本著作：*The Crisis of the Old Order* (Boston: Houghton Mifflin, 1956); *The Coming of the New Deal* (Boston: Houghton Mifflin, 1958); *The Politics of Upheaval* (Boston: Houghton Mifflin, 1960)。

96. Silverstein, "Constitutional Constraints," p. 218.

第三部分　无权威的领导

第八章　一线的创造性叛逆

我们很少看到由高层职位实施的领导。权力固有的制约对这一现象做了很好的解释。在公共生活领域中，人们总是希望领导以最小的痛苦来解决问题。当必须忍受痛苦时，他们总是期望他们的官员去找其他人来承担代价。20世纪90年代，我们在全国范围内都能听到这样的言论："削减赤字——但不要增加我的税收，增加别人的"，"削减军事开支，但不要关闭我的工厂或我的军事基地"。我们中的许多人期望变革，"但不能在我的后院进行"，这种综合征如此普遍，以至于有人将其命名为：NIMBY[1]（not in my backyard的缩写，意为"别在我家后院堆放垃圾"，又译为"邻避"——译者注）。我们的政治家发现，很难在选举期间提出问题，因为他们的选民坚决要求政治家向人们提供保护。当我们选举政治活动家时，我们往往希望他们去改变其他人的想法和行为，而很少希望他们来改变我们自己。我们几乎没有理由去责难公共官员，因为他们只是满足了我们的要求。

然而,由于当权人物领导行为的缺乏,使非权威人物实施领导对国家取得成功的适应具有了更重要的作用。这些人——被看作企业家和离经叛道者、组织者和麻烦制造者——具有从系统内部看到主流观点存在的盲点的能力。[2] 他们中的一些人通常寂寂无名。例如像20世纪60年代塞尔玛的主要活跃分子玛丽·福斯特(Marie Foster)与伯纳德·拉斐特(Bernard Lafayette);有些人开始并没有权威,最终却获得了广泛的非正式权威。例如马丁·路德·金博士、穆罕默德·K.甘地以及玛格丽特·桑格。就是在变革让人感到极度惊恐时,这类人也能促使我们澄清我们的价值观,直面严峻的现实,并抓住可能出现的新机遇。不过,如果他们无法弥补自身存在的盲点,他们也可能会像当权人物一样误导我们。

因为我们不习惯于在领导和权威之间进行区分,所以“无权威的领导”这一概念对我们来说是崭新而又令人疑惑的。因此,学者们很少对无权威的领导进行研究,总的来说,分析者大都忽视了只有很少或没有权威的人进行的鼓动性工作中的问题和机会。几乎所有的领导学研究(包括大多数历史学研究),都主要聚焦于有权威的人物。正如社会系统围绕权力结构进行组织一样,我们的社会评论员的注意力也主要集中在桌首。领导行为可能更经常地发生于桌脚,但那不是我们花大多数时间去关注的地方。我们喜欢研究国家领袖和企业执行官的生活和特征,并认为我们在研究领导者,而不是单纯的权威人物。领导者具有指明方向、保护和维持秩序等社会功能。有时候,他们在需要实施领导的适应性情景下履行这些功能;另一些时候,人们在不需要实施领导的常规情况下履行这些功能。

我用桌子做比喻,并将男性比作桌首,女性比作桌脚。这一比喻并非随意而为。长久以来,在无权威的领导这一领域,女性一直受到限制。即使是在今天,国会中超过90%的成员都是男性。直到今天,我们才开始严肃地考虑是否要选举一位女总统。由于在大多数社会中,女性均被排斥于担任具有正式权威的角色之外，一些女性已经学会了在没有权威的情况下实施领导的战略，而另一些女性则学会了根本就不去尝试实施领导。对于许多被剥夺了权力的团体来说，情况也是一样。那些通过努力获得了权威的女性，通常被传统的历史学家和社会科学学者所忽视，他们的注意力仅仅集中在男性的活动上。例如，150 年以前，美国妇女就领导了社会改良运动，但直到最近，她们的成就才随着女性历史研究成为一个新兴的学术领域而被载入史册。也许承认无权威的领导将会增加我们对妇女领导的意识，同时，我们也将学会把公共职位授予妇女，让她们有正式权威来实施领导。

然而，一个仍然存在的问题是："没有正式的或非正式的权威，某人能从桌脚甚至从社区之外实施领导吗？"我认为答案是肯定的。一些人，例如甘地，在领导社会时根本就没有担任任何正式职务。一般情况下，这些人在他们的小团体中拥有正式权威，像瓦文萨就担任了波兰团结工会的领袖，马丁·路德·金则是南部基督教领导会议（Southern Christian Leadership Conference）的创立者，玛格利特·桑格是计划生育组织（Planned Parenthood）的领袖，除此之外，同甘地一样，他们在社区（community）中也拥有广泛的非正式权威。但是，这些人不仅仅在那些以正式或非正式方式授予他们权威的社区内实施领导，他们往往还要越过边界，在那些尽管没有授权给他们却受他们言论和行动影响的社区实施领导。在这些领导者影响到的大社区的某些部分中，他们既缺乏正式权威，也缺乏非正式权威。从某种意义上说，他们的领导要越过两重边界，即他们所在的正式组织的边界（如果他们有正式组织的话），以及由更广泛的人群所界定的边界。在这些人群中，他们已获得非正式权威（信任、尊敬与道德说服力）。

事实上，许多人每天都超越自己的工作范围和组织内的非正式期望，做他们未被授权的事。这些人通过影响一个团体来短暂地实施领导，有时候还通过强有力地阐述一个引起共鸣、需要注意的观点(主张)来短暂地实施领导。例如,一个人事助理可能会在一个会议上发言,即使他没有这样做的权威;某个人进行一个没被授权的实验并宣布结果;在一场灾难爆发的第一时间,某些人挺身而出,组织动员其他人去面对和回应危机。又如蕾切尔·卡森(Rachel Carson),她出版《寂静的春天》的动机仅仅是为了教育公众。

而且,在美国历史上,许多人都曾以各种形式参与了公民抵抗运动,旨在发动冷漠或充满敌意的社会开展适应性工作。他们领导的那些人并不局限于某个边界范围之内,也没有授予他们任何权威——至少在运动的早期没有。最终,他们领导的那些人学会并改变了自己的行为方式。在过去的两个世纪里,萨缪尔·亚当斯(Samuel Adams)、亨利·大卫·梭罗(Henry David Thoreau)、伊丽莎白·卡迪·斯坦顿(Elizabeth Cady Stanton)和苏珊·B.安东尼(Susan B. Anthony)就是其中的杰出代表。

战争曾经被用来作为发动适应性工作的极端手段。当亚伯拉罕·林肯向南方开战的时候,在脱离联邦的南方人眼中,他显然没有正式或非正式权威。事实上,在1860年的选举中,他未能在十个州赢得普遍支持,因为他的名字甚至没有被写在选票上。他的领导超越了边界,他向南方人提出挑战,要求他们面对问题而不是逃避问题,并就他们的祖先制造的国内分歧达成共识。[3]

这样,当我们谈到无权威的领导时,我们指的是一种非常宽泛的情况,既包括在社会边缘活动的人物,也包括在权力范围以外实施领导的高级官员。他们或者质疑选民的期望,或者让组织以外的人接受他们的领导。要知道,这些人在一般情况下是不愿注意他们的。

为获得更大的影响力,一个一开始并没有权威或者在其权威范围以外实施领导的人,可能不得不去建构、增强和扩展他非正式权威的基础。他可能发现,一次最初的、反抗性的领导活动会将他置于一个能获得非正式权威的位置。要在这一位置上有所成就，就需要获得人们的信任、尊敬与道德支持。金、甘地和桑格最初就是这种情况。一个新出头的领导者可能需要一定的基础，只有有了这个基础，他才能谈论某些困难的问题而不被人们所忽略或驱逐。此外，为了让社会中的相关人员参与进来，他还需要边界之外的人相信这一点，即他代表了某种有意义的东西，象征了某种值得关注的观点。当这种状况出现时，他便能从自己的团体获得正式权威，从外界获得非正式权威。他必须尊重随这种权威而来的资源与制约。正如有权威的领导需要保护反对声音一样，一个无权威的领导者也必须考虑反对者的建议，将这些建议中与他的中心议题有关联的高明之处引入自己的战略。[4]

当他向组织边界以外的人们寻求非正式权威时，他必须将他的事业置于与其价值观相对立的环境中。此外，为纠正他自己的观点中可能存在的狭隘性，他可能还要向对手学习。他不仅仅是传授，他还需要接受。正因如此，金、斯坦顿、安东尼、甘地和桑格才将他们的斗争置于当时的主流价值观环境中，并在这种环境中去看待自己的斗争。为了发动全国性的反种族主义运动，金用平等与自由做号召，并且学会了由白人控制的法律、政治和经济系统的工作方式。斯坦顿和安东尼共同发布了为妇女争取平等权利的《独立宣言》，为建立起保护妇女不受压迫的传统，她们吸收了男性社会的好战、叛逆和坚强性格。甘地提出了自由和自决，他发现了利用英国军队的暴力和残忍来削弱英国在印度统治的各种方法。桑格将人口控制放在贫困、失控的人口增长、家庭健康的背景下，并且采用了政治、避孕药和法律等手段来促进生育控制权。在她看来，这种权利是非常明显的，并不需要法律和医学来证明其正当性。

正如帕森斯、拉克尔肖斯和林登·约翰逊不得不增强信任纽带以提高他们的正式权威与吸引人们的注意力一样，开始没有任何权威的人通常必须为现有的传统或组织而尽力，因为这种传统或组织为包容他们创造的焦虑提供了某种信任机制。因为他们几乎没有什么塑造扶持环境的力量,所以他们必须充分利用现有的机制。

无权威领导的好处

在这里,领导意味着让人们参与,使他们在面临的适应性问题上取得进步。因为必须通过学习才能在适应性问题上取得进步,所以,领导工作包括在组织或社会中规划和指挥学习的过程。要取得进步,不但需要新观点和创新,还常常要求人们转变态度和行为。适应性工作包括发现和实现这些变化的过程。有或没有权威的领导者都需要采取教育战略。[5]

高级权威一般包括管理扶持环境、引导注意力、收集信息,并影响信息的流动、拟定辩论内容、分配责任、控制冲突和焦虑、构筑决策过程等权力。但是,对权威的制约常常显示,无权威的领导反而可能存在一些优势。首先,缺乏权威,领导者便不需要遵循权威性决策制定过程的规则。这样,他便可以自由地提出可能引起令人不安的问题,而不需要提供安慰人心的答案。他没有必要非得保持船的平衡。他拥有更多进行创造性叛逆行为的自由。其次,没有权威或在权威范围之外实施的领导行为允许他将注意力集中于单一的问题。他不需要殚精竭虑地去满足众多选民的复杂期望以及为每个人提供扶持环境,他可以只关注一个焦点问题。再次,在有很少或几乎没有权威的情况下,他能更接近问题的利益相关者,从而更好地了解他们的想法。这样,虽然他可能会失去对问题的全面看法,但他能更好地获得与人们的希望、痛苦、价值、习惯和历史有关的信息,他掌握的是第一手信息。

例如,就自由行动的程度而言,金可以用约翰逊所不能用的方式来激化问题。金能够将发动游行或者违背地方法律作为向人们展示种族主义残酷性的手段。假设去塞尔玛游行的是约翰逊,而不是金,结果会怎样?如果总统走在游行队伍的前列,警察可能不会如此残暴。最可能出现的结果是，地方和州警将会以某种方式“喜欢约翰逊受挫”，正如1962年金在佐治亚州奥尔巴尼（Albany）游行时一样。那次游行中，极富战略头脑的州警就采用了“喜欢金受挫”的方式。同样，金还可以将自己当作某个问题的化身。他利用坐牢来凸显种族压迫。他写下了“来自伯明翰监狱的信”，使自己成为正与之战斗的不公正的活生生的例子。[6] 在他这里，监禁成为表明这个国家在价值方面存在冲突的另一个机会。

就焦点问题而言，约翰逊不得不考虑自己是“全体人们的总统”这一现实，由于他是在具有权威的位置实施领导，所以不能只关注某个单一的问题，否则，他就会损害自己在其他问题上的领导能力。他不得不在众多问题之间进行权衡，将它们稀释，并在必要时接受最低标准。相反，金却可以将注意力集中在公民权利这一问题上。事实上，只要他维持这一焦点，他就能影响众多的、对不同问题持不同看法的美国黑人和白人选民。例如，即使他反对那些强烈支持或憎恨共产主义的人，他也不用担心这样做将会分裂自己的支持者。当肯尼迪总统和检察总长罗伯特·肯尼迪在爱德加·胡佛的压力下，要金与他最亲密的助手——一个左派分子保持距离时，金根本置之不理。[7] 事实上，这与他自己的价值观是有很大冲突的，但是共产主义并不是他关注的问题。然而金并没有完全将注意力集中于某个问题。由于他获得了广泛的道德权威，他觉得必须在越南战争上发表自己的看法。这样做是否有助于他的事业是一个超出我们研究范围的问题，但我们不得不认为，他的非正式权威已经给他带来了一定的制约，限制了他将注意力集中于公民权利这一问题上的能力。

就第一手信息而言，金能切身地了解他的团体中人民的习惯和态度，而约翰逊对此则只能做出种种猜测。金了解人民的屈辱、恐惧、愤怒和疲惫。他知道什么能推动人民以及谁能推动人民。事实上，在信息方面，约翰逊也有他自己的优势，但他的优势只能补充而不能代替金的优势。

以下这三个领导者的例子更全面地说明了这些优势。

印度的穆罕默德·K.甘地

金以印度的甘地为行动榜样，而甘地也有自己的行动榜样，他们是巴达维·吉达(Bhagavad Gita)、索罗(Thoreau)和托尔斯泰等人。[8] 为了向英国公众揭示他们的国家推行的殖民政策在道德上的矛盾性，甘地提出并发展了非暴力不合作运动。大规模游行、残酷的镇压、全国范围的罢工、绝食以及多年的监禁，所有这些都向英国人表明了他们所拥护的价值(公正和自决)与行为(征服)之间的鸿沟。甘地设法将英国人的注意力引向他们尽量回避的问题上。他识别出了适应性挑战，并利用各种创造性叛逆行为来使人们面对挑战。

甘地从印度人身上获得了非正式权威，并运用这种非正式权威资源来领导印度。与此同时，他也促使英国人进行适应性工作。而对于英国人，他根本没有使用任何非正式权威。英国人并没有要求他去代表他们的内部矛盾。如果说，他后来在一些英国人的眼中获得了道德权威的话，那也只是他积极行动的后果，而不是先决条件。因为在许多情况下，他是作为挑衅者来领导英国人民的。

因为在英国人中缺乏权威，所以甘地将自己作为激化问题的工具。他象征着英国人信仰的价值，要求英国人按这种价值行事。当他为正义而绝食时，人们开始注意他。这并不是因为有人要死于饥饿，而是因为甘地在实践他为之祈祷的东西。如果他和他的追随者准备为那些历来为英国人强烈认同的价值而牺牲的话，那么，也许在英国兰开夏郡(Lancashire)的棉纺织工人也会这样做。[9]

总的来说，在促使人们了解对手的价值观、态度和习惯方面，甘地采用了某种战略。在对待印度人民时，他也是如此。印度自身也有艰巨的适应性工作要做，虽然并不是他的所有同盟者都认识到这一点，即英国和印度两个国家面临的问题并非技术性问题。许多印度政坛的“自治”积极分子认为殖民主义是类型Ⅰ问题——问题与解决方案都很清晰。那就是：英国人应该离开，故事到此结束。甘地则看到了表象以下的问题：殖民主义不仅仅是英国而且也是印度的一种生活方式，打破这种生活方式需要做许多艰巨的适应性工作，英国人可以离开印度，正如他们最终做的那样，但是，使英国人为离开做好准备的同时，也得使印度人为自治做好准备，这才是头等重要的适应性挑战。英国将不得不面临着帝国和财富的丧失，他们需要在其他价值观基础上重建身份认同感，依靠其他方法重建经济。印度将需要打造民族认同感（印度、穆斯林或二者兼而有之）、民族政府（民主的或社会主义的）以及一个有效的经济体系（工业的或农业的、保护主义的或开放的、计划的或市场的）。而处于这一困境中的印度各个派别对于如何学习以解决这些问题相当茫然。[10]

甘地一生致力于推动英国、印度和南非转变观念并采取行动。在这些年中，他没有掌握任何正式的权威。事实上，他既不愿意在印度占主导地位的国大党中任职，也拒绝在 1947 年成立的新政府中任职。他认为，没有正式权威，他将拥有更多的行动自由。他能以各种各样的方式激励人民，其中某些方式是官员所难以采用的，因为他们的首要目标在于维持政党与政府的团结以及寻求平衡。

但是，甘地获得了异乎寻常的非正式权威。印度人民对他怀有极大的敬仰、信任、害怕乃至恐惧。他们称他为圣雄——最伟大的人。甘地的一举一动都是国民注意的焦点，这甚至超过了印度的正式权威。他的绝食非常重要，因为在他 30 多年的事业历程中，他已经成为这个民族希望和痛苦的象征。印度人和非印度人都授予他道德权威，这不仅仅是因为他用自身作为表现问题的手段，而且因为他拥有一种战略能力，他一次又一次地让人们看到，印度人的理想与西方的道德基础是完全一致的。

他娴熟地运用了这些非正式权威。通过这种娴熟的技巧，他将因政治独立运动导致的社会失衡控制在一定的程度上。他能号召人们举行示威游行，而当他认为由此引发的冲突变得具有破坏性时，他又能平息示威游行。例如，1921 年，他计划举行首次大规模国民不合作运动。应政治盟友的要求，他将运动限制在一个城市，而没有将它扩展至全国。就在举行运动的前夜，一群印度暴民杀害了一队英国警察。作为回应，甘地取消了示威游行。对他来说，这一事件的爆发表明公众还没有为非暴力运动做好准备，而太多的暴力将会损害运动的进程。[11]他与一般公众建立的特殊人际关系使他获得了巨大的权能，他可以据此建构问题，将人们的注意力集中于该问题，推动人民采取行动或延缓行动。[12]这种人际关系也使他对印度独立运动中的上层政治家产生巨大的影响，这些政治家都不能不对甘地的崇高声誉做出回应。他能协调并解决冲突，不仅仅是印度人和英国人之间的冲突，而且还有印度各派系——军事的和非暴力的、穆斯林教徒和印度教徒——之间的冲突。事实上，英国人所拥有的正式权威使他们具有更大的调控不平衡的力量。他们利用胡萝卜、大棒和政府结构，将系统的回应方式控制在一个很宽的范围内。几个世纪以来，他们一直都在这样做。但是甘地的非正式权威使他能更有效地控制向系统提出挑战的方式、频率和强度。

甚至在他自己的人民内部，甘地也并不总是拥有非正式权威。当他早年在印度和南非为追求正义而发动运动时，他人微言轻，经常受挫。由于他没有权威，这给了他更大的空间去尝试叛逆现有的规范。只是在长期不断的尝试与错误后，他的战略才开始生效，而他也获得了非正式权威。他不断取得成就，并逐步积累起人们对他的敬重、信任和关注，而这些又成为他在下一次运动中应用的手段。非正式权威是他的领导战略的有用副产品，并随着战术成效而增加或减少。在大多数时候，他的非正式权威是呈增长状态的，这为他开始更广阔和长远的领导活动提供了资源。

甘地在南非奋斗了 20 年。在那里，他成功地运用非暴力不合作运动，改变了针对南非籍印度人后裔的不公平法律。1919 年 1 月 9 日，他返回印度。但是，他并没有把他在南非的成功作为筹码，与土生土长的政治结构交换权力。相反，在他的顾问戈卡尔(Gokhale)教授的强烈建议下，甘地致力于从草根阶层——印度的村庄——去重新发现印度。为什么？通过贴近印度民众的生活，甘地了解了他的国家面临的工作的实质和凶险性，了解了他的人民的价值观、经济安排、根深蒂固的奴役习惯与贫穷、他们的残酷偏见、冷漠和痛苦。[13]

与此相反，正式权威往往与社会底层有一段距离。虽然具有正式权威的人物可以接触到整个组织、社区或社会系统领域，从而使他们具有一定的优势，但他们往往要依靠下属才能获得信息。正式权威的优势在于其宽度，而劣势则在于其与相关的原始资料间存在距离。[14]

美国的总统职务表明了这种信息困境。理查德·诺伊斯塔特(Richard Neustadt)认为："能够帮助总统的，不是普通类型的信息……不是简报、不是调查报告、不是平淡的折中报告，而是各种有形的细节，它们在他的头脑中聚集起来，反映出摆在他面前的问题的深层原因……为帮助自己，他必须掌握尽可能多的与总统有关的事实、观点或谣言，他必须要成为自己的中央情报局的指挥官。"[15]

甘地知道，进行适应性工作需要对印度社会——包括它的优点与弱点——有深入的了解。优点是建立一个自力更生的印度的基础，缺点则将妨碍变革。例如，甘地提出的非暴力，之所以能够在整个印度引起广泛的回应，是因为这一观点的根基便在印度，其本质上是印度人的观点。基督教教义也支持某种程度上的非暴力，这使得甘地能够将印度人和英国人的价值观关联起来，并将其转换成相互推动的手段。这种关联成为他的一个战略。然而，这些共同的价值观也凸显了印度的弱点，正如甘地所看到的那样，一项基于为所有人争取公正和自尊这一原则而开展的政治运动，不可能认可传统的种姓制度，也不可能认可穆斯林教徒与印度教徒的偏见。他的传记作者概述了他在国民议会发表的第一次演讲："英国人可能会离开,但那能帮助五六千万遭印度教歧视的牺牲品和被放逐的无家可归的人吗?独立并不仅仅是印度人占据英国人所占据的地方和宫殿那么简单。"[16]对甘地来说,必须深切地了解这些生活方式,才能向它们提出挑战。而要深切地了解它们,就必须生活其中,紧贴实践的最前线,即印度的利益相关者生活的地方。甘地之所以了解他的人民,了解他们的希望、恐惧、弱点与需要,是因为他花了时间去了解他们。他之所以能感动和鼓舞人们,是因为他们感动和鼓舞着他。

如果甘地担任了政治职务(哪怕是在他事业生涯的后期),他就可能会丧失这些好处。对甘地来说,成为印度的总统或总理是件很容易的事,但一旦担任这些职务,他就将处于权力的中心。在这个中心位置,甘地将不得不成为国内各种相互冲突的张力的储藏库,他们将期望他能满足他们的需求,减少他们的焦虑。他将不可避免地受到这一角色的制约,他将被迫变成某种"向量之和",被相互冲突的力量挤在中间行走。而在中心之外,他能自由展示某个受到高度关注的、一致的信息,并成为这种信息的象征。他仅仅需要满足那些一直信任他的人的期望,这些人为他向印度和英国提出挑战提供了基础。

美国的玛格丽特·桑格

在这个世纪,也许没有任何人比玛格丽特·桑格更能发动美国和美国之外的人去面对贫穷、人口、妇女地位与妇女拥有计划和限制自己的家庭规模的自由之间的关系。[17]在 19 世纪与 20 世纪之交,桑格开始了自己的护士生涯。她看到了当时纽约东部平民区妇女面临的困境:养育太多的、超过她们经济上和感情上能够承受的孩子,这使她们筋疲力尽,她们或者冒着人工流产的危险,或者死于生产。她看到自己的母亲为了照顾 11 个孩子,年纪轻轻就因劳累过度而去世。在她那个时代,许多美国妇女急需安全的避孕方法,但任何形式的生育控制都是非法的。事实上,就连撰写有关生育控制的文章也被视为有伤风化，违背了州和联邦法律。

据桑格所言，她的觉醒始于在下东区(Lower East Side)公寓照顾一个名叫萨蒂·萨克丝(Sadie Sachs)的年轻犹太孕妇。萨克丝太太因自己实施流产而感染，当她向医生请求安全的避孕方法时，医生告诉她，可靠的避孕方法是她要丈夫杰克“睡在屋顶”。桑格向萨克丝太太传授了避孕套和中断性行为的知识，因为这些是当时最常用的避孕措施。然而，桑格发现这些方法难以接受，因为这些方法将生育控制权交给了男性。三个月后，当桑格返回那间公寓并发现萨克丝太太就要死于大面积感染时，她决心放弃“仅是缓一时之痛的护士职业，去追求基本的社会变革”。[18]

从1910年起，她开始了公共事业生涯。她在小型的社会主义圈子中发表与贫穷的移民妇女生活相关的演讲，并为著名的社会主义日报《召唤》(*The Call*)撰写性教育和健康的专栏文章。1914年，她创办了自己的杂志，并将杂志起了个带有挑衅色彩的名字《妇女的反抗》(*The Woman Rebel*)。在杂志中，她持续挑战维多利亚时代禁止讨论妇女角色和由妇女控制避孕措施的禁令。然而1914年8月，仅仅在发行了少量的《妇女的反抗》杂志之后，她就遭到逮捕，罪名是通过邮件派送“下流的”资料。但是，她并没有为审判做准备，而是开始撰写一本名为《家庭的极限》(*Family Limitation*)的宣传小册子，对各种常用避孕方法做了明确、简单的介绍。虽然数以百万计的美国人已在秘密使用这些技术，但由于禁止对这些技术进行讨论，妇女们无法正确地使用这些技术。在为这本册子的出版做好准备之后，桑格逃到了欧洲。在船上，她发电报，要求新泽西的出版社将小册子印发100,000册。

当她在国外逃亡时，警察在她纽约的公寓里逮捕了她的丈夫。因为他派发了一册《家庭的极限》。他在监狱里待了30天，在此期间，桑格的三个小孩由他们的朋友和亲戚照顾。法官的裁决是：你不仅仅违背了人类的法律，而且违背了上帝的法律，你的罪名是阴谋阻止别人成为母亲。

我们已有太多的人认为养育小孩是错误的行为。一些妇女如此自私，以至于她们不愿受孩子的拖累。如果有人四处去鼓动基督教妇女生养小孩，而不是在妇女的选举权上浪费时间，这个城市和社会将会变得更好。[19]当桑格听到她丈夫的遭遇后，她回到美国接受审讯。

逃亡欧洲、小册子、丈夫入狱以及法庭明确的裁决将公众的注意力第一次吸引到了生育控制问题上。突然之间，声誉良好的报纸和杂志都刊载有关这一主题的文章。1914 年，《纽约时报》(*The New York Times*)上仅仅发表过三篇关于生育控制的文章，1915 年发表了 14 篇，在接下来的两年里，总共是 90 篇，随着这个问题的支持基础越来越广泛，桑格开始放弃过于激烈的言论，并以更广泛的、群众更容易理解的方式规划辩论(讨论)。她要寻求广泛的非正式权威。她对避孕和流产做了明确区分，仅仅支持前者。同时她也将自己与其他感兴趣的问题——如第一次世界大战中的和平主义、各种社会主义议程等——区分开来。她以更和缓的语气指出，让妇女掌握自己的生育这一观点抓住了“利用婚姻、母亲身份和独立的自我实现来满足需求的关键……妇女愿意使她们成为社会再生产的工具……她们愿意以某种方式来重建家庭这一集体生活最基本的单位，这些方式应与现代世界对人类在各个领域所要求的严格性和纪律性相一致”。[20]然而这并不是一种愤世嫉俗的战略，当她开始严肃地考虑其他人的观点时，她也是在严肃地考虑自己的观点。就是在这一过程中，她的观点逐渐成熟。很明显，她从广泛的听众那儿学到了东西。她做了一个战略性的决定，即她将把全部精力都放在生育控制这一问题上。这样，即使她在没有权威的情况下工作，也能够将注意力集中在焦点问题上。

到 1916 年 2 月她要接受审判的时候，公众舆论已经开始转变。桑格系着饰带，牵着两个儿子，摆出姿态让人拍照，以此来淡化她激进分子的形象。人们组织了一场声援运动，支持桑格的信件堆满了法官和议员的桌子。事实上，桑格逃亡期间结交了许多英国知名学者，其中包括已经非常有名的 H. G. 威尔斯(H. G. Wells)。他们也就此事向伍德罗·威尔逊总统写信。公众的情绪可能产生了效果,因为指控最后被撤销了。桑格的胜利使她出了名,随后她开始在全国各地发表演讲。

不久以后,她以荷兰的诊所为模型,在布鲁克林的一间店铺开办了全国首家生育控制诊所。很明显,她想为美国树立一个榜样。因为无法找到医生担任医务指导,她叫她的姐姐埃塞尔·拜恩(Ethel Byrne)——一个注册护士——去管理这个诊所。但几个星期后,她和姐姐都被逮捕入狱。

桑格抓住了这个危机带来的机会。埃塞尔以绝食进行抗争,从而得到了更多有利的宣传,并引起了州长的注意。服完刑之后,桑格进行上诉,希望法庭能做出裁决,确立医生在医疗需要时有开出避孕药方的权利。如果这一权利得以确立,医生便可以用专业判断为由,对何为病人的需要做宽泛的界定。桑格和她的律师将这看作是法律唯一的漏洞,而这又有可能使他们能够在全国合法开办生育控制诊所。1918 年 1 月 8 日,他们得偿所愿。按照州有伤风化法,禁止无关人员传播避孕信息,因此纽约州上诉法院维持对桑格的原判,但法庭又做出解释,允许得到特定执照的医生开出避孕处方。

然而,在桑格的一些同盟者看来,寻求与男性医疗界建立伙伴关系是一个巨大的失误。美国医疗协会坚决支持禁止讨论避孕的法律。总的说来,医生已经成为一个障碍。在那个时候,桑格和其他有经验的妇女可能比美国的医生更懂得生育控制技术。然而对于桑格来说,将美国医务界引入并让医生充当专家的角色是对社会权力结构必要的战略性让步。这样,便可以不改变任何法律而使诊所的成立合法化,而且,桑格也认同医疗界一些重要的价值观。在推动对更安全可靠和更易使用的避孕方法的研究时,她想使生育控制尽可能地以科学为基础。

从那时候起,寻求医生的支持就成为桑格的中心工作。1921 年,当她建立全国家庭计划生育诊所组织(该组织后来成为国际计划生育联盟)时,她坚持聘请医生担任诊所的医疗主管。尽管她对医务界做了让步,法律也允许医生从事生育控制,但这并没有让她轻易获得正式的支持。桑格不得不寻找各种途径吸引医务界的注意。美国妇产科协会主席罗伯特·拉图·迪肯森(Robert Latou Dickenson)博士曾经极力反对桑格开办生育控制诊所,但是当1923年桑格聘请多萝西·博克(Dorothy Bocker)博士为首任医疗主管时,迪肯森注意到了这一点。他参观了诊所并会见了它的医疗主管,并且批评了她在《美国妇产科杂志》上发表的研究报告的质量。桑格激发了他的专业兴趣。于是桑格问迪肯森,如果要他加入诊所主持研究需要什么条件,迪肯森提出了一些要求,其中包括替换博克,桑格做了让步。虽然迪肯森直到几年后,即1931年,才正式加盟桑格的生育控制临床研究所(Birth Control Clinical Research Bureau),但他逐渐成为桑格工作强有力的支持者和医务界生育控制技术应用和研究的支持者。同时,桑格也在其他医生中寻找同盟者。几年后,迪肯森和这些同盟者成功地使美国医学会(American Medical Association)转变态度并接纳避孕。1937医学会为自己设立了一个新标准:"自愿的家庭成员控制很大程度上由病人自己的判断和愿望来决定。"[21]

在20世纪20年代到40年代以及50年代的大部分时间里,桑格顽强地鼓动起每个可能起作用的选民——不仅仅是全世界的妇女,也包括医学、政治、商业与工会等领域的权威人士。有一段时间,她年复一年马不停蹄地写文章、四处游历、发表演讲,以此来教育、激发和组织妇女及男性,让他们看清在贫穷、人口增长、家庭成员健康、妇女地位和妇女决定家庭规模能力之间的因果关系。她要求公众坦率承认到那时为止尚无法言说,但又对我们的生存至关重要的生活的一个方面。

桑格的一生充满了绝望和成就。好些年里,她深陷困境,例如,"大萧条"和"二战"使她的努力毫无成效。甚至罗斯福新政也几乎没有为这个议题留下任何空间，因为他冒犯不起天主教会。一些权威的经济学家则将萧条归因于人口的减少，因此呼吁反对人口控制。但是桑格仍未放弃，她利用这段艰苦的日子来构建国际支持网，并巩固她在美国的组织。最终，在20世纪50年代末期，由于人们逐渐认同在人口和贫穷之间存在联系这一观点，以及生育控制药物的成功开发（它们得到了桑格的资助）等因素，计划生育观念开始被广为接受。1965年，在格瑞斯华尔德（Griswold）诉康涅狄格州一案中，最高法院裁决保护私人使用避孕方法。此时，桑格仍然在世，并见证了这一过程。

玛格丽特·桑格确定了适应性挑战。这个挑战是美国的一个内部矛盾。在世纪之交，已有数百万人在运用生育控制方法，然而法律仍然禁止对这一问题进行讨论或研究，也禁止医生开出类似处方。一个崇尚自立和自治的民族却让半数的人口处于依附状态。一个有数以百万计妇女就业的国家却拒绝对家庭规模进行必要的权衡和调整。一个致力于减少国内和国际贫穷的国家却在限制人口增长上无所作为。通过将国内这些在价值和行为之间的矛盾披露出来，桑格获得了人们的注意和认同。

在数十年中，桑格与世界范围内的女权主义者和同情者建立了一种广泛的非正式权威网络关系。她运用这种权威去制定战略、引导注意力、建构问题以及协调运动中的冲突。但是，她领导的人多数人并没有给她任何非正式权威。对他们来说，桑格是一个顽固的麻烦制造者，事实上，家庭结构和妇女对孩子的抚养问题是一个非常私人与基本的问题，要在这一方面做出社会变革，无疑是对每个有权威的人——包括法院、政治家、商人、天主教堂和医学界——的挑战。桑格之所以能提出这一问题，是因为没有人叫她这样做。如果有人要她这么做，那就会带来各种期望，而期望则会带来制约。法院要受法律的制约、政治家要受他们的选民情绪的制约、商人要受他们的合作者和顾客的制约、教会官员要受罗马教廷的制约、医生要受医疗协会的制约。但是，桑格却不受任何制约。她拥有打破和谈论禁忌的自由。

然而，要改变基本的惯例与规则，桑格需要扩展她的支持基础并在权威人物中寻求同盟者。在这个问题上，她无法孤军作战，更不能让人们将这一冲突视为几个具有反叛意识的妇女与坚如磐石的社会结构之间的一场争论。推动众多社会派别发生变化意味着激发每个派别内部的政治张力。之后，每个派别会对如何纠正内部的不协调提出自己的观点和政策。通过在各个派别内部培植同盟者，相互对立的派别之间的潜在冲突会爆发出来。他们将会辩论，从而促使问题成熟。迪肯森和他的同盟者将会成为说服其他医生的支持者，宗教权威中的同盟者将会说服其他的宗教权威，商业中的同盟者将会说服其他的商人，政治中的同盟者将会说服其他的政治家。

在本质上，桑格使用的是一种教育战略。这种战略旨在改变精英人物和大众的观念。因此，在全国范围内建立诊所网络，不仅仅为那些有需要的人提供了医疗和教育服务，而且还打动了普通民众的心。在她看来，改变法律的努力在很大程度上是做无用功，只有促进公众参与到问题中来，这种努力才有意义。法律的改变是社会学习的结果。无论是撰写文章、坐牢、在议院外游说或是会晤甘地，桑格的目的都在于激起公众的辩论。[22]通过创造性的叛逆，她促使那些具有权威的人士继续讨论这一问题。与甘地和金一样，她也成为利用媒体的专家，她在外出时总不忘带上打字机。

桑格将注意力集中于单一的问题。因为她对这个问题了解得非常透彻，并且能约束自己，使自己不因当时有关其他问题（包括战争、和平和共产主义等）的讨论分散注意力，所以她才获得了非正式权威。虽然她对这些问题很感兴趣，并持有强烈的看法，但她仍专注于自己的事业。只有当这些问题可能与她的问题有关联时，她才去注意它们。这样，她为自己的行动创造了一个清晰的背景，从而也逐渐为更多的人所理解。事实上，在根据不同听众的观点和价值来确定如何提出生育控制问题方面，她十分内行。与社会政策制定者在一起时，她会谈论如何缓解贫困；面对保守的男人和女人时，她把问题集中在减轻家庭负担上，其途径是给他们资源，让他们根据自己的能力计划家庭的规模；跟进步女士在一起时，她则公开谈论控制自己的身体能够带来的满意感；和那些将优生学视为提高人种质量的知识分子在一起时，她会谈论在穷人和残疾人中进行生育控制的必要性，即使是极力否认种族主义时，她也这么说。

尽管她的声望很高，成就很大，但桑格仍然坚持在第一线工作。从担任护士开始，她就与妇女的生活经历保持着密切的联系。直到年老前的许多年里，她都管理着设立在曼哈顿的生育控制临床研究所——一所示范性的计划生育诊所。在其迟暮之年，她还与世界各地各行各业的妇女通信联系。她了解她们，与她们一同工作，她从未忘记她们是她最主要的拥护者。

越战中的两个中尉

缺少权威可能为领导者提供特殊的条件和机会，但只有对那些认识并抓住了这些机会和条件的领导者才是如此。接下来的这两个故事描绘了我们许多人在组织中每天都要遇到的挑战，即如何应对妨碍适应性工作的日常习惯和程序。[23]

随着越战进入最激烈的阶段，在越南上空执行轰炸任务已是家常便饭。然而，空军中尉轰炸机飞行员查克·亚当斯（Chuck Adams）开始注意到一种奇怪的飞机损失方式：每过一段时间，便会有一架轰炸机在空中爆炸，而爆炸往往发生在防空炮火射程之外的高空。亚当斯推测了其中可能的原因。因为在引进一种新型的、事先设定了在一定高度爆炸的炸弹之前的两年内，从未发生过飞机在那一海拔爆炸的情况，因此，亚当斯推断是炸弹出了问题：他和训令官及其他飞行员同伴讨论他的看法，训令官对他的理论置之不理,但驾驶飞机的飞行员认为他的说法有一定的道理——它至少足以要求暂停使用这种新的炸弹,直到能够对此进行调查为止。他们将情况汇报给指挥官,而指挥官则首先询问了训令官的意见。在得不到对这一说法的权威支持后,指挥官不再理睬飞行员的抱怨,并命令他们继续执行飞行任务。

亚当斯和他的飞行员同伴面临的问题,也是严密管理的组织中下属经常要碰到的问题:因为可以理解的原因而被上级拒绝。在指挥链的所有环节上,不同级别的人均被期望按时达到一定的绩效水平。亚当斯的指挥官也不例外。如果他在没有武器专家支持的情况下,仅根据飞行员的直觉就脱离原有的轰炸计划,他可能要受到上级的嘲弄。为了与顽强的敌人作战,他需要按时完成任务,改变或延迟这个任务可不是儿戏。

亚当斯知道,他的指挥官受到与职务相关的各种期望的约束。亚当斯本人也必须应对与职务相关的各种相互冲突的期望。[24]他的队友希望他保护他们免受不必要的危险。要是亚当斯遵照上级的指令,而他的直觉又是对的话,他就是在让队友用生命去冒毫无理由的危险。这样做也违背了他的队友赋予他非正式权威的初衷。如果亚当斯无所作为,那么根据他的队友对危险的坚决怀疑,同伴对他的信任感就会减弱,正如他的指挥官已经减弱了对他的信任一样。

然而,如果亚当斯不遵从命令,就将损害他作为一个军事指挥官拥有的正式权威,也会损害他的工作和提升机会。他是应该向上级屈服还是基于直觉违背命令?亚当斯觉得自己被夹在了上司和下属之间,却找不到任何中间选择。他看到的选择是清晰的:服从或不服从。他看不到任何可以偏离的空间,看不到任何可以实施领导的选择。亚当斯所掌握的唯一优势是他处于第一线,比其他人看问题更深刻,但他认为这并不够。

当接到飞行命令时,他飞行并祈祷。亚当斯责怪他的指挥官让他飞行,因为这减少了下属赋予他的非正式权威。他们还算幸运,但另一架飞机就没这么幸运,几个月后爆炸了。直到这个时候,指挥官才命令停止使用新型炸弹,等待加利福尼亚生产基地的调查结果。而调查结果表明,炸弹事实上是有缺陷的。

20 年后,亚当斯已是上校。回忆当初的情景,他看到了在服从与不服从之间仍有众多的选择方案:他可以推动飞行员伙伴及其队友多出主意,看怎样才能更好地提出有缺陷的炸弹这一问题。他们可以怀着敬意,却态度坚决地要求指挥官密切关注他们直觉背后的事实。例如,他们可以首先向指挥官保证将服从他的命令,然后告诉他,直到他已经充分考虑了他们对事故原因的分析之前,他们不会离开他的办公室。他们可以要求他沿着指挥链调查是否有其他人报告过类似的直觉。更幽默一点,他们甚至可以将一个炸弹推进他的办公室,使问题戏剧化。他们也可以要求他弄清那个礼拜的飞行计划是否重要:有没有推迟的余地以等待更可靠的炸弹运来?那样做将需要多长时间?在加快送来可靠的炸弹的事上,他们可以帮什么忙?

当然,这种事后的分析很难说明这样的谈话究竟能起什么作用。但是,如果亚当斯对他的伙伴和上司之间的工作程序进行协调,他们可能会找到摆脱两难困境的方法。然而,即使自己的生命也面临危险,亚当斯仍没能看到一个将这一工作好好组织起来的方法。因为在那个时候他没有看到一个可以向权威挑战的中间途径,因此他未能实施领导。

让我们再看看另一个在越南的士兵。在战争快结束的时候,陆军中尉约翰·理查德(John Richards)每天都被要求执行一项很危险的任务:找出并消灭敌人。然而当他和他排里的战士作战的时候,大多数美国军队已经撤退,地面部队已经看出,作为一种外交政策上的战略,战争已经失败了。

对理查德来说,这是令人发疯的几个月。听从命令的话,他们就可能会毫无理由地失去生命。对于在美国基地周围巡逻的士兵来说,打仗还有一定的意义，即他们能够保护其他士兵。而对于理查德来说，则找不到任何正当的理由去让他的士兵冒生命危险。在战略失败后，重要的是减少美国的损失。

因此，理查德面临着尖锐的、相互冲突的期望。作为指挥官，他获得的正式授权要求他继续执行危险的任务。他的士兵对他的非正式授权则要求他保护他们免受不必要的危险。

理查德对这个问题进行了权衡并和他的士兵进行了公开讨论。一种选择是不服从命令。他们知道有一些微妙的、不会招致军事法庭惩罚的方式可以达到这一目标。但是对一些士兵来说，包括理查德在内，不服从命令是难以接受的。军事组织强调纪律性，对于保持理查德和他的士兵所效忠的制度的完整性来说，尊重指挥官是至关重要的。一个军人在入伍时就知道，整体比部分重要，不管是出于军事上的需要还是出于不称职和错误，个人均必须准备为上级的命令做出牺牲。然而有些士兵，主要是应征入伍者，对于为制度和准则冒生命危险没有任何兴趣。

通过与士兵进行艰难而又激烈的讨论，理查德在服从和违抗之间找到了协调方案，他允许士兵分成两组，一组士兵献身于军事组织并以尊重它的准则为荣，另一组士兵则不这样。在理查德的领导下，服从命令的士兵继续冒着生命危险进行战斗。而不服从命令的一组，则在那些仍然进行战斗的士兵的帮助下，尽可能地避开战斗。每一组士兵都尊重对方的选择，他们大多数人都安全地回到了家中。

亚当斯和理查德所处的情况有几分类似。他们两人都拥有正式和非正式权威，而且这两种权威都在某种程度上相互冲突。正式权威的来源——指挥链——要求完成任务，非正式权威的来源——轰炸机飞行员和陆军士兵——希望摆脱存在缺陷的任务。在两个案例中，中尉都掌握可以质疑任务正确性的第一手信息。他们认为，自己面临的挑战是要改变准则和程序。

然而,这两种情况在结构上有差异。亚当斯必须沿着指挥链向上实施领导。但是,理查德却能避开上司,虽然这样做有点冒险。也许这就使理查德更容易看到超越自己的权威实施领导的可能性。亚当斯对命令采取了服从的态度,因为他想不出一种挑战上司的适当方式,这种方式必须既有力又可体现出自己的尊敬。有力和尊敬二者好像互不兼容。同时,他既看不到实施领导的机会也没有组织他的士兵去创造这种机会。相反,理查德则看到了这种可能性。通过同他的士兵就这一难题进行讨论并尊重相互冲突的价值观,他提出了一个解决方案,这一方案既尊重了对制度的忠诚又考虑了个体的差异性。亚当斯和理查德都掌握了第一手的信息并面对清晰的问题。二者的区别在于是否看到并抓住了实行创造性叛逆行为的机会。

建立无权威领导的准则

在其事业生涯中,甘地和桑格都获得了非正式权威,但在很多年中,他们两人都是在没有非正式权威的情况下实施领导,发动没有兴趣注意他们的听众。事实上,他们期望吸收的听众中,大多数都具有抵触情绪。他们从听众中获得非正式权威,但这不是他们实施领导的前提条件,而是其结果。虽然获得的权威提供了领导的手段,它们同时也是一种制约。反过来,这种制约既妨碍也推动了创造性。当甘地和桑格成为社会意义的主要来源时,他们便背负起了不同选民对他们的期望。这些期望相互冲突,并促使他们走向折中和创新。利用道德权威,甘地创造了针对英国的非暴力不合作运动。在与医学界对话的过程中,桑格为妇女创建了一套配备医务人员和设备的诊所系统。他们二者开始都没有什么权威,但他们都为自己创造了权威。

越战军官亚当斯和理查德面对的是某个时期具有的、特定的适应性问题,而不是社会适应的持续挑战。然而,正如甘地和桑格一样,要实施领导,就要超越他们的权威,尤其是他们的正式权威。这样做会使理查德的职业和他的士兵冒极大的风险。相互冲突的期望促使他进行创新。但是,他的创新可能是错误的,可能导致人员伤亡增加而不是减少。没有上司的支持,他必须独自承担这一不确定性。

区分领导和权威不仅仅是一种分析工具或战略工具,同时也是描述个人领导经验的方式。正如我们经常在现实生活中遇到的那样,领导意味着对出乎人们想象的困难的问题负责。具有讽刺意味的是,许多人将权威看作先决条件,只有在他们获得了正式和非正式权威之后才进行领导。然而那些真正实施领导的人却觉得他们在权威之外采取行动。在从特定的选民——印度民族主义人士、反殖民主义同情者、女权主义者、排里的成员——那儿获得非正式权威之后,甘地、桑格和理查德对领导是怎样看的呢?我想他们仍会认为,领导是一种在没有权威、超出人们期望之外的情况下采取的行动。他们不会等到教练的号令再实施领导。

注释

1. 在一系列公共政策领域——从选择有害废物处理点到建设低收入家庭住房、机场、监狱等——NIMBY 现象都得到了较好的研究。参见 Lawrence Bacow, Michael O'Hare, Debra Sanderson, *Facility Siting and Public Opposition* (New York: Van Nostrand Reinhold, 1983); The Advisory Commission on Regulatory Barriers to Affordable Housing, *Not In My Backyard: Removing Barriers to Affordable Housing*, Report to President Bush and Secretary Kemp (Washington, DC: U. S. Department of Housing and Urban Development, 1991)。

2. Robert C. Tucker 将"任命的"(合法的)领导与"非任命的"(非正式)领导做了区分。在本书中,我将其描述为有权威的领导和无权威的领导。参见 *Politics as Leadership* (Columbia: University of Missouri Press, 1981), pp. 77—113。Tucker 的区分主要指有正式权威的领导与没有正式权威的领导之间的差异,因此,他使用"任命的"一词。这个方向是正确的。但我认为我们不但要承认有或没有正式权威的领导,还要承认非正式权威的力量,以及通过这种力量实施的领导。

3. 华盛顿、杰斐逊、麦迪逊以及门罗等均是美国南部的奠基人。除了华盛顿以外,其余全部都是林肯早年生活时期的卓越人物。当我们努力设想在林肯的成长以及职业生涯中,联邦政府所代表的思想是何等新鲜与充满危机时,仅从日期就可一窥端倪。亚伯拉罕·林肯出生于1809年，托马斯·杰斐逊于1801—1809年任总统，1826年去世时林肯年仅17岁。詹姆士·麦迪逊于1809—1817年间任总统，1836年他去世时林肯27岁。詹姆士·门罗于1817—1825年间任总统，1831年他去世时林肯22岁。

4. 在本书中，我尽量避免使用领导者一词，而更倾向于使用一个分词短语“实施领导”，除非在这些案例中的其他人的语境里出现这个口头用词。我之所以避免使用领导者一词，是因为它通常意指一个权威人物(团体的领导)或者是指一系列具体的个人特征(他是个真正的领导)。相反，我希望我们主要关注领导活动而不是权威的角色或任何人的内在品质。但我偶尔会将领导者作为一个简明的说法，用它来指一个正在或计划实施领导的人。我主要在讨论无权威的领导时使用领导者一词，因为在这种语境下，没有名词能按我使用权威人物一词的方式一样指代单独的行动者。

读者可能注意到我也完全撇开了追随者这个词。在我看来，追随者一词会不可避免地将我们卷入到一个不合适的社会契约与逻辑中，尽管我们对语言的通常用法使我们认为领导者-追随者这两个词之间有内在的真实联系，就像我们对待上-下与好-坏一样，但我认为它们在此并无真实联系，仅仅是习惯用法而已。事实上，追随者一词，不能表明被动实施适应性工作时的感受及其意义所在。作为社会的一员，其感受与Bernard Bass在*Leadership and Performance beyond Expectations*(New York: Free Press, 1985)中所描述的鼓励相比，只能称之为“附和”而已。例如，当马丁·路德·金在鼓励保守的白人公民去设想一种价值与权力不同的平衡时，他在领导他们，而他们也在这一过程中发生改变，但他们不会跟随。他们被鼓励去思考与感知新思想，但他们却根本不是他的追随者。马丁·路德·金的黑人支持者也同样受到鼓励去思考他们的价值观、自我形象与习惯。然而把他们称为追随者不能把握住他们在影响美国变革的过程中扮演的角色或他们对这种角色的感受方式。

5. 即使像毛泽东那样的革命者，也要在其社会的基本价值观与传统上构建其运动与哲学。毛泽东也许曾经排斥过儒家的礼学，但在抵抗帝国主义时，他信奉的是中国的主要价值观念，在打击腐败、军阀、地方恶霸、邪恶势力时，他宣扬的也是基本的儒家行为规范对权威人物的要求。参见James MacGregor Burns, *Leadership*(New York: Harper Colophon, 1978), pp. 228—240。

6. 参见Taylor Branch, *Parting the Waters: America in the King Years: 1954—1963*(New York: Simon and Schuster, 1988)，第18—20章。

7. 同上，pp. 837, 838, 850。

8. 在甘地自己的著作以及各种传记中，都有对其战略和哲学思想根源的描述。参见Mohandas K. Gandhi, *An Autobiography: The Story of My Experiments with Truth*(Boston: Beacon Press, 1957); Gopinath Dhawan, *The Political Philosophy of Mahatma Gandhi*(Ahmedabad, India: Navajivan Publishing House, 1946); Louis Fischer, *The Life of Mahatma Gandhi*(New York: Harper and Row, 1950)。欲了解对甘地政治行为的心理解释，请参见Erik Erikson, *Gandhi's Truth: On the Origins of Militant Nonviolence*(New York: Norton, 1969)。

9. 关于甘地以烧毁布料发动印度对英国棉纺织品的抵制后的第十年——即1931 年——访问兰开夏郡(Lancashire)棉工厂的叙述,参见 William L. Shirer, *Gandhi: A Memoir* (New York: Washington Square Press, 1979), pp. 182—186。

10. 要了解甘地对印度面临的适应性挑战的理解,以及回到印度后对有权威和权力的人发表的首次重要讲话,请参见 Fischer, *The Life of Mahatma Gandhi*, pp. 123—137。在这次讲话中,他尖锐地指出了印度人所拥护的价值与具体现实间的矛盾。

11. 参见 Fischer, *The Life of Mahatma Gandhi*, pp. 184—198。

12. 这样的例子很多,包括甘地在监狱里以绝食来反抗等级制度和贱民身份。当宣布将举行选举,而贱民将与其他人分开投票时,甘地发誓要绝食至死,他的目标听众不是英国人而是印度人。他获得了惊人的成果。五天内,他通过鼓动印度人对贱民开放寺庙并打破古代的禁忌而完成了被许多人称为"奇迹"的行动。参见 Willner, *The Spellbinders*, pp. 189—191。

13. Fischer, *The Life of Mahatma Gandhi*, pp. 123—133.

14. 等级制度的真正目的在于防止信息传到高层。它就像信息过滤器一样,而在传递过程中,却几乎没有垃圾桶。Kenneth Boulding,引自 *Business Week* 登载的一篇演讲,1967 年 2 月 18 日, p. 202; H. Edward Wrapp, "Good Managers Don't Make Policy Decisions," 载 *Harvard Business Review: On Human Relations* (New York: Harper and Row, 1980), p. 75。关于这个问题的分析以及其他战略问题,请参见 Jeffrey Pfeffer, "Political Strategy and Tactics," 载 *Power in Organizations* (Boston: Pitman, 1981),第五章;另请参见 James Bruce, *The Intuitive Pragmatist: Conversations with Chief Executive Officers* (Greensboro, NC: Center for Creative Leadership, 1986)。

15. Rechard E. Neustadt, *Presidential Power and the Modern Presidents: the Politics of Leadership from Roosevelt to Reagan*,第三版(New York: Free Press, 1990), p. 129。

16. Fischer, *The Life of Mahatma Gandhi*, p. 131.

17. 下文关于桑格生活的描述引自 Ellen Chesler, *Woman of Valor: Margaret Sanger and the Birth Control Movement in America* (New York: Simon and Schuster, 1992)。

18. 同上, p. 63。

19. 同上, p. 127。

20. 同上, pp. 131—132。

21. 同上, p. 374。

22. 由于桑格将当选的官员看作是"公众意愿"的奉行者,因此她关注的首先是改变公众意见,其次是法律。当她为改变法律而进行游说时,她并不期望要胜出,而是要获取更多的公众注意力并激起更多的公众辩论。同上, pp. 144—145,同上, p. 374。

23. 为保护个人隐私,这两个越南例子中主要人物的名字均已被更改。

24. "二战"期间, Samuel Stouffer 对那些未受任命的士兵以及中层军队官员进行了广泛研究,探讨其正式与非正式权威(期望)的竞争性来源,以及由对不同角色的期望所引发的压力。参见"Attitudes toward Leadership and Social Control,"载 Samuel A. Stouffer, Edward A. Suchman, Leland C. DeVinney, Shirley A. Star, Robin M. Williams Jr., *The American Soldier*: *Adjustment during Army Life* (Princeton, Princeton University Press, 1949),第 1 卷,第 8 章,特别是 pp. 401—410。

第九章　调节刺激的强度

我们已经讨论过以下领导原则:识别适应性挑战,将焦虑控制在可承受的范围内,将注意力导向成熟的问题而不是分散注意力,把工作交给人民,保护社会领导者的声音。这些原则既适用于有权威的领导者,也适用于没有权威的领导者。但是,因为这两者具有的优点与面临的约束条件各不相同,所以那些无权威的领导者必须采用更大胆、更微妙的战略与战术。

首先,没有权威,领导者对扶持环境几乎没有控制力。他可以确定刺激的形式,却无法管理回应,即他不能建立组织结构、为了妥协而选取某个次要问题、制定新准则或摆出一副安抚人心的姿态。无权威的领导者能激起辩论,却无法进行协调。没有权威,领导者必须利用调节刺激的强度来控制焦虑的程度。

此外,没有权威的领导者可能对某个单一的问题有切身体会,却无法全面感知社会面临的挑战的复杂性,而这些挑战将影响社会在任何特定问题上的立场。这可能使无权威的领导者难以认识到社会面临的其他重要问题,以及与这些重要问题相比,他的问题的成熟度以及孰先孰后,等等。

在调控焦虑程度时,所有领导都必须了解以下两点:何时促使问题成熟?干预产生的压力是否在当时的社会系统承受的范围之内?

不同的组织和社会有不同的资源与承受力,必须对它们进行认真的分析才能确定。但一般说来,无权威的领导者可以将权威人物当成显示问题成熟度和系统压力大小的气压计,因为解决成熟的问题是社会系统要求权威人物承担的工作。[1]

其次,在将注意力引至一个问题时,无权威的领导者不得不考虑这一点,即他自己可能会成为一根避雷针,不但不能协调相互冲突的派系之间的辩论,反而容易成为各个派系攻击的对象。当然,权威人物也经常遭到攻击,但是他们拥有转移注意力和让其他人承受压力的资源,而无权威的领导者却没有这种资源。

第三,正如人们希望权威人物解决问题一样,无权威的领导者通常会错误地认为只有权威人物才有能力影响变化,从而把权威人物当作能够采取行动的听众:“要是能把他拉到我们这一边,其他的人就都会走向正确的方向。”然而,总的说来,只有权威人物的权力来源改变期望时,他们才会改变自己的方式。他们的行为代表的是授权给他们的团体。这样,动员团体利益相关者的战略可能比“挑战权威人物”这一战略有效得多。

塞尔玛,1965

我们已从高层领导约翰逊总统的视角探讨了塞尔玛事件。现在我们从那些在第一线实施领导的人的视角来考察塞尔玛事件。[2]

塞尔玛选举权运动于1961年初现端倪,哈德逊高中(Hudson High School)的科学教师、当地黑人教师组织的新任总裁弗雷德·里斯(Fred

Reese)教士在一次当地全体教师和行政人员参加的会议上宣读一份声明,呼吁黑人教师去达拉斯县(Dallas County)进行选举登记。由于害怕受到嘲讽,几乎没有几个黑人教师附议他。但是,这份声明在塞尔玛黑人中产阶级中播下了选举权运动的种子。

到1963年1月,大概有125个黑人在县里注册登记成为选民。牙科卫生学家玛丽·福斯特开始觉得应该为纠正偏低的黑人选民登记率做点什么。由于她的牙科医疗办公室正好位于该镇唯一的黑人公民权利组织——达拉斯县选民联盟(Dallas County Voters League)的楼上(因为NAACP已被阿拉巴马州取缔),她每天都和前NAACP骨干山姆(Sam)、阿米莉亚·博因顿(Amelia Boynton)接触。在他们的鼓励下,福斯特用了近十年的时间才完成登记,根据否决单上的理由,她总有“一个或多个相关的问题”回答不出来。[3] 获准登记让她受到了鼓舞,她想做更多的事。正如她描述的那样:

> 一天,我坐在屋外,突然觉得很愤怒,因为看上去塞尔玛在黑人问题上没有任何进步。那时,整个县只有120多个黑人获得选举权。塞尔玛是该县最大的市,但是在这个县的其他地方还有许多黑人。每当我们去法庭登记的时候,登记员要么是出去吃早餐了,要么说今天不接受登记,要么用他知道你无法回答的问题来难为你。他们最喜欢问的问题是:“一块肥皂里有多少泡泡?”
>
> 我一直想着这些事,并越想越愤怒。于是打电话给我的朋友阿米莉亚·博因顿,她现在的名字是阿米莉亚·菲利普(Amelia Philips),她是公民权利运动的积极分子。我问她能对此做些什么。结果,我们谈到了周边正在发生的事情。那时候我们没有举行任何运动或者任何大型登记活动。我花了好几年时间才完成登记。博因顿太太和我都已经完成登记。那应该是1963年冬天的事了。不管

> 怎么说，我们讨论办一个班，教授黑人如何填写申请表，以及一旦他们去法庭应怎样行动。你知道，态度能使事态不一样。他们必须不时登记一个黑人，但他们必须确保获准登记的这些人态度良好。这就是我们希望黑人了解的事情。

到1961年2月，玛利·福特斯已经办了一个选民登记班。她做了一个花名册，记载谁参加了学习，谁通过了她和其他教员设计的测验。1963年夏天，她与司法部公民权利司（Civil Rights Division）领导人、助理检察总长约翰·多尔（John Doar）见面。那时，约翰·多尔正处理一宗诉达拉斯县的选举案。在多尔的请求下，她允许多尔将花名册带往华盛顿。她对此解释道："他想让华盛顿的人知道，在阿拉巴马的某些选区，人们已经做了很多事。"然而，登记活动仍然进展缓慢，在两年的努力工作之后，只有另外175名黑人在县里获得登记。

在福斯特开办选民登记班的同时，22岁的大学生、自由骑士（Freedom Rider）成员伯纳德·拉斐特受到福斯特组织努力的鼓舞，也来到塞尔玛。伯纳德·拉斐特代表学生非暴力协调委员会（Student Nonviolent Coordinating Committee/SNCC）。该组织是金领导下的南部基督教领导会议的一个分支，其总部设于亚特兰大。伯纳德花了几个月的时间与塞尔玛社会各阶层的黑人进行交谈。他的谈话既严肃又活泼，具有很高的技巧。但是，按照当时塞尔玛唯一的黑人律师J. R. 切斯纳特的说法，"伯纳德想打动大多数牧师、教师与中产阶级。从理论上说，这些人正是愿意发挥领导作用和组织选民登记的人。但是他们与白人统治阶层的联系——正是这种联系才使他们成为领导者——使得他们成为最不可能卷入的群体。他们拥有最多——最好的工作、最大的房子、最高的声誉——因此可能丧失的也最多。"正如学生全部是黑人的塞尔玛大学的校长J. H. 欧文斯（J. H. Owens）指出的，"你不可能今天在白人面前游行，第二天又求他们为你的学校捐款”。一个受人尊敬的高中老师对伯纳德·拉斐特的努力不屑一顾，“搞得一团糟。那个男孩应该回去。他会把白人激怒起来，然后他会回到亚特兰大，却让我们来收拾残局。”[4]

好几个月，拉斐特甚至无法发起一次群众集会。看到自己的努力在成年人身上无法取得进展，拉斐特转而去组织学生，他认为，当父母看到自己的孩子行动时，他们也会参与进来。在那年春天，金的组织在伯明翰成功地采取了同样的策略。在伯明翰，当臭名昭著的警察局长鲍尔·康纳（Ball Connor）用消防龙头对付孩子们并将他们投入监狱时，胆小而冷漠的黑人社区苏醒了。拉斐特自己也是年轻人，因此很容易说动年轻人。他们准备行动了，正如切斯纳特指出的那样，“他们没有工作、房子、抵押或者与白人权力结构的联系。”

1963 年 5 月初，NAACP 的组织者和选民联盟主席山姆·博因顿去世。拉斐特将他的悼念仪式作为举行首次大型选民登记集会的契机。有 350 人来参加这个聚会，其中 2/3 是十几岁的青少年和学生。当地的记者、克拉克警长和他的几个助手也出现在仪式上。SNCC 的领导人詹姆士·托曼（James Torman）从亚特兰大赶过来并做了一个质朴、大胆与具有挑衅性质的演讲。他说“黑人已经厌倦向白人乞食”，并告诉他们“带着自由的观点走出家门，下星期就去登记办公室登记，让得到承认的那一天尽快到来”。人们咆哮着“说得好！”“阿门”。这时候，塞尔玛的黑人和白人都警觉起来了。[5]

一个月后，6 月 12 日晚上，也就是华莱士州长在阿拉巴马州立大学站校门的第二天晚上，两个白人袭击了拉斐特，并用来福枪柄将他打伤。他的眼睛和脸被打得又青又肿，T 恤衫上血迹斑斑。但拉斐特看到了另外一个机会。他说：“这正是我们需要的标志。”好几个星期他都穿着那件 T 恤，如同切斯纳特回忆的，那件 T 恤变成了“塞尔玛黑人情感的转折点，甚至那些最担心他的黑人也不得不对他的奉献精神和勇气肃然起敬，他们暗下决心，绝不能让任何人再伤害他。令人们深为感动的是，事后他并没有离开塞尔玛”。[6]

拉斐特返回大学后，玛丽・福斯特、弗雷德・里斯、阿米莉亚・博因顿以及塞尔玛选民联盟的其他黑人积极分子继续发动大型集会。SNCC的另一位代替拉斐特的代表在这些集会中起了帮助作用。玛丽・福斯特回忆了集会期间发生的事情。

> 吉姆・克拉克警长和他的助手以所谓的观察与维持秩序为名，几乎每次都来参加我们的集会。在某种程度上，我们不想他们待在这儿，因为他们总是想方设法诋毁我们。但另一方面，我们又很欢迎他们来，因为我们可以让他们参与进来并与他们交谈。每天晚上组织者要求我提出一个关于黑人历史的题目。你们知道，这是为了让黑人知道自己非常了不起，他们有理由抬起自己的头——我会站在讲台上告诉他们，“你们知道，我认为白人应该是有理智的，”——这时，我会直视着克拉克或者他的同伴——“但是看上去塞尔玛的白人并不怎么理智。我厌倦了进商店还要预先手里扬着两三百美元钞票。这意味着你要提醒我，我们的钱是好东西，但我们却没资格被称之为布朗先生或约翰小姐。”于是人群将以热烈的掌声和欢呼声附和我的演讲。

最终，1964 年 7 月，当局开始介入。吉姆・克拉克警长说服阿拉巴马巡回审判庭法官詹姆士・黑尔（James Hare）禁止塞尔玛的黑人团体集会人数超过五人[7]。一段时间之后，塞尔玛的黑人开始秘密聚会，不久他们决定打破这一禁令。1964 年夏末，他们与正在佐治亚州亚特兰大SCLC 总部的金博士取得了联系。[8] 金和他的助手一直在讨论发动一场公民选举权利运动的可能性。他们知道 1964 年公民权利法案刚出台不久，选举权问题还不成熟。约翰逊总统曾经告诉过他们,还要好几年时间才能通过更多的公民权立法。[9] 但他们的运动不应该停止就这一问题施加压力。恰恰相反,那一年取得的成功增强了他们争取选举权的决心。如果问题仍未成熟,他们将促使它成熟,而不是等待它成熟。一年前,在"从伯明翰监狱来的信"中,金表达了他们的态度。这封信是金为回应八个白人教士而写的。这八个白人教士发表声明,贬低金的活动,称他们"不明智与不识时务"。他们要求金等待,给伯明翰市的新政府一个机会。金在信中写道:

> 对于那些从未被隔离刺痛的人,你要说"等一等吧"是件很容易的事,但是当你看到邪恶的暴民恣意处死你的父母,溺死你的兄弟姐妹;当你看到心怀憎恨的警察诅咒、脚踢甚至杀死你的黑人兄弟姐妹;当你看到大多数人生活在一个富庶的社会,两千万黑人兄弟却被密不透气的贫困囚笼所窒息;当你六岁的女儿要你解释,为什么她不能到刚在电视上做广告的公共乐园玩耍,而你必须告诉她乐园不对黑人小孩开放时,你会看见她的眼眶充满泪水,看见她幼小的心灵开始笼罩上自卑的阴云,性格开始扭曲,对白人形成无意识的痛恨,这时,你便会发现自己突然舌头打卷,说话结巴起来;当你六岁的儿子问你,"爸爸,为什么白人对有色人种如此刻薄",你不得不捏造答案;当你跨区开车,却发现没有一家旅馆愿意接待你,你不得不每晚都蜷缩在很不舒服的车子角落过夜;当你整天都被侮辱性的标志"白色的"和"有色的"深深刺痛;当你的第一个名字变成"黑鬼",中间的名字变成"小子"(尽管你是一个老人),你最后的名字变成"约翰",你的妻子和母亲从未获得"太太"这一令人尊敬的称呼;当你因为是黑人而整日整夜被骚扰追捕,通常是踮着脚尖生活,不知道下次会发生什么,因内心的恐惧和外部的憎恨而疲惫不堪;当你永远在"什么

> 都不是”的堕落感中苦苦挣扎，这时你们就会明白为什么我们发现等待很困难。[10]

对于金和他的同事来说，美国必须正视自身内部的矛盾：它所说的和所做的之间的差距。它愿意遵循其自诩的平等机会这一价值吗？

金面临的战略性挑战是将这个问题在全国范围内展开，如果运动能发现使全国人民面对这一矛盾的方式，也许政策将会改变。正如他们看到的，他们将不得不更加彻底地暴露种族主义潜藏的残酷性。为获得全国人的注意，他们将扰乱人们日常生活的平衡，并让人们集中关注种族主义选举政策的巨大成本。但是，仅仅是书信和言语并不能实现这一目的。

当接到来自塞尔玛的电话时，金和他的战略家已经决定要采取行动，并一直在南方寻找可能对平和的黑人示威游行也会有激烈反应的城市。现在，从电话里了解的信息来看，塞尔玛正是那样的城市。达拉斯县正好有吉姆·克拉克这样的警长，阿拉巴马正好有乔治·华莱士这样的州长，而且塞尔玛的黑人正准备采取行动。SCLC的创始者之一，拉尔夫·艾伯纳西（Ralph Abernathy）描述了组织者们的想法：

> 我们一直在讨论塞尔玛的情况，努力想知道是否能够激起足够的麻烦，以迫使联邦政府采取行动，改变南方各州持续排斥黑人选举权的状况。因为一些原因，（塞尔玛）看上去像是我们采取行动的合适地点。首先，地方当局既不理智又固执己见……他们不想做任何妥协，而且看上去如果遭到挑战，他们可能会以镇压作为回应。克拉克……警长的脾气可能会让他陷入麻烦，我们全靠他的坏脾气了。因为他一旦发怒，就可能利用手中的权力……残酷地镇压。这样，我们便会将对抗搬到电视上，视觉的冲击将向电视观众最好地展示我们要反对的东西。其次，当地的黑人教堂颇有势力，我们能向其中一

> 些教会领导人寻求支持……第三,这场运动处于特殊时期,选举问题本身也需要得到强调,而没有一个社区(像塞尔玛一样)如此清晰地反映了涉入这一问题的迫切性。[11]

他们宣布运动将于1965年1月1日,即林肯解放奴隶宣言生效的102周年之际举行。

得知这个消息后,塞尔玛市县的官员的反应是想方设法维持现状。但是,他们的努力却因为权力结构的分裂而变得十分复杂。塞尔玛是阿拉巴马州达拉斯县的县府,选举登记的地点设在塞尔玛市中央的达拉斯县法庭。这意味着县警察的管辖范围也包括法庭这块地方,而市警察的管辖范围是除县法庭之外的其他地方。在对待示威游行上,县与市的目标是一致的,但在战略上却存在极大的分歧。县里的警察主张设法镇压反抗,而市里的警察则想尽量容忍冲突。

这时候,塞尔玛刚好选了一个新市长——器具销售商乔·史密瑟曼(Joe Smitherman)。他因许诺为塞尔玛引进新工厂而竞选成功取代了前任市长,这意味着他必须维持该市的和平与稳定。这也意味着曾给伯明翰和它的警长带来恶名的公共暴力不会在这里轻易发生。因此,史密瑟曼任命思想较为进步的威尔逊·贝克(Wilson Baker)担任市警察局局长。贝克曾在阿拉巴马州教了六年的执法,研究了过去十年来的公民权利运动与警局之间的对抗史。他希望通过满足反对者的部分要求来平息抗议。他说:“如果你现在付出一点,到时你就不必付出太多”,“让他们游行吧,慢慢地游行队伍就会散了”。[12]在1964年11月底,一听到金要在塞尔玛发动游行的计划,他马上飞往华盛顿,想说服司法部让金推迟6个月再举行游行。他说,在这6个月中他将敦促县登记员委员会登记更多的黑人。[13]

从贝克的计划中,华盛顿的司法部看到了阻止公民权利运动失控的途径。在过去好些年中,司法部曾多次保护南方的公民权利运动积极分子,他们不想看到更多的骚乱。公民权利司负责人伯克·马歇尔(Burke Marshall)被贝克说服了,在他看来,贝克一点儿也不像他曾偶尔闻知的南方那些目中无人和欺凌弱小的法律界人士。于是马歇尔给在亚特兰大的金博士打电话并提出了推迟游行这一要求,但遭到了金的拒绝。于是马歇尔说,“大局已定,他们打算在1月前往塞尔玛”。正当贝克准备离开时,开完会正准备外出的司法部长罗伯特·肯尼迪(Robert Kennedy)开腔了。他对贝克说:“你知道,如果你够聪明,你就能够在与他(金)的游戏中击败他。”[14]

贝克是足够聪明的,他的安抚战略很简单。他知道,除非示威游行遭到抵抗,否则几乎不会吸引任何注意力,所以贝克不打算抵抗,事实上,他打算保护游行者,以免他们受到愤怒的白人的骚扰。贝克想通过让游行者自耗体力来保持平衡。只要这个城市的反应是平和的,那么他就会赢。他也许不得不逮捕一些违抗黑尔所发布的禁令的人,但这不会太引人注目。

然而,贝克的正式权威受到了管辖范围的限制。他不能控制发生在县法庭范围内或者埃德蒙·皮特斯桥(Edmund Pettus Bridge)另一边——即城市界线以外——所发生的事情。

给贝克带来麻烦的不仅仅是塞尔玛市愤怒的白人,还包括县警察局的吉姆·克拉克警长与阿拉巴马州军队的艾尔·林戈(Al Lingo)上校。他们绝不会容忍黑人违抗法律。在鲍尔·康纳的心中,“使他们停下来的唯一方式就是让他们停下来”。[15]克拉克与林戈的意图是以任何代价让黑人待在他们应该待的地方。一开始,贝克看上去要赢得这场意志力的比赛。通过保持克制态度,他多次平息了1965年1月和2月初每日一次的公民权利游行。金的应对之策是采取更具戏剧化的手段以吸引人们的注意。他让自己身陷监牢并写信给《纽约时报》:“这就是阿拉巴马的塞尔玛,在监狱里和我一块坐牢的黑人比登记在选举花名册上的人还要多。"[16]但是,这一信息并未被广泛传播,因为贝克阻止了暴力,从而也避免了恶名。贝克行动很快,使克拉克和金毫无办法。事实上,到2月份时,金和他的战略家们开始怀疑在塞尔玛展示选举权问题是否有用。

但是,1965年2月18日,阿拉巴马州的骑警在塞尔玛的邻县马里安驱散了一支要求登记选举的游行队伍。其中一个警察用警棍殴打一个上了年纪的妇女,当她17岁的孙子吉米·李·杰克逊(Jimmee Lee Jackson)试图保护她时,那个警察拔枪射击,子弹穿过了吉米的胃。[17]四天后,吉米死去。在其葬礼上,人民群情激愤:"我们应该将他的尸体运往蒙哥马利的乔治·华莱士那儿去。"[18]

金抓住了这个机会,利用这一想法与悲剧使运动进一步升级。他们将越过市界线。他宣布游行队伍将从塞尔玛游行到50英里外的蒙哥马利州议会大厦。金意欲绕过贝克而直接挑战县和州。这一战略起作用了。1965年3月7日(星期天早晨),当游行队伍穿过市边界线时,他们进入了克拉克警长与林戈上校的管辖区。在受了两个月的窝囊气——不仅仅是公民权利积极分子,还包括威尔逊·贝克成功地将他们抛在一边所引起的窝囊气——之后,克拉克和林戈的高压水枪、催泪瓦斯与铁棒终于大大地派上了用场,而整个国家的人民都看到了这恐怖的一幕。转眼之间,贝克、克拉克和林戈就一败涂地,而金与游行者却获得了胜利。[19]

在权威以外实施领导

在塞尔玛,最开始实施领导的人并没有权威来组织选举权利运动。作为黑人教师协会的领袖,弗雷德·里斯在与学校相关的事情上有一定的正式权威,但在与选民登记相关的事情上没有任何正式权威,所以黑人教师并没有回应他在选民登记方面的请求。作为牧师、教师和塞尔玛黑人中产阶级的一员，他的非正式权威并没有给他多少可以利用的领导资源，即一点立足空间和干预空间。他的非正式权威之所以不能让他走很远，是因为他没有公民权利运动方面的记录，这些权威不适用于公民权利。他之所以受到尊敬，是因为他是牧师和教师，而不是因为他是律师或政治活动家。里斯牧师所说之事超过了他自己拥有的正式或非正式权威，而塞尔玛其他大多数牧师也没有这种权威。虽然几乎没人立即回应里斯，但他播下的种子却发了芽。当这些种子发芽后，他开积累积起非正式权威和随它而来的权力。当黑人教师最终都参加游行队伍时，动员黑人社区塞尔玛的工作终于向前迈出了一大步。

像里斯一样，玛丽·福斯特也是在没有权威的情况下实施领导的。作为一个外科医生，在公民权利这一领域，她在黑人社区没有正式权威，她的非正式权威来自作为黑人中产阶级专业人员获得的尊重。这虽给了她一个社区成员的身份和立足点，但也是仅此而已。社区并没有要求她勇敢地站出来为大家说话，但她却这样做了。她向人们忍受了 100 年的生活方式提出挑战，使人们生活于因公开反抗而带来的不舒服和危险状态中。其实，人们几乎不想招惹任何公开羞辱、失去工作或被私刑处死的麻烦。当她质疑黑人社区的勇气和责任感时，她使自己和她的社区陷入于危险之中。

很自然地，她开始向在公民权利领域有非正式权威的阿米莉亚·博因顿求助。她们开始一起对黑人进行选举登记培训。实施领导需要学习，在这一点上，无论对白人还是黑人都一样。培训运动使福斯特和博因顿获得了新的支持者，这主要是因为她们说出了人们长期被压抑的心里话。他们也因此积累了非正式权威。此后，在组织争取选举权的运动时，塞尔玛的黑人开始向她们寻求方向指引、保护和指令。

伯纳德·拉斐特之所以想在塞尔玛一展抱负，是因为他看到了里斯、福斯特、博因顿以及他们组织的小团体——选举者联盟——的努力。他得到了他们的支持，从而为他提供了少量的非正式权威。同样，他在SNCC也有自己的正式权威基础，SNCC能为他提供战术建议和道德支持。然而，SNCC对塞尔玛的人们几乎没有影响，也只有很少人会听从选举者联盟的建议。大多数时间，拉斐特从事的都是完全未被授权的活动。他每天花20个小时和那些其实对他根本不以为然的人们交谈。但是，这样使他在成人和青年中打下了基础。当山姆·博因顿去世时，拉斐特看到了将塞尔玛最杰出的活动家的去世变成催化性事件的机会。当他将自己被挨打的身体变成表现问题活生生的实例时，他使黑人的想法发生了变化，并且获得了他们的尊重和由尊重而来的权力。这样，群众集会得以每周举行一次。

与塞尔玛的其他活动积极分子不一样，金具有极大的权威。作为SCLC的领袖，金的正式权威基础很小，非正式权威却非常大。从1956年抵制蒙哥马利市的公共汽车事件开始，他已经成为体现黑人社区尤其是南方黑人社区的期望与痛苦的独一无二的储藏库。因为他在动员他们时表现出了极大的勇气和高超的技能，因而获得了他们的崇拜和信任。他们是他最主要的权力源泉。然而，数以百万计的、对他持同情态度的美国白人对他的敬重也非常重要。即使这些白人还没有将行为和价值观协调起来，金却已经用行动表达、体现了他们的价值观。他打动了他们，于是他们给予了他非正式权威——道德权威。事实上，1964年，白人世界还将诺贝尔和平奖授给了他。

金的非正式权威，像甘地所拥有的权威一样，给予了他巨大的资源：人们的注意力、架构问题的能力以及调整工作节奏、增加压力或降低压力的能力。各地的人们都关注他，因为他或是代表了威胁，或是代表了某个有意义的挑战。塞尔玛的活动积极分子依靠他引来的注意力控制当地的敌意——即还不为人注意的残暴。与此同时，由金吸引过来的注意力能将那种比较有节制的残暴暴露于聚光灯之下。这样一来，当地的习惯准则将受到大社会的审视，其种族主义的本质便会暴露无遗。而且，金的非正式权威赋予他营造行动背景的力量，这些行动包括公共汽车反种族隔离运动和选举权运动，设定辩论内容使他能够将注意力集中在他认为已经成熟的问题上，并以某种更广泛的、公众能够理解的方式对这些问题进行架构。他赋予事件以意义。当白人开始做出让步而黑人想停止游行时，他提醒他们"要将视野放在最终的目标上，运动是要为美国的黑人赢得公民身份，而不是仅仅在塞尔玛举行游行示威"。[20]他始终能够将压力维持在较高的水平上。

金的权力也不是绝对的。塞尔玛事件之后，一旦黑人的愤怒和热情释放出来，甚至金也没有足够的非正式权威来提供必要的扶持环境。六个月后，即 1965 年 8 月，在公民权利法案通过后的仅仅几个星期，发生于洛杉矶市的瓦特斯(Watts)骚乱就充分证明了这一点。毫无疑问，金有很大的权力，他能号召和控制游行，正如他在塞尔玛所做的那样。但另一方面，他的权威也是有限的，甚至在黑人社区也是如此。

将权威人物看作气压计

当金在塞尔玛发动游行时，他震撼了整个国家。数以百万计的美国人被迫去面对美国存在种族主义这一残酷现实，但是因为他想要领导的人并未要求他实施领导行为，因而金无法控制系统的承受力。他能调节挑战的程度，却无法增加系统对挑战的承受力。在对没有授予他权威的人们进行领导时，他的成功和生存依赖于他对以下两点的敏感度：一是他自己制造的压力的严重程度；二是他制造压力的节奏。在进行干预时，他必须考虑更大的系统能承受的焦虑度。

领导者需要气压计。但是，由于他倾向于将注意力集中于单一的问题，因此，对于系统中其他压力源的状况，在权威以外实施领导的领导者通常只拥有很少的信息。如果他对系统的挑战太大或节奏太快，就会使自己受到压制。因此他必须认识他所干预的团体的回应模式。无可避免,在行动中反复尝试、受伤时分析伤害原因是他获得这一认识的途径。是否还有更好的方式,能让那些在权威以外实施领导的领导者,认识到他的行动已经过火了呢?[21]

当局高层的行为是一个能展示系统焦虑程度的气压计。高级官员往往与整个社会面临的许多问题联系在一起,他们倾向于对各种力量的合力做出回应。当感受到压力的社会向上寻求方向、保护和命令时,他们的反应通常是采取行动以重建平衡,而这种反应则表明社会何时达到承受力的限度——至少权威当局中的人认为如此。

当然,即使处于同一权威位置上,不同的人也将以不同的方式采取行动,每个人都有自己的特点与个人风格。一些人可能会鼓励他们的选民去面对变化,而另一些人则会坚持恢复原状。但是,即使权威人物并不总是实施领导,他们几乎总会采取措施减缓压力。总的说来,权威人物对于那些授权给他的人们表现出来的恐惧和期望总是极为敏感,因为他们必须这样做才能保住自己的饭碗。权威人物至少是部分反应性(reactive)的:他们时而充当木偶,时而充当木偶的操纵者。作为木偶,他们可以为那些没有权威的人实施领导提供有用的信息。

这样,金必须将他的眼睛放在约翰逊总统身上,而塞尔玛当地的活动积极分子必须将他们的眼睛放在乔·史密瑟曼、威尔逊·贝克、吉姆·克拉克和乔治·华莱士等人身上。运动的战略和战术必须考虑这些人的个性以及他们的职位和支持者面临的压力。遭到权威当局的攻击是系统焦虑的一个表征。因此,在回应权威当局人物时,无权威的领导变成了某种以广大公众为观众的现代芭蕾——其中,有些是精心设计的,有些是即兴表演的。

随着塞尔玛黑人的情绪和言论逐渐升温,白人开始感觉到了挑战,克拉克警长开始在黑人集会上露面。他出席会议成为衡量黑人激起的压力程度大小的一种指示。一年后,在他的安排下,法庭通过了一项禁止令,禁止集会人数超过五人。这是一个信号,表明白人社区的压力已经进一步加大。权威系统已经开始采取行动来恢复平衡。

这意味着这些积极分子的战略决策将会带来更大的风险。过去,公民权利工作者由于害怕遭受残酷镇压,通常会在这时候退却。当地的白人社区,因为所受的压力超过了他们的承受限度,将会以最猛烈的方式反弹。事实上,要是没有联邦和媒体的注意,任由塞尔玛用自己的方式解决这一问题,黑人的挑战肯定会被镇压。

但是塞尔玛并不是孤军作战。到1965年时,公民权利运动的积极分子已经在过去数十年中学会了如何利用联邦政府去控制由他们在地方激起的不平衡。因此,里斯、福斯特与博因顿的战略决策是要不要将问题推到全国的范围,要不要利用媒体的关注和联邦的权威防止地方当局采用残酷的"快速修理"方法来恢复当地的秩序。

他们决定推动塞尔玛越过临界点,这不仅意味着整个国家和联邦政府将不得不出面提供扶持环境,同样也意味着可能要死人。全国的关注和联邦军队将不得不尽可能抑制塞尔玛的焦虑和潜在的暴力行为。里斯、福斯特与博因顿呼吁金将塞尔玛变成全国不公正的象征。

现在金面临着战略性的挑战。他和他的战略家将不得不控制他们可能导致的混乱程度。在地方的层次上,他们的目标是越过当地容忍的限度,激发他们采取残酷的工作回避行为,从而唤醒全国人民的良心。但是在国家的层次上,他们不得不将焦虑控制在适度的范围——高于激起公众和政治参与问题的门槛,但是要低于爆发点。他们将尽可能地避免引起全国范围的工作回避。如果人们可以为种族主义与警察暴力找到一个合理的借口,这种工作回避就会发生。因此,金领导的SCLC组织设法将好战力量控制在黑人社区内,当马尔科姆·X(Malcolm X)于1965年2月初抵达塞尔玛时,金的战略家们尽其可能维持住对示威的控制。尽管如此,事态的进展表明马尔科姆并没有煽风点火。[22]要是这个国家感觉恐惧超过了它能容忍的限度,金和他所领导的运动就可能满盘皆输。

金和 SCLC 通过控制总统的行动来调控推动国民的力度。而作为国家的高级权威人物,约翰逊总统的反应表明了大多数公众对塞尔玛这一挑战性问题的容忍情况。随着问题开始升温,一切都进展顺利。在 1965 年 1 月中旬的国情咨文中,约翰逊简要地指出了制定一部保护黑人选举权利新法律的必要性。1965 年 2 月初,当金在塞尔玛的一所监狱短暂服刑时,约翰逊发布了一项声明,重申其对黑人选举权的支持。在司法部内,约翰逊积极规划一项选举权法案。金从监狱出来后,要求与约翰逊在白宫会面。由于总统想提交一份措辞强烈的选举权立法草案,这使金大受鼓舞。[23]到目前为止,约翰逊看上去并没有注意塞尔玛的游行。但是,他仍然对游行的时间表示怀疑。在制定一部规定把选民登记权力交给联邦的法律方面,这个国家以及国会看上去还没有准备好。

于是,金在 1965 年 2 月 22 日加大压力,宣布将游行 50 英里至蒙哥马利。到 3 月初,国会开始软化。3 月 2 日,埃弗里特·德克森议员站出来表示支持选举权法案,但是第二天,参议院规则委员会(The Senate Rules Committee)投票决定,不对有关停止辩论交付表决的规则做任何修改,从而使得通过一项措辞强烈的法案变得不太可能。因此,金决定按计划行事。3 月 5 日,星期五,金和约翰逊总统再次会面。很明显,约翰逊没有劝说金放弃示威游行。[24]然而,他也无法保证选举权法案必定会将以下金认为相当关键的条款包括在内,即在那些不给黑人选举权的县使用联邦登记员。如果说金将约翰逊作为他应该用多大推力的气压计的话,那么可以说,他的推力恰到好处,既不多,也不少。约翰逊既没有过度不安,也没有准备采取行动。

游行在 3 月 7 日举行。那一天的惨状使全国的失衡度急剧上升。媒体将那一天称为血腥星期天。突然之间,千百万的人都关注起这个问题来。白人在全国各大城市举行游行,数以百万计的人呼吁约翰逊和国会采取行动。[25]人们正在学习。金保持镇定,幸运的是约翰逊也是如此。金宣布将于星期二举行另一场游行,并邀请全国各个派系的教士加入他的队伍。

但在幕后,随着焦虑到达顶点,谈判也在紧锣密鼓地进行。3 月 8 日,星期一,SCLC 的律师呼吁联邦法官小弗兰克・约翰逊(Frank Johnson Jr.)颁布一项临时禁止令,禁止克拉克和林戈干预星期二的游行。金和艾伯纳西认为,血已经流得足够多了,它们已足以向全国传达要传达的主张。吉米・李・杰克逊是 SCLC 领导的运动中牺牲的第一人。[26]公民权利运动并不需要更多的殴打或死亡来让人们领会其主张。现在,它仅仅需要将国家的注意力集中于这个问题上就够了。

尽管约翰逊法官对公民权利运动持同情态度,但他并不欣赏在星期天之后这么短的时间内举行另一场大型示威游行的主意。他不但没有禁止克拉克和林戈,反而要求活动者推迟示威游行,直到 3 月 11 日(星期四)他了解州的情况时为止。由于 50 英里游行的计划欠周到,又缺乏防止暴力的必要措施,因此公众对其前景深为担心。乔治法官或许也对此深感同情。因为即使是联邦禁止令也无法确保游行的安全。约翰逊法官认为没有必要这么匆忙行事。[27]

然而,金断然拒绝了法官关于推迟游行的要求。他想保持这一惯性力量。法官对此的回应是将他对金的要求变成一项命令[28]。现在,联邦法官划出了一条界线。他禁止 SCLC 在星期四的听证会以前举行游行。这意味着举行示威游行不仅会违背州的法律,而且还会违背联邦的法律。金触及到了这个国家的容忍限度。违背联邦法律不会那么容易被国会和人民所接受。

星期一晚上,约翰逊总统派遣一个特使搭乘空军一号去与金商谈关于延迟游行的问题。这一行动清晰地表明,金的行为已经达到了约翰逊的限度,如果星期二的游行变成另一桩血案,那么全国人不但会责备州和地方官员坐视不理,还会责备约翰逊总统。此外,面对联邦法院颁布的命令,约翰逊总统也无法对事情坐视不理。如果金再次发动游行并引发暴力,那么他就走得太远了。到星期一的傍晚时,金和艾伯纳西还是不能确定下一步应该怎么走。成千上万的人们已经来到塞尔玛,打算参加星期二举行的游行。他们能轻易取消这个计划吗?如果取消的话,它是否会消解国会和整个国家的压力?

总统的特使,司法部社区关系司(Justice Department's Community Relations Service)新任领导人柯林斯在星期二早晨唤醒金和艾伯纳西,希望能够达成某种一致。他建议他们沿着血腥星期天走过的路线再做一次象征性的游行,并在暴力殴打发生的地方——埃德蒙·皮特斯桥——停下来,不再往前游行到蒙哥马利。莱罗伊·柯林斯说他将会迫使克拉克和林戈接受这一点。

对于金和艾伯纳西来说,领导意味着将骚乱控制在约翰逊能够容忍的范围。游行时,他们高唱着"任何人也不能阻止我"。当队伍到达桥中央时,金和艾伯纳西停下来,做祷告,然后向后转。他们已经表明了自己的主张。焦虑已经达到了容忍的极限,而压力则刚好维持在那个极限以下。全国人民心惊胆战地注视着整个过程。

成为注意力避雷针

被他人注意,既要付出代价也能带来好处。权威人物,如森林中的银背猩猩,因为其高度和地位而受人们关注。对它们来说,成为关注的焦点并不必然是危险的。在很长的时间内,群体会保护他们的权威人物。这既是出于习惯,也是出于对失去权威后群体可能出现的无序的担忧。除非群体长期对其权威人物感到失望,它们是不会攻击权威人物的。

但是,无权威的领导者几乎是赤裸裸地站在人们面前。看上去,他们经常不仅仅是引起焦虑的问题的发现者，也是焦虑的来源。全部目光都将转向提出令人焦虑的问题的人，其中的一些目光充满了敌意。通过杀死信使，群体至少能暂时避开问题。这样，尽管注意力是领导的一件重要工具，但他同时也使自己成为攻击的目标。如果一个人缺乏权威，那么人们不仅仅会质疑他的观点的本质，而且会质疑他提出那一观点的权利。事实上，他们通常攻击其权利而漠视本质。

杀死信使的机制随文化、组织与问题的变化而变化。然而，攻击通常遵循一种普遍的模式：首先，某个人或派别通过指出某种潜在的价值和目标、习惯准则和组织人际关系、权力或者战略之间的冲突，提出一个引起焦虑的困难问题。其次，作为回应，不安的系统成员将求助于某个高级权威人物，期望他恢复平衡。最后，在这些期望的压力下，权威人物觉得有必要采取行动，于是直接或间接地中和或平息有“问题”的派别。这种事进展速度极快，权威人物可能甚至没能意识到其他人为了己方的利益而让他履行了刽子手的角色。

因此，领导者面临的一个最主要挑战是吸引注意力，然后将其转移至需要面对的麻烦和问题上。为了达到这一目标，领导者必须提供一个行动的背景。在这个背景下，观众能够很容易理解不寻常或叛逆行为的目的。因为只有这样，他们的注意力才不会集中于行为本身或者采取行动的人，而是集中于行为的意义。

马丁·路德·金成为公民权利问题的注意力避雷针。他的一言一行都成为媒体、公众以及权威结构审视的对象。正如克拉克警长参加塞尔玛早期的选举权会议一样，联邦调查局局长 J. 埃德加·胡佛（J. Edgar Hoover）窃听金日常的电话，收集任何一旦公开将使金失去人们信任的信息。

金知道被窃听的事，他知道在注意力焦点下行动的危险。他经常处于犯各种错误的危险中，其中既有个人错误（如性生活不检点），也有大量的策略错误。[29]金多次冒被公开揭露和羞辱的危险。最轻微的错误也可能被人利用,成为攻击他的把柄。他成为注意力避雷针意味着许多人可以从他的堕落中得到快乐。

但是,如果他逃避公众的审视,他就不能维持对国民的良心的压力。对于金来说,应采取的战略方案是变成他想引起别人注意的问题的活生生的象征。金将成为注意力避雷针这一两难困境变成了他的优势。指向他的注意力将不可避免地转向公民权利问题,从而使个人事件获得更大的意义。

当伯纳德·拉斐特穿着那件血迹斑斑的T恤四处奔走时,他采取的是同样的方式。甘地和他们一样,他每天都纺纱,甚至到白金汉宫拜访国王时也穿戴着传统的缠腰带和家纺披肩。[30]1929年,当国内的权威人物拒绝桑格演讲的权利时,桑格用一块胶布贴住嘴,静静地站立于福特大厅论坛(Ford Hall Forum)的人群面前,哈佛大学的历史学家阿瑟·斯莱辛格则在一旁朗读一份简短的声明:"作为一个为理想而战的先锋,我信仰言论自由。作为一个宣传家,我看到被剥夺言论自由中蕴含的巨大优势。它能让我沉默,但是它使数以百万计的人们谈论和思索我追求的事业。"[31]

同样,金也不得不将自己作为要捍卫的问题的象征。那意味着他必须经常与自己做斗争,以非常高的标准来约束自己。在塞尔玛事件将爆发之际,里斯、福斯特与博因顿也面临着同样困难的个人挑战。他们的一言一行都成为人们理想化和审视的目标。他们不可能在幕后实施领导——像约翰逊总统在选举权上实施的领导一样。这样,金不得不将他自身作为某种戏剧化的工具,事实上,在1956年早期蒙哥马利公共汽车抵制事件时,艾伯纳西和其他人就特意将他置于焦点上,因为作为新来者,金不但愿意接受这种注意,而且具有娴熟运用这种注意的技巧。

然而,无论金在多大程度上象征了公民权利,他从未变成问题本身。这两者之间的区别是很重要的。金仅仅代表问题。我认为,大多数人都能辨别出其中的差异。他的活动背景是清晰的。几乎没有人将金看作是公民权利观念的来源,即使他们知道他是首要的发言人和战略家。当他让自己身陷牢狱时,那也只具有象征意义。他被刺杀后,也几乎没有人认为公民权利事业已经结束,即使从战略上来说公民权利运动已陷入停滞不前的局面。事实上,甚至在他死后,他仍然是公民权利的代表,因为这一理想存在于其他人心中。

约翰逊总统的行为说明了差别的另一面。约翰逊不仅代表了越战,他还通过扮演孤独的决策者的角色,使自己成为一个问题——他的判断、不诚实和个人风格都成了问题的一部分。越战成了约翰逊个人的战争,因为除了将越战中的事件归在他身上之外再没有其他更好的方式。因此,当约翰逊退出 1968 年的总统竞选时,很多人认为战争已经结束。这些人没有认识到,他不但是木偶的操纵者,同时也是木偶本身。战争的继续进行不但是总统行为的表现,也是美国国内各种相互冲突的观点的表现。约翰逊没有去协调好这些冲突,而是自执一端,使人们以为他本人就是问题所在。与此相对照,在对待公民权利以及其他许多国内计划问题方面,约翰逊却成功地将适应性工作交给了社会。

当金向全国的电视观众展示警察袭击游行者的景象时,他采取了同样的方式。愤世嫉俗的评论家可能会设法将这些游行的黑人描述为在金操纵下的毫无头脑的木偶,但是这种对事实的扭曲解释不了骑警和警察殴打手无寸铁的寻求选举权的人民的电视画面。通过这种极具戏剧化的方式,金把这个国家内部的矛盾强烈地展示出来,使人们深刻地体悟到了自己心中的矛盾。通过这种方式,金将注意力从自己身上引向问题,并将解决问题的责任交给每个人。这个国家不可能那么容易地将它的矛盾归结于金身上。

发动利益相关者

无权威的领导者——他们通常被看作叛逆者——必须仔细考虑应将挑战指向何处。事实上,他们的论证质量越高,就越有可能触及社会的内部矛盾,从而引发或激化冲突。这样,就需要权威采取行动以恢复秩序。因此,一个试图推动权威人物解决重要问题的领导者应该看到这一点,即权威人物可能反击。他之所以会这样做,并不一定是出于个人动机,而是因为社会给了他压力,要求他维持平衡。

权威排斥挑战的原因非常复杂。一个无权威的领导者可能容易简化情况的复杂性,因为他将排斥看作是问题的提出方式有瑕疵、论证不充分以及存在个人偏见的表现。当然,这种看法可能有道理,并能对规划下一步活动提供重要的经验。然而,总的说来,排斥的根源在于利益相关者拒绝别人打乱自己的平衡。而权威人物则是他们的代理人。事实上,权威人物个人可能对此持同情态度,但他承载的期望使他没有选择的余地。这样,将权威人物的个人偏见考虑进来,对问题的提出方式进行修改并提交一份"改进版本"的做法通常起不到任何作用。[32]

任何挑战都必须发动真正的利益相关者,而不仅仅是他们的代理人。为此需要解决以下四个问题:谁是这个问题中最重要的利益相关者?他们需要在多大程度上改变自己的方式?权威人物怎样才能重塑他们的期望,从而为自己提供行动的自由度?在重塑那些期望并为自己的行动铺路时,无权威的领导者能有什么作为?

塞尔玛事件揭示了发动选民的原则。弗雷德·里斯、玛丽·福斯特、阿米莉亚·博因顿和伯纳德·拉斐特没有直接挑战权威系统,而是向与自己相关的公众——黑人公民——提出挑战。这些黑人公民对系统的服从使系统得以正常运转。这是与黑人的理想相关的问题,不可能在唤醒黑人支持这一理想之前,先将白人唤醒,让他们来支持这一理想。要是这四个活动者的任何一个人单独在法庭外的阶梯上示威游行的话,克拉克警长不费吹灰之力就能驱散他,而黑人和白人则会站在一旁,或者欣喜或者绝望地观看他们徒劳无功的行为。

同样,艾伯纳西和金也没有直接向总统提出挑战。艾伯纳西描述了那个星期二早晨他们在埃德蒙·皮特斯桥做完祈祷之后的片刻思考。

> 做完祈祷后,我抬起头向周围看了看。骑警已经离开。他们已经撤到一边,为我们留下一条空荡荡的路,一条通往蒙哥马利的路,路上的沥青就像黄砖大道(Yellow Brick Road)一般闪闪发光。好像是我们的祈祷令他们让开了路。
>
> 我朝马丁[·路德·金]望去,他正看着我。那一刻我敢肯定,他一定想朝那些骑兵留下的缺口冲过去。也许那正是乔治·华莱士和吉米·克拉克想看到的。要是我们食言并违背禁令的话,我们必将成为被攻击的对象。他们会把我们全部逮捕——或者是能拉走多少就逮捕多少——而我们会被权威当局中的每个人所鄙视。甚至林登·约翰逊也无法维护我们的行动,哪怕他的确想这么做。而我们将再也没有脸面直视柯林斯。[33]

艾伯纳西和金避开了将挑战指向高层权威人物这一陷阱。相反,他们将挑战指向整个国民,从而也间接地指向国会。只有当总统拥有选民赋予他行动的余地时,才能期望他在公民权利方面采取行动。总统所能做的最恰当的事就是,当加于民族和国会之上的压力增加时,即公民权利问题已经成为首要的公共问题时,仍然保持镇定。然后,总统的活动自由度将变得更大,从而能够引导新的公民权利法案在议会通过。权威的行为将随社会公众情绪的变化而变化。

事实上,在好些年中,这一直是公民权利领导人的战略。他们以前也曾使用过这种战略。例如，在伯明翰的持续示威之后以及为1963年8月华盛顿的游行做准备期间，金和他的同事针对的目标是公众，而不是肯尼迪总统。这样一来，肯尼迪就有了向他们表示支持的余地，结果就有了1963年6月正式而又戏剧性的公民权利演讲，[34]事实上，金和艾伯纳西一直在游说和调控权威人物，但是他们的行动针对的是更大数量的相关公众。这些人包括需要鼓励、训练和组织的黑人社区，以及全国各地的白人社区。对于许多白人社区而言，如果能够使他们认识到法律系统违背了法律应该代表的价值，就能说服他们去推动公民权利运动。1963年4月，金在“来自伯明翰监狱的信”中阐述了这一战略。

> 你们可能会问：“为什么直接行动？为什么静坐、游行以及做诸如此类的事？难道谈判不是一条更好的出路？”你们要求谈判是相当正确的。事实上，这正是直接行动的目的。非暴力直接行动寻求创造紧张和冲突，这样能使拒绝谈判的社会被迫面对这一问题。非暴力直接行动的目的是激化再也不能被忽视的问题。我将创造紧张作为非暴力抵抗工作的一部分。这可能令人吃惊。但是我必须承认，我并不害怕“紧张”这一词。我真诚地反对暴力冲突，但有一种紧张是建设性的，也是发展所不可或缺的。[35]

要使用这种战略，金和他的助手必须成为大众传媒专家。不管他们的策略多么灵活与随机而变，但是在利用一切教育机会——包括集会、布道、静坐、游行、抵制、从监狱写信和自由骑士——以影响他们的每一个观众方面，他们绝对称得上是戏剧家。最终，一些人可能不得不挨揍或牺牲，但是，他们的确学到了东西，态度和习惯随之变化，价值观也得到了确定，而行为也与价值观更为一致。塞尔玛的律师J. R. 切斯纳特回忆了他对黑人仅在六个月内就成功登记9,000人这一事实的反应。

说我被震惊了，未免太过于轻描淡写。应该说，我简直不敢相信自己。几代人以来，这些人都被告知：选举是白人的事，要远离法院，不要反对白人。在一段非常短的时期内，我们就从无到有取得了巨大的成就。在短短的几个月内，一群无投票权的、毫无希望的人就进步到了几乎能够选举自己的领袖和管理自己的程度……这是一个巨大的成就，塞尔玛已今非昔比。

经过几个世纪的躲避之后，黑人已经从衣柜里走了出来——他们也很喜欢这新鲜的空气。人们仍然担心自己的工作，他们的抵押债券和银行贷款，但是他们对白人的恐惧在消失。恐怖统治结束了……这才是美国——自由呼吸、远离恐惧。那是我们的根本。金经常说："选举不是棒球比赛，但他使你进入球场。"那就是我们在1965年年末时的情形。我们已经进入了球场，现在我们必须要学习如何打这项比赛。[36]

注释

1. 尽管本书所用的塞尔玛案例表明高级正式权威可被当作系统压力的气压计，但是，这一看法也同样适用于那些在其影响范围内的高级非正式权威人物。他们的非正式选民通常期望他们指引方向、提供保护和维持秩序，这同正式选民对高级正式权威人物的期望一样。

2. 以下的论述一部分是基于 J. L. Chestnut Jr. & Julia Cass, *Black in Selma: The Uncommon Life of J. L. Chestnut, Jr.* (New York: Farrar, Sraus and Giroux, 1990)。此外，部分摘自 James Henderson, Philip B. Heymann, Richare E. Neustadt, William Mates, Mark H. Moore 等人准备的教学案例。(Cambridge; John F. Kennedy School of Government Case Program, Harvard University, 1977)，第 #C14—75—113 号案例。除非特别标明，所有引文都来自这一教学案例。

3. Chestnut & Cass, *Black in Selma*, pp. 135—136.

4. 同上，pp. 153—154。

5. 同上，pp. 160。

6. 引自 Lafayette，同上，p. 166。

7. 按照 Chestnut 的说法：黑尔法官是白人社区的决策者，镇压游行的动力来自于他而不是克拉克警长。"Judge in a Nutshell,"载 Chestnut & Cass, *Black in Selma*,

第十章。

8. 同上,p. 188。(从"The Voting Rights Act of 1965[A]:The Selma Campaign"的摘录在此结束)

9. Chestnut & Cass, *Black in Selma*, p. 212.

10. Martin Luther King Jr., *Why We Can't Wait*(New York:Mentor,1963), pp. 81—82.

11. Ralph David Abernathy, *And the Walls Came Tumbling Down*(New York :Harper and Row,1989), pp. 297, 300, 393.

12. Chestnut & Cass, *Black in Selma*, pp. 260, 194.

13. Charles E. Fager, *Selma: The March that Changed the South* (Boston :Beacon Press,1985), pp. 3—11.

14. 同上,p. 7。

15. Chestnut & Cass, *Black in Selma*, p. 194.

16. Chestnut & Cass, *Black in Selma*, p. 191.

17. "Chronology of Events at Selma, Ala," *The Washington Post*, 1965年3月22日, p. A9; Abernathy, *And the Walls Came Tumbling Down*, p. 325。

18. Chestnut & Cass, *Black in Selma*, p. 204.

19. 按照艾伯纳西的说法,是华莱士州长发起了驱散示威游行的行动,因为这样一来,游行就只能在城市界线内进行。如果这样的话,责任就是克拉克的而不是他的了。然后,华莱士在星期一会见了克拉克"并对他纵容星期天暴力发生的行为进行谴责"。Abernathy, *And the Walls Came Tumbling Down*, p. 326;另请参见 Fager, *Selma*, p. 101。

20. Chestnut & Cass, *Black in Selma*, p. 198.

21. 要想了解关于与快速经济改革平行的其他问题的分析,请参见 Shang-Jin Wei, "Gradualism Versus Big Bang: Speed and Sustainability of Reforms," Working Paper Series#R93-2 (Cambridge: John F. Kennedy School of Government, Harvard University, March 1993)。

22. Fager, *Selma*, p. 57.

23. Abernathy, *And the Walls Came Tumbling Down*, pp. 322—323; Henderson et al., "The Voting Rights Act of 1965(A): The Selma Campaign," p. 5.

24. "Dr. King Sees Johnson, Asks U. S. Registrars," *The Washington Post*, 1965年3月6日, p. A2。

25. "Demands Rise across U. S. for Selma Action," *The Washington Post*, 1965年3月13日, p. A8。

26. Abernathy, *And the Walls Came Tumbling Down*, p. 325.

27. 时间会证明,两个星期后,即使有了良好的计划和国民警卫队的保护,也不能确保持续三天的前往蒙哥马利的游行的安全。Viola Liuzzo 是底特律的一个白人家庭主妇,3月21日游行快结束时,在开车送游行者返回塞尔玛的途中,她被人射杀在汽车内。"Mother of 5 Slain after March," *The Washington Post*, 1965年3月26日,

p. A1. 另请参见 Henderson et al.，“The Voting Rights Acts of 1965 (A): The Selma Campaign,” p. 14; Abernathy, *And the Walls Came Tumbling Down*, pp. 335—342。

28. Fager, *Selma*, p. 101.

29. 关于金的个性和战略错误的论述，请参见 Abernathy, *And the Walls Came Tumbling Down*; Branch, *Parting the Waters*。

30. Willian L. Shirer, *Gandhi: A Memoir* (New York: Washington Square Press, 1979), p. 167.

31. Chesler, *Woman of Valor*, pp. 219—220.

32. 我在第七章提到了这样一个例子，助理国务卿 George Ball 就越南政策问题为约翰逊重写了多份措辞不那么尖锐的备忘录，但没有起任何作用。

33. Abernathy, *And the Walls Came Tumbling Down*, p. 342.

34. 参见 Taylor Branch, *Parting the Waters*, p. 824。

35. King, *Why We Can't Wait*, p. 79.

36. Chestnut & Cass, *Black in Selma*, p. 235.

第四部分　生存

第十章　暗杀

因为适应性工作会产生非常大的压力，所以无论是实施有权威的领导还是无权威的领导都比较危险。对塞尔玛的白人来说，现在的生活方式是他们了解的唯一方式，他们从父辈那儿继承了这种方式，又受到学校教育和私人交往的强化，各种观念已根深蒂固。现在，你要他们放弃这种生活方式，无异于是要他们经受长期的迷惑和焦虑。严重的焦虑会使人变得残忍；人们对正常生活秩序的极度渴望，将使他们失去热情、怜悯心以及思维的灵活性。

领导者经常要忍受他们努力引入适应性变革所带来的伤害。他们常常被迫保持沉默，偶尔他们还可能被谋杀。如果领导者总是被要求付出很大的个人牺牲，那么我们的社会与组织只能等待偶尔出现的英雄人物了。事实上，我们许多人一直就在等待。不幸的是，要求我们进行适应性变革的压力却不会等待。如果我们希望社会出现更多的领导者，我们有两种选择：一是鼓励更多的人做出英雄般的努力；二是研究能够减少对领导者个人造成伤害的领导方法,这样就会有更多的人敢于涉足领导这一领域。尽管这两种方法并不相互排斥,但在这里,我们主要讨论第二种选择。为了达到这一目的,我们就要首先研究一下这个问题:为什么实施领导很危险?

领导者总是会让一些人感到失望。无论有权威还是没权威,领导者都要承担社会的痛苦和期望,总会让社会中的某些人感到失望。适应性工作通常会造成损失。即使是有着光明前途的革新和科学发现,也会遇到来自那些自以为受到威胁的人的抵制。最好的情况是,损失是暂时的假设,而不是真实的现实。未来或许会更好,但是必须有人承担风险。[1]塞尔玛的黑人教师是小部分黑人中产阶级的代表,他们强烈反对加入1965年争取公民权利的示威游行,因为他们担心会因此失去自己通过努力工作所获得的敬重、权力和安全感。最终,他们没有遭受这些损失,但是在他们做出是加入还是不加入的决定时,对自身损失的顾虑强有力地影响着他们的行为。事实上,对于少数几个教师积极分子与运动组织者来说,他们必须付出英雄般的努力才能克服这种顾虑。他们没有否认这种风险的存在,但是,通过向教师们解释为什么这次运动的战略将取得成功,他们打消了后者的顾虑。此外,还通过谈论教师们的愤怒、不满与希望来激励和动员他们承担风险——即使这不是为自己,也要为他们教室里的年轻人考虑。

然而,损失常常是真实而持久的。对于一些人来说,适应就意味着接受损失、确定和解决由于损失所造成的问题,以及充分利用适应来寻找下一次机会。对于史蒂夫·布坎南及全家来说,损失是显而易见的。塔科马 Asarco 铜矿工人的损失也不比他们家的损失少多少。这些工人丢了工作,必须重新寻找新工作。对于一些人来讲,这还意味着家破人亡。而对于阿拉巴马塞尔玛的白种人来说,则要面对身份、社会结构和政治权利等方面的损失。公民权利运动意味着改变生活方式。

对于社会中那些认为自己在交易中得到了坏结果的人来说，领导者和权威人物代表着真实或假想的损失，所以他们常常被攻击、驱逐或被迫保持沉默，有时甚至被暗杀。即使有希望得到好结果的人们，对未来的担心也会促使他们产生自我保护，当机会成本很高的时候更是如此。在这些时候，不论你是否运用权威来进行领导，接受权威本身就很危险。它可能令你丢掉工作，名誉扫地，甚至失去生命。

为了描述权威的危险性（不论是否实施领导），我要再回到权威和领导的不同这一点上来。通过接受某个职务，权威人物便成为人们的希望储藏库。只要他们能满足人们的期望，或者像帕森斯和拉克尔肖斯那样，改变人们的期望，权威人物就可以获得选民的好感。但是，对于无法满足人们期望的人来说，权威人物又变成了焦虑的储藏库。在相对稳定的时期内，这或许并不重要，权威人物也不会受到太多伤害。对于常规问题，人们能够按照熟知的步骤很好地运作而不会产生失望。

然而，在动乱时期，当规范和秩序被破坏、适应性变化的压力加大以及社会失衡度上升的时候，对权威人物的期望和失望也会同时增加。在这种时候，即使权威人物没有实施领导——即他和社会一起回避重建平衡的适应性工作——也有受到攻击和下台的危险。当社会情绪高涨且被用来恢复平衡的机制失败时，权威人物便极有可能成为替罪羊。从最低限度上讲，人们期望权威人物能够在动荡时期维持平衡，如果他做不到这一点，他就会成为不稳定的象征。

这时候，实施领导也许就成为权威人物最有可能生存下来的途径。如果不能通过否认、转移、替罪羊以及寻找外部敌人等方法避免适应性挑战，权威人物就必须为不能使社会应对目前的危机而付出相应的代价。他会受到责备，并且常常因此下台。社会往往不太理会权威人物曾在多大程度上一起参与了对问题的回避，他受欢迎的程度取决于他对社会的迎合度。但是社会成员不会自责，受责备的往往是权威人物。

毫无疑问,将权威人物当作替罪羊是不公平的。社会常常赋予某人以权力,让他来提供方向、保护和秩序,但是,如果权威人物要求社会应对适应性的挑战,他们却会加以抵制。权威人物常常被置于两难境地,进退维谷。遇到适应性问题时,权威人物一方面仍要承受指明方向的期望,另一方面却受到压力,不能提供那种既能解决问题也会带来痛苦与损失的方向。人们希望权威人物给予保护,但又不希望保护会带来挑战。

将权威人物当作替罪羊也不会产生多大效果。当社会处于焦虑时,这种做法将进一步加剧它回避适应性工作的趋势。只要社会继续把这种负担强加在权威人物的身上,而不去面对变革,那么社会就可能出现两种情况:一是慢慢衰败,正如许多社会出现的那样;二是陷入一系列的革命。在革命中,一个独裁者被另一个独裁者取代。当他们确立"新秩序"的时候,好像都与前任完全不同,但事实上,他们并没有改变依赖性的政治文化。[2]

权威人物的下台往往表现出一种神圣的色彩。科拉松·阿基诺(Corazon Aquino)在描述费迪南德·马科斯(Ferdinand Marcos)的被逐时写道:"确实是一个奇迹……这是上帝爱人的象征,也是他交给我们的任务。"[3] 推翻马科斯使他所犯的罪行变得非常重要。但情况并不总是这样。在相对稳定的时期,他的腐败并没有引起人们太多的注意,他的魅力也没有因此减少。只是到了后来,在适应性变革的压力日益严重的时候,他的罪恶才需要救赎。如同一位宗教史学家描述的那样,牺牲就是"通过驱除阻碍善行的罪恶而从头再来的一种企图"。[4]

然而这种牺牲的救赎力量经常是虚幻的。将危机当成技术性问题只会让人们去寻求技术性解决方法,即废除权威人物。但是他走了之后,问题仍然没有解决。取而代之的新救世主也一定会令人失望(在马科斯时代,他被当成救世主)。[5]

并非所有罪恶全都由处于顶端的那个人引起,因为如果不代表系统中占支配地位的派系的利益的话,没有人能够达到顶端。罪恶,如果确实是罪恶的话,它存在于日常的种种方式中,整个系统中的人们都企图通过这种方式来维持功能失调的现状。要改变这个现状,就不仅仅要改变权威人物。适应性工作要求处于支配地位的、自以为是的和被围攻的人们进行调整、学习与相互妥协。只有在以下情况下,改变权威人物才可能会带来一个崭新的时代:即权威人物采取完全不同的方法来实施领导,他代表着适应过程的结果,其选择象征了社会处理问题的倾向的转变。

在焦虑的时候,人们对变革常常怀着复杂的心情。他们由衷地希望自己的生活有所改变,且希望权威人物采取大胆的行动来引导这场变革。然而他们也希望变革给他们带来的损失最小化,并且希望权威人物能够保护他们。结果,处于阿基诺这一位置的权威人物将面临一个两难困境:她必须满足公众要求采取积极行动的期望,而采取行动则会带来真正的变革。人们期望新的英雄式的权威人物能在不带来任何痛苦的情况下,创造一个崭新的时代。但真正的变革一定会使这种期望落空。所以,有许多相互冲突的原则在发生作用:一方面,要维持权威的凝聚力,就要满足人们对采取勇敢行为、保护他们不受损失以及促进适应性工作的期望;另一方面,如果权威人物采取勇敢行为来促进适应性工作,又会给人们带来各种负面预期和艰难的现实。

有一种方法可以解决这种战略的两难困境,那就是把勇敢和保护结合起来。比如在恢复社会秩序时,要大胆地对那些不重要的问题采取行动。短期来看,这似乎是一个没有什么危险的解决方法,因为它向人们提供了他们需要的景象,却没有造成太多的烦恼。然而,长期来看,适应性变革的成功要求将勇敢与挑战(而不是保护)结合起来,要敢于冒失去某种非正式权威来源的风险,只有这样,才能获得以有效的结果这一形式出现的非正式权威。在阿基诺的案例中,她可以很勇敢地制定以下经济和社会政策,即通过土地改革和其他手段来减少社会财富的严重分配不公、开放经济迎接国际竞争、清除腐败以及避免将个人影响当作权力的根本支柱等。马科斯统治时期规避了这些政策,但几个新兴的工业国家已经证明了这些政策的有效性。[6]

包容政治

包容政治学并不是为皆大欢喜而采取的懦弱行为。包容意味着在界定问题时,不仅仅是考虑民众的立场。[7]它还意味着坚定地向人们提出挑战,要求他们从新的角度面对老问题,抛弃陈旧的观念和熟悉的生活方式。因此,包容并不意味着每一个人都各得其所。即使是最精心设计的包容也不能保证所有人都不受损失。所以,领导往往难以避免那些必须面对损失而不愿意变革的人的指责。

而且,从战略的立场上讲,往往必须将部分人排除在解决问题的过程之外。这是因为他们制造太多的分裂,超出了扶持环境——即社会成员中的凝聚纽带与权威关系——能够有效控制的限度。这也是领导者面临的考验之一。有时,领导者会将人们排除在外,并将他们的意见抛在一边,而不管这些意见是否有合理之处。领导者用各种手段使群众保持沉默。正如那些自己的意见经常不被人听到的人所体验的那样,这种做法在某种意义上就是多次的小谋杀,即使不是肉体上的谋杀,也是人格或能力上的谋杀。

我们以 1787 年联邦会议期间美国宪法的制定与奴隶问题为例来说明这一点。立宪者对政府的性质、自由与秩序的平衡、地方控制与联邦控制的平衡以及分权等问题存在许多分歧,但在那个夏天,他们必须解决这些问题。为了防止国家分裂为南北两部分,立宪者们特意避免在奴隶制问题上做出任何强硬的规定。他们认为,如果当时就对奴隶制的未来做出决定,必将给形成联邦国家带来困难。[8]

尽管这个决定非常残酷,但即使对那些憎恶奴隶制的人来讲,这样做也是有道理的。对于他们来说，联邦更为重要。当奴隶制最终被废除的时候，联邦已经足够强大。即使受到了战争的考验，它也能够生存下来。但是内战的经验也以事实说明了这样一个原则，即问题如被搁置太久，它最终将会爆发。尽管问题可以暂时搁置，但领导者必须密切关注问题的动向，因为它可能会给未来带来危机。从战略的角度来看，依据扶持环境的承受力来决定是否避免某个问题或将相关人士排除在外的战术，往往会暂时减少人们的焦虑，从而使人们误以为已经万事大吉了。

冒这个险或许是必要的，但当适应能力增强、组织成功地解决了最初的一系列问题后，领导者就必须考虑再次引入那些被忽视的问题。在美国成立后的最初几十年里，在棉花还没有成为南方的经济、社会和文化生活的中心以前，如果政治家们已经更积极和有效地这样做了的话，南北战争也许可以避免。到亚伯拉罕·林肯统治时期，包容政治意味着战争。宪法没有规定逃避条款，所有的分歧都应在联邦的框架内解决。南方将会被武力包容进来。但是领导国家迎接这种挑战将带来如此巨大的损失，以至于林肯为此付出了生命的代价。

调整工作的节奏

很明显，激励民众去面对严厉的现实是一项残忍的工作。当金和甘地要求民众冒着被警察殴打的危险到大街上游行的时候，他们提出的是一个残忍的要求。当拉克尔肖斯要求 Asarco 的工人在生活方式与每年一例白血病患者之间做出选择的时候，他提出的也是一个残忍的要求。要求美国人在继续打仗和离开越南之间做选择，无论最终结果如何，都是将一个非常残忍的结局推给美国。20 世纪 90 年代，无论哪个政治家，只要他把冷战已结束的"好消息"告诉民众，并告知他们这一消息将如何影响他们的工作和生活方式，他都是在要求民众面对苦乐参半的现实。要求民众面对痛苦，无疑是一件会让你感到残酷的事情，特别是当你没有答案，只有一些问题、想法和残酷的现实的时候。

领导者要高度关注变革引起的痛苦。在一定的时刻，人们只能忍受一定的损失。在人们感到焦虑的时候，领导者要尊重人们对方向、保护和秩序的基本需求。领导者还需要对适应性变革引起的焦虑充满同情，这不仅是因为同情心是领导的美德，也是因为同情心可以提高领导者对时间的把握度。领导的中心环节是知道何时该用多大的力度去推动，知道何时该放松。

调整工作节奏的方法多种多样，我们已经看到它们在几种情况下的运用。加强扶持环境会间接影响我们对工作的调整，这是因为它能够提升社会对压力的承受力。就像我们在布坎南与塔科马案例中看到的那样，在权威人物与利益相关者之间、正出现的联盟之间建立值得信赖的关系，可以提高人们的适应能力。决定关注哪些问题、怎样架构与提出问题以及如何管理信息流等，都是调整工作节奏的直接方法。另一个方法就是避免提出太具挑衅性的问题，如 1787 年的农奴制问题。最后，要选择决策程序，这可以为我们提供一个调整工作节奏的工具，因为它决定了参与的广度和承担责任的人员。专断或顾问程序比代议制或一致同意的运作模式给民众的责任要少一些。

以下几点影响了人们调整工作的节奏。首先是提出的问题究竟有多严重，它会造成多大的损失？其次是受到挑战的人们有多大的承受力，他们习惯于学习吗，他们会快速地采用回避机制来恢复平衡吗？第三，权威纽带赋予一个人以权力，使他能够将人们的注意力集中在艰难的问题上，这一权威纽带究竟有多牢固？

在不同的社会和组织中，人们承受适应性工作产生的压力的能力是不同的，且不同的情境产生的焦虑的程度与症状也不相同。领导者必须熟知社会系统的运作，这样，他才能预测到挑战将带来多么严重的焦虑以及要多大的能力才能承受这种压力。如果组织已经在稳定的环境下存在了30年,其权威结构也非常稳定,一直由同一个人领导,那么,一次像权力转移这样的事件也可能产生中等到高强度的压力。如果转移过于突然,压力就会更大。如果转移循序渐进而且准备充分,那么压力就会减小。如果像中欧和东欧一些国家那样,政治和经济改革剧烈地改变了运作环境,压力则将非常大。[9]

实施领导的环境千变万化,因此需要采取一种试验的心态,即愿意进行反复试验。只有这样,社会在每一阶段的反应才会为未来的行动计划打下基础。对特定环境的研究非常重要,但是分析与综合绝不能替代领导者的临场应变技巧。因此,一个领导者能否生存下来,不是看他能否"小心行事",而是看他能否不断评估环境并据此做出谨慎的冒险。他知道,纠偏总是必要的。他常常冒着风险,以自己对人们必须在生活中做出的变革的理解和感觉为指导,采取直接或间接、渐进或激进、温和或强硬的方式向民众提出挑战。正如马丁·路德·金向愤怒的黑人民众解释的那样,即使是对白人种族主义者,公民权利运动也需要同情。他认为,没有必要让他们承受任何超过其容忍度的惊吓。如果公民权利运动在白人中激起强硬的反对变革的立场,或许就达不到改变黑人命运的目标。在那几年夏天的骚乱期间,就黑人的渴望与愤怒远远超出了国家的适应能力这一点来说,公民权利事业事实上倒退了。

然而,正如马丁·路德·金描述的那样,同情并不等于软弱。领导对人们的尊重是一种有限度的爱,它并没有给人们回避困难工作留下太多的余地。但是,强硬与滥用权力或喜欢报复绝不是一回事。当林登·约翰逊挑战南方的白人同事和选民,要求他们在公民权利问题上让步时,他绝对没有要侮辱他们的意思。他的策略之所以成功了,是因为他了解他们的防卫意识,尊重他们的防卫意识,并在此基础上向这种意识提出挑战。

在调整工作的节奏时,领导者必须考虑自己对人们的注意力和义务的控制力度。如果他在社会体系中拥有权威的话,那么他对扶持环境就有一定的控制力。他能够通过一系列手段来减少社会焦虑,如摆出富有权威和充满希望的姿态、为民众提供明确的方向和保护、使民众熟悉他们正遭受困难的原因、加强内部建设、控制冲突以及用不具有太大挑战性的方式来架构争论等。相反,当他给利益相关者施压、放纵冲突、采用富于挑衅性的语言以及用强硬的方式来架构争论时,社会的焦虑就会增加。因此,领导者必须随着社会的波动而不断调控自己的非正式权威。如果控制牢固,他可以创造出更加有效的压力,行动也更快;如果控制乏力,他将不得不以很慢的速度行动。

例如,在 1964 年选举前后,林登·约翰逊可能还有足够的非正式权威以更有挑战性的方法来处理越南问题。威廉·拉克尔肖斯于 1983 年以救世主的角色回到 EPA,这使得他拥有足够的非正式权威来进行塔科马实验。帕森斯当初把布坎南一家的注意力集中在他们所要面临的适应性工作上时,利用的是她和布坎南一家长达十年的关系。由于人们向科拉松·阿基诺提出了非同一般的要求,因此,她最初也拥有足够的力量,使她除了能够挑战马科斯的残余势力之外,还可以改革菲律宾的精英政治。

相反,当领导者在系统中没有或只有很小的权威的时候,他就只能够控制他的挑战的严重程度。他不能通过架构挑战过程、强迫利益相关者参加会议或公布安抚人心的声明来控制人们的焦虑。以公民权利战略家为例,当社会似乎开始对他们的努力产生回应时,他们就会设法缓解压力。他们不会首先提出像选举权这样令人不安的问题,他们会提出平等的受教育权和自由地乘坐公共汽车而不受任何歧视的权利等问题。只有在国家处理好这些问题并且已经对诸如此类的挑战熟悉以后,公民权利运动才能直接面对政治权利分配的问题。

当无法确定焦虑的程度和持续时间时,领导者就必须接受行动的风险。即使是调整工作节奏也必须因时而定。比如像波兰、苏联和中国这样的国家,它们是在短时的剧痛中学习得更好呢,还是在长时间的轻微痛苦中学习得更好呢?[10]在1965年8月,选举权利法通过后几个星期,当瓦特斯逐渐沸腾的时候,正如卡利法诺所描述的那样,约翰逊“被迫面对这样的事实,即他已经失去了按时满足人们期望的时机,这种期望是由他曾做出的承诺——即获得立法和其他方面的成就——激发起来的”。[11]

与由人提供答案的、死记硬背式的学习不同,在适应性学习情景下,尽管老师调整学习的节奏,但他还是要求人们自己去发现、创新和承担责任。领导是一种特殊的教育方式,在此,老师提出问题、难点、选项、解释和观点,但常常并不提供答案。与此同时,他还要判断什么时候应加快进度、什么时候应暂缓前进。

苏格拉底说明了这种教学方式和进度太快会遇到的陷阱。他曾在集市向人们挑战,向那些自以为有智慧的人提问。他通过发问来实施教育,他使人们感到不安。就我们从他的学生柏拉图那儿所知道的,苏格拉底主要针对社会中的盲点提问。他不会假装自己已有这些问题的答案。但他也不会仅仅因为某人是某领域的专家,就认为他具有广博的智慧和渊博的知识,这就正如一个技术超群的内科医生或许对人的心理感情因素知之甚少一样。对于社会所渴望的确定性,苏格拉底从来抱不以为然的态度,他要求人们以怀疑的态度生活。

公元前339年,501人的雅典陪审团以30票的差额,认定他犯有通过教学来腐蚀雅典儿童的罪行,并判决他服毒自尽。[12]苏格拉底能否在保存生命的前提下成就自己的事业呢?或许可以。根据柏拉图的记载可知,苏格拉底极为关注辩论和逻辑,但是他似乎很少关注正常的人性自卫、感情上的自我保护,而这可以维护人们在组织和信仰体系中努力获得的平衡。苏格拉底在辩论中向人提出挑战时,很少考虑对手感情上的承受力,而是以支持他的逻辑有多迅速为基础。[13]如果辩论的逻辑联系冗长乏味,那么辩论的节奏也应如此。如果苏格拉底能够使辩论中的逻辑联系得更快的话,那么辩论也将以更快的速度进行。

这种领导模式忽略了人性的现实,因为完成适应性工作所要求的学习不仅是简单的理论上的东西,仅有逻辑辩论并不足够。就连舍旧迎新都要付出感情上的努力,更不要说完成适应性工作了。如果仅仅以逻辑能达到的速度来完成这一过程,人们将需要极高的并不受习惯、传统及自负影响的理智与智慧。要完成学习过程,作为教育者的领导者就要让人们参与到启发式教育的过程中来,让他们说出自己的担心或痛苦。苏格拉底没有根据听众的理解力来调整自己逻辑思考的速度,从而使人们把注意力集中在他本人身上,而不是集中在他提出的问题上。

约翰逊曾说过一句非常形象的话:"国会就像一个喝威士忌的人。如果你让他小口小口地啜饮,他能喝下很多。但如果强迫他一口喝掉一整瓶威士忌,他就会把所有的酒都吐出来。"作为立法者,约翰逊懂得这个原则,但令人悲哀的是,作为总统,约翰逊却未能根据国家的适应能力来调整工作的节奏,而是根据自己迫切需要在短时间内完成大量工作的目标来调整工作的节奏。由总统一职激发的冲动就像脱了缰的野马一样失去了控制。正如卡利法诺所描述的那样:"他个人具有制定如此之多的法律和项目的非凡能力,以至于他过高地估计了政府的管理能力和国家的接受能力。"[14]

殉道的诱惑

为了实施领导,人们经常采取非常勇敢的行动。事实上,领导者需要视死如归的精神。然而,人们有时会将勇气与殉道的诱惑混淆。殉道意味着誓言永不改变,殉道者或许以为他的坚定将激励下一代。对那些肩负着他人的梦想与苦难的人来说,殉道具有极大的吸引力。尤其是当他们面对不屈不挠的抵抗或此前艰辛获得的成就却付诸流水时,殉道的吸引力就更大了。

殉道精神并非仅仅源于殉道者个人或其行动的本质，它还来自于人们赋予殉道者本人及其行为的含义。殉道者是社会创造的一种角色。因此，献身于某个危险事业的英雄不一定会成为殉道者。无数的战士为了国家在战争中英勇牺牲，但是通常他们不被称为殉道者。受其恩惠的人们没有为他们创造这种称谓。与一般的做法相反，除非群体把某个人称为殉道者，这个人不可自称为殉道者，即使他牺牲了自己的生命。一般情况下，殉道者是为那些具有魅力权威的人保留的称谓，这些人在追求自己的事业过程中被暗杀。

正如我们已经看到的那样，当社会处于极度焦虑时，人们往往会去寻求一个能减轻其痛苦的人，这时候，社会便会出现具有魅力权威的人士。当某人挺身而出并做出伟大的承诺时，便会产生一种强有力的非正式授权关系。魅力不仅来源于这个人的技巧、个性和献身精神，而且来源于社会的投入，就像好莱坞的明星成为观众创造的角色一样。在人们把未能实现的梦想和痛苦移植到演员身上以前，他只不过是另一个有天分的、怀着个人希望的演员而已。[15]

领导面临的长期挑战是提高人们的适应能力，使他们能够处理不断出现的难题。问题的关键不在于培养民众的依赖性，而是消除在适应性情景下民众由于焦虑而产生的对权威的不恰当的依赖。然而，在实际的领导过程中，依赖度必定是由逐渐增加再到逐渐减少的。人们需要有人为他们承受重负。当我们处于焦虑之中的时候，谁不希望得到保护或帮助？领导就是要在人们能够适应并接受这一重负之前，承受它并控制人们的焦虑度。这段时间有时短暂，有时漫长。

魅力权威是领导者的主要资源，在适应性过程的早期阶段，这一点尤为突出。上任初期的罗斯福总统，战争初期的丘吉尔和公民权利运动时期的金都是最好的例子。当民众经过了一段较长的焦虑、动员、创新和变革期时,个人魅力可以强烈吸引人们的注意力。

然而,个人魅力也隐藏着陷阱。这一陷阱就是依赖。人们可能不会前进,不去发现自己的“魔力”和承担责任的能力,不去认识自我管理的能力,不去构建新的规范、思维方式与授权体制,而是将注意力和精力全部集中在某一个魅力权威人物身上。他们会以为,没有人可以和这个权威人物相媲美。具有个人魅力的领导者与他的选民之间发展出一种关系,在这种关系中,领导者的承诺将其选民与问题带来的焦虑隔离开来。对于具有个人魅力的领导来说,人们将其理想化能给他带来非常美妙的感觉;而对于其支持者来说,这种感觉也很好,因为有个人保证能在长期满足他们的需要,在短期提供方向、保护、定位、控制冲突和制定清晰的规范。[16]

有时候,在一段较长时间内,这些魅力纽带就是维持社会团结、使其面对重大挑战的全部。如果没有魅力权威的出现,民众可能真的会感到孤独并迷失在各种超出其适应能力的力量与压力的海洋中。在这种情形下,这个社会就有可能走向灭亡。如果确实有某个人出现的话,人们便会把他的出现归功于“神的恩赐”。的确,如果他进行领导,他可以很好地拯救他的社会,帮助它实现复兴。第一,他坚强地表达出人们的价值观、希望和痛苦,并以此将人们团结在一起。第二,他把民众的希望编织成对未来的设想。第三,他为实现美好的前景提供动力、战略和信心。为了动员社会,他的信心和力量会培养一种必要的依赖,而这种依赖只有经过很长一段时间才能消除。然而,为了支持适应性变革,社会最终需要发现和提升自身进行变革的适应性能力,其中也包括授权给其他公民却不指望他创造奇迹的能力。

那么,当具有魅力权威的人物被谋杀的时候,会出现什么样的结果呢?一种情况是,他们成为殉道者,因为其付出的代价而被当作楷模,成为人们灵感的不竭之源,并牢牢地留在人们的记忆中。但是,他的死亡也可能导致自我治理能力发展的长时间停滞。我们会听到那些失去领导的人说："要是他仍然活着就好了！"似乎整个社会的适应能力完全依赖于他一个人。或许魅力权威人物会成为某种永恒的象征，而谋杀行为本身却被罩上一层神秘的气氛。这将促使民众世世代代来到谋杀现场，想象两者间的联系。[17]因此，人们于1991年在金被暗杀的地方建起了公民权利运动博物馆。此外，公民还可能会等待殉道者的化身在未来出现。总之，他的死亡可能远远超过他生命本身的意义。

殉道者的行为可以激励民众继续他未竟的事业。如果一个人的目的在于使他在民众的记忆和社会文明中不朽，那么殉道是正确的战略。但是，殉道也会使那些需要激励的人们掉进陷阱。生动的话语变成僵硬的教条，从而使其毫无用处。领导者必须帮助人民从这些教条中解脱出来。当一个魅力权威人物被杀害时，这个解脱的过程可能就此停止。

当问题极端复杂，完全超出了魅力权威人物的能力，使他无法继续维持其拥有一切问题的答案的形象时，殉道的诱惑就会变得特别强烈。由于权威人物承担了人们的期望，却无法满足这些期望，因此他们备受折磨。这时，他们逃避这种折磨的愿望就会越来越强。多年的身心劳累加剧了这种愿望。然而，辞职或逃避责任这两条出路不但损害了领导者的形象，也与群体对他的依赖格格不入。

1968年，马丁·路德·金已经感觉到了自己的死亡，并且在被杀害的前一个晚上的讲话中提到了这一点。具有讽刺意味的是，他原打算在那一年休假。他无力控制暴力骚乱，黑人社会的分歧日益尖锐，国家对他们的关注越来越少，所有这些使他对民权运动的有效性产生了怀疑，继而极端失望。但是，他又觉得选民的依赖制约了他，他们希望他继续背负这个十字架。安德鲁·杨（Andrew Young）和科瑞塔·斯歌特·金（Coretta Scott King）称休假的想法是"不可能的"。正如金的传记作者戴维·加罗（David Garrow）所说："他扮演的这种角色不允许他抛弃肩负的责任。"[18]

然而,向这些压力屈服可能是个错误,不仅因为这导致了他的死亡,而且因为这样做会使社会自主能力下降。如果金把自己看成这些压力的气压计,他的失望可以清晰地表明这一点,即依赖已变得太过强烈——并且感到无法抗拒——他需要为别人腾出位置了。长时间的休假或许是非常有用的策略。或许金可以说:"我已经受够了。我已经尽我所能带领你们走了这么远。我们一起走了很远,但是还有更远的路要走。我们有许多很有天分的领导,所以我要回家待上一段时间。以后就靠你们了。"

注释

1. 关于这个问题的经济学模式,可参见 Raqual Fernandez & Dani Rodrik 的论文,"Resistance to Reform:Status Quo Bias in the Presence of Individual-Specific Uncertainty",*American Economic Review* 第 81 期,1991 年 12 月,pp. 1146—1155。

2. Jasper Shannon 在对"二战"以后的政治领导的分析中认为,无论是传统社会还是现代社会,人们在整个历史中都倾向于赋予政治权威以神奇的天赋。即使在民主社会里也是如此。"主要的趋势是……人们天真地相信领导者应对社会的罪恶或善良负责,这或许是由于那些政治家们为了获得选票而故意宣传的结果。"Jasper Shannon,"The Study of Political Leadership,"载于由其编著的 *The Study of Comparative Government*(New York:Greenwood,1949),p. 322。Aaron Wildavsky 将这归功于稳定的、可用独特方式解释他们的问题的政治文化:"拥护或反对现存的权威"。参见 Aaron Wildavsky,"A Cultural Theory of Leadership,"载 Bryan D. Jones 编著的 *Leadership and Politcs:New Perspectives in Politcial Science*(Lawrence,KS:University Press of Kansas,1989),pp. 98—100。

3. 引自 Stanley Karnow,"Cory Aquino' s Downhill Slide," *The New York Times Magazine*,1990 年 8 月 19 日,p. 25。

4. Edwin O. James,"Expiation and Atonement,"载 *Sacrifice and Sacrament*(New York:Barnes and Noble,1962),第五章,p. 106。

5. Amando Doronila 是《马尼拉编年史》编委会的主席,他认为"人民权力"革命有"很大的局限性和瑕疵",在这次革命中,"被家族王朝控制的政治军阀或者种族政治的回归预示着菲律宾政治生活中寡头政治趋势的重新抬头。"Doronila 认为,推翻马科斯政权的联盟"没有改变社会和权力结构的意识形态上的动机;它仅仅是寻求改变统治者,而不是重构社会"。David Joel Steinberg, *The Philippines:A Singular and a Plural Place*,第二版(Boulder,Colorado:Westview Press,1990),第 147—148 页。与哈佛国际发展研究所的约翰·托马斯的交谈为我提供了对菲律宾政府更深刻的洞察力。在美国,很显然,尼克松的下台并没有解决权力从议会向总统转移的根本问题。

参见 Gordon Silverstein, "Constitutional Constraints: How Constitutional Interpretation Shapes the Making of American Foreign Policy"(博士论文,Harvard University,1991)。

6. 正如 Steinberg 所认为的那样,"历史上确有这种难得的机会,即可以重构社会层级结构并重新分配权力。William Howard Taft 在世纪之交就有这样的机会(当时菲律宾已经成为美国的殖民地)。Douglas MacArthur,作为在日本的盟军最高司令,便利用了这样的机会。他通过多种意义深远的方式改变了日本的社会机制和结构。在阿基诺总统依据自由宪法拥有无限权力的统治时期,她有非同一般的机会去正面解决国家的社会冲突和经济紧张形势。"Steinberg,*The Philippines*,第 150—152 页。

7. 关于以联盟为基础的领导类型的优势和劣势,可参见 Kerry Mullins & Aaron Wildavsky, "The Procedural Presidency of George Bush," *Political Science Quarterly*,第 107 期,1992 年春,第 31—62 页。他们认为:"联盟是布什所偏爱的解决问题的方法。他强调所有派别的参与,包括那些持不同意见的派别,特别是当他遇到棘手问题的时候。他进行教育改革的方法就是要求'所有的相关人员,包括政府官员、学校委员会、地方工商业领导、学生父母、教师联盟等,都参与进来,一起工作'。有关环境、毒品和交通系统等较难解决的问题,他都要求所有层次的广泛参与。事实上,这些政策在通过这一程序达成一致意见前,并不是'他的'政策。这种咨询大部分归因于他对最广泛的参与的渴望。但是,这也表明了他对责任和对这些问题可能怎样解决的看法。"(p. 42)我同意 Mullins & Wildavsky 的观点:简单地成立一个联盟并不足以解决棘手的问题。我的观点是,领导者还必须(1)使各个派别紧紧地抓住问题这个中心,并且(2)对于如何挑战各个派别有基本的设想。如果这就是 Mullins & Wildavsky 所说的愿景的含义,那么这个愿景不应以答案的形式出现,而应以需要解决的问题的形式出现。否则,联盟常常会以回避变革的方式提供最一般的解决方案;决策也会成为"分散分歧"的一种形式,不能完成多少适应性工作。

8. 为了既解决奴隶制问题又保住南部各州,立宪者能想出的最好办法就是授权国会在 1808 年后取缔输入奴隶。甚至连这一时间都是妥协的结果。他们最初设定的日期是 1800 年,但南部的代表希望把这一日期再延后一点。不管怎么说,宪法条款的意义不大。到联邦成立的时候,弗吉尼亚和马里兰都已停止了奴隶输入,因为美国出生的奴隶数量已经足以达成其经济目标。参见 James Madison, *Debates in the Federal Convention of* 1787,第二卷,(Buffalo: Prometheus,1787),1787 年 8 月 21、22、25 日的会议,pp. 442—447,467—469。

9. 参见 Milton Friedman, "Using the Market for Social Development," *Cato Journal*,第 8 期,1989 年冬,pp. 567—579。

10. 比如,中国运用了渐进方法,首先在 1979 年实行了农村改革,五年后再实行了城市/工业改革。这种改革是成功的,部分原因是它把变革产生的冲突控制在社会和政治所能承受的范围之内。尽管农业改革冒犯了城市工人和政府公务人员,因为改革提高了食品价格,但改革受到了占人口绝大多数的农民的欢迎。当开始城市/工业改革时,尽管农业投资(拖拉机、化肥等)成本的提高使农民感到不满,但是改革已经给他们带来了好处。他们对整个改革措施安排已产生了赞许的态度,因而也接受了工业改革。然而,如果当初中国政府同时实施这两项改革,就会同时得罪城市和农村居民,那么整个改革就可能会“因街头游行或其他形式的社会不满而归于失败”。Shang-jin Wei, “Gradualism Versus Big Bang: Speed and Sustainability of Reforms,” Working Paper Series#R93-2(Cambridge:John F. Kennedy School of Government,Harvard University,1993 年 3 月),p. 3.

11. Califano, *The Triumph and Tragedy of Lyndon Johnson*, p. 209.

12. 参见柏拉图, *The Last Days of Socrates*, Tredennick 译(New York: Penguin, 1969 年),pp. 45—76。

13. 例如,参见“The Apogy”中苏格拉底的审判辩护,载柏拉图 *The Last Days of Socrates*, pp. 45—76。

14. Califano, *The Triumph and Tragedy of Lyndon Johnson*, 约翰逊语录, p. 142; Califano 语录, p. 338。

15. 参见 Sidney Hook, *The Hero in History*(New York:John Day,1943),第一章。

16. Ann Ruth Willner 用三个维度来分析有魅力的政治领导:(1)人物的理想形象;(2)无条件接受;(3)感情上的完全效忠,即“从广义上讲,忠于他的远景规划和他制定的秩序”。参见 Willner, *The Spellbinders*, pp. 18—29。另请参见 Robert C. Tucker, “The Theory of Charismatic Leadership,” *Daedalus*, 第 97 期, 1968 年夏, pp. 742—753。关于 Freud 对魅力依赖的分析,请参见 Sigmund Freud 的 *Totem and Taboo*, 著于 1913 年, Strachey 译(New York:Norton,1989);Sigmund Freud, *Group Psychology and the Analysis of the Ego*, 著于 1921 年, Strachey 译(New York:Norton,1959)。

17. 有很多魅力人物具有持久的吸引力,哪怕是魅力人物被杀后也是如此。尽管列宁不是被谋杀的,在他过早去世后,对列宁的崇拜一直在持续,他的陵墓也成为重要的民族圣地。参见 Tucker, “The Theory of Charismatic Leadership,” p. 754。正如 Willner 所描述的那样,“去世或被打败的魅力型领导的形象可以充当一种衡量当前的领导的标准”。Willner, *The Spellbinders*, pp. 199—200.

18. David J. Garrow, *Bearing the Cross: Martin Luther King, Jr., and the Southern Christian Leadership Conference* (New York:Vintage,1988),p. 603;另请参见 pp. 577—617。

第十一章　个人的挑战

为什么领导者会感到孤独？这是因为领导者要为组织的扶持环境负责，他们自己不应该受制于扶持环境并成为压力的承担者。他们的责任是提供扶持环境，事实却是他们常常一个人承受压力。他们经常要冒道德方面的风险。在第一次世界大战结束时，马克斯·韦伯在慕尼黑大学的一次演讲中描述过这种责任伦理："当一个成熟男人——无论是年轻还是年老——意识到要对自己的行为结果负责，并且真正全身心地感觉到这种责任的时候，那是非常感人的一件事。此后，他就会遵从这种责任伦理，而当他达到这一点的时候，他将说：'这是我要做的；我别无选择。'"[1]

然而，责任伦理经常被歪曲。多年前，我刚从医学院毕业不久，在纽约一家一流的诊所任内科医生，主要工作是为企业高层经理进行检查。作为福利的一部分，他们每年有一次体检。我是负责体检的6位或7位医生之一。我检查过的数百人中，有超过半数的人由于承担太大的压力而感到非常痛苦。这并不让人奇怪。他们经常抽烟、酗酒，患有胃溃疡、心脏病、营养不良以及家庭出现危机等。这些都表明他们承受着很大的压力。他们为什么会有这么大的压力？总的来讲，这些人负载着其他人的焦虑、挫折和期望。人们不允许他们出现信心危机，他们应该清楚自己在做什么。他们总是在别人面前掩藏自己的恐惧，也经常向自己掩藏恐惧。他们往往很少清楚自己为承担责任付出的代价，但在医生的办公室里，他们还是经常将这种重负说出来。表面上他们高谈阔论，但实际上，这表明他们内心隐藏着被高度压抑的焦虑。但是他们从未与外人谈论这些东西。他们绝不能向同事（包括董事会的成员、高级职员以及高级管理层）表露自己的疑虑情绪。[2]

领导者的神话就是孤独战士的神话：一个孤独者的英雄主义和伟大使他能够领导人们。这种观念又反过来强化了他的孤独。从一个有权威的领导者的立场来看，选民把权力授予他们是以期望他们能解决问题为交换的。如果他们不情愿或者没有能力承担这个责任，选民就会觉得自己受到了欺骗，而领导者在选民心目中的形象也会受损。卡特总统发表“不舒服”的演讲一个月以后，就在一次跑步时出现虚脱。这一消息被全国报道后，进一步加深了人们对卡特能否管理公共事务的怀疑。1991 年，布什总统在一次晚宴上感到不舒服，这正是他访问日本的关键时刻。这使他觉得有必要做点事，在第二天给人们一个他很强壮且已经恢复了的印象。在那个季节里，一般患流感的人都要在床上待个把星期。[3] 如果正如医生怀疑的那样，他不是感冒而是短暂的昏厥，那么总统能如实说吗？1981 年，里根总统被枪击中胸部，在进行手术前后表现得很镇定也很幽默，这不仅稳定了全国的局势，而且给了民众一个其胆略过人的形象，这也正是民众所期望的。在 20 世纪 30 年代大萧条时期，富兰克林 · 罗斯福总统战胜了脊髓灰质炎疾病，这也象征了全国期望的经济复苏。

对于领导者来说，战略挑战就是把该做的工作交给人们去做，同时又不抛弃他们。如果让人们负担过重，他们就会回避学习。如果让他们负担太轻,他们又会产生依赖心理或者自满自得。因此,权威必须暂时承受问题的压力。这是一种真正的负担。将这副重担推给那些没有准备好的人是一种失职。承受一个组织的痛苦和不确定性是权威的本职工作,在危难时期尤其如此。只有组织消失后,权威才能避开这种痛苦。

无权威的领导者必须承受沉重的负担。权威人物因为就任某个职务而成为期望的储藏库。无权威的领导者对社会的需要与机会有自己的看法,他们则承担这些需要与机会,因为他们对于提出有关目标和可能性方面的艰难问题负有个人责任。为了提出这些问题,他们经常要投入自己的喜怒哀乐。如果他们对问题漠不关心,他们也就不会有什么压力。当他们赢得人们的支持、有一定的知名度时,他们就会获得非正式或正式权威,人们开始对他们寄予很大的希望和热情。当他们开始打乱其支持者范围以外的人们的生活时,他们就会在更大的系统内制造压力。他们必须在造成这种焦虑的同时,也忍受焦虑带来的影响。他们不能指望自己挑战的系统的权威人物给予他们正确的评价,至少在短期内不能。他们更不能期望自己被人接受。

实施领导并承受它带来的个人压力需要高度的自制力。迄今为止,我们一直在关注管理社会环境的策略。在结束我们的研究前,我们来简要地探讨一下另外一种非常重要的能力——自我管理能力。下面是七条实用的原则,它们可以帮助领导在承担责任的同时,保持自己的有效性和不让压力击垮。它们是:(1)上到楼厅;(2)把自己和扮演的角色区别开;(3)使冲突外部化;(4)运用合作者;(5)注意倾听,将自己当作数据;(6)寻找庇护所;(7)保持目标。[4]

上到楼厅

领导既要主动参与,也要认真思考。他必须在参与和观察之间不断变换。瓦尔特·惠特曼(Walt Whitman)把这种做法描述为“既要在游戏中也要超脱于游戏之外”。比如,“魔术师”约翰逊带领篮球队比赛时,他表现的伟大之处不仅仅在于他自己努力拼抢,而且他还一直在考虑整个场上的情况,就像他同时在打几个位置一样。博比·奥尔(Bobby Orr)在打冰球时也是如此。[5]

尽管理论原则不难理解,但真正要将它们运用于实践却非易事。一般来说,我们不会对周围与自己有关的事情无动于衷,我们经常会被深深地卷入这些事情当中。试想一下我们在舞池里跳舞与站在楼厅上观看别人跳舞的感觉。如果你参与跳舞,就难以觉察到舞池中其他人的跳舞方式,因为不停地移动会使观察变得困难。事实上我们的注意力常常集中在舞曲、舞伴以及附近的空间以免踩到别人的脚。要想观察到舞池中人们的总体情形,比如,看看谁在和谁跳,在哪一组跳,在什么地方跳以及谁坐在一边观看,等等,我们就必须停止跳舞并上到楼厅才能看得清楚。

林登·约翰逊之所以能成功地处理好塞尔玛危机,是因为他具有走上楼厅的能力。他非常清楚危机的来龙去脉。当社会系统遇到艰难问题的挑战时,他始终关注着它的发展变化。他不但认清了各种诱使他这个中央权威提供快速解决办法的势力,而且凭经验知道谋求权威式的解决方法是一个陷阱。动员阿拉巴马州的国民警卫队将使华莱士与国民逃脱责任。正是由于约翰逊站在楼厅上,所以才能理解这些趋势,否则的话,他就将被这种趋势卷走。

但在越战问题上,约翰逊却陷入了外交政策的舞步中。他并不熟悉这种舞蹈,也没有上到楼厅。他被来自他本人、华盛顿以及美国公众的期望包围了。他非但没有实施领导,还完全陷进了这个国家的冲突。战争是一个实质性和政治技术性合二为一的问题,他试图处理好这个问题。约翰逊似乎没有一套有意识的领导哲学——一套有明确联系的指导性原则和问题。当他成功地处理了公民权利问题的时候,他凭借的是由经验转变而来的政治直觉。当他的经验不管用时(就像在处理越战问题时碰到的那样),他似乎就没有了获得有用见解的办法。在缺乏熟悉的参照物以及系统的指导原则和问题的情形下,直觉使他误入歧途。

一个人怎样才能上到楼厅,特别是在不熟悉的情形下,而音乐却将每个人都拉入舞池之时?尽管没有任何理论框架可以替代约翰逊对南方政治的深刻了解,但正确的问题还是有助于帮助一个人站在远高于争论的地方,从而看出一些重要的模式。下面的诊断框架总结了我们探讨的领导战略原则:识别适应性变革的挑战,控制焦虑的程度,将注意力引向问题,以及把工作交还给人们。

识别适应性变革的挑战。正如我们已经看到的那样,适应性挑战是指人们共同的价值观与其生活现实之间的差距,或者是社会中人们在价值观和战略方面的冲突。在一些情况下,这些内部冲突都有可能产生焦虑。因此,我们可以提出以下诊断原则,即如果技术知识和现有的程序不能减轻焦虑,则这些焦虑本身就暗示了什么是适应性挑战。尽管一些人认为,在一些情况下,焦虑更多的是一种感觉,而不是真正的现实。正如弗雷德·里斯及其同事在动员塞尔玛那些饱受恐惧的黑人中产阶级时发现的那样,检验和改变观念常常是适应性变革的中心内容。

引起人们焦虑的问题常常不会外在地表现出来。尽管表面的冲突只涉及程序、权力、日程、结构以及权力链等,但这些看起来纯属技术性的问题常常反映了生活方式的内在冲突。比如,乔治·华莱士和林登·约翰逊在州权这一宪法问题上的冲突,就代表了人们在美国社会及其价值观上的根本冲突。

这种思想推翻了一个被普遍接受的观念,即实质性问题事实上都是权力冲突的表现。当我们看见两个人在打架时,我们常常把这个冲突解释为个人权力之间的争斗,而看不到他们各自所代表的对问题的不同看法。[6] 尽管在权力冲突中可以获得的好处,能够促使某些人对某个问题采取特定的立场,但从系统的观点看,只有当某人代表社会一部分人的意见和立场时,他的权力利益才能实现。作为诊断,如果支持某项实质性观点能带来个人利益,那么它往往表明社会支持该实质性观点。因此,如果主要依据权力的利害关系来诊断冲突,就会忽略社会中潜在的问题。

在椭圆形办公室会见华莱士时,约翰逊不但强烈地认同他所代表的地方选民的利益,而且认同华莱士的政治雄心以及他因此将可能代表更多美国民众的价值观。要进行权力谈判,就需要了解表明个人利益的社会问题的动态。

毫无疑问,一个人的性格极大地影响了他的行为。然而,对权力动机来说,个人行为还受到社会环境、社会压力、社会激励等因素的强烈影响。事实上,除非能同时明确某个人在组织中扮演的角色以及这一角色给他造成的影响,人格诊断几乎没有实际价值。急于做出人格解释就像急于做出权力解释一样,通常会忽略问题的系统性原因。

比如说,我经常听到这样的诊断,"问题是杰克已筋疲力尽了",或"问题是杰克喝得太多了",然而,那些做出这些草率判断的人没有去分析组织的压力,而这才是造成杰克筋疲力尽和喝醉的真正原因。那么由于他在组织中扮演的角色、他对某些组织难题所持的立场给他带来的压力有哪些呢?杰克的行为不仅是他个人生活压力的表现,也是他所在组织的系统问题的压力的表现。

人是问题的代表,那些拥有权威或不拥有权威的人们之间的冲突代表了各自的支持者的冲突。基于这一原则,我们进一步提出以下观点:阻碍某个组织有效工作的问题,通常也是更大的社会中存在的、人们试图加以解决的问题。内部斗争、误解以及不尊敬的模式都和社会环境中的极为相似。这就如医生接受病人的问题一样。因此,举例来讲,在哈佛大学,每一个学院都表现出它研究的领域的优势和弱点。商学院的运作情况看上去和工商领域的很相似,法学院解决争论的方法则模仿法律界的解决方法,其他的诸如神学院、教育学院、设计学院、医学院、公共卫生学院和政府学院等大都如此。这些学院能否在专业方面取得成功，很大程度上取决于它们关注和纠正这些模式的能力。

在某种程度上，任何组织的模仿机制都比较简单。组织的成员或者认同或者明确地代表外部社会的某一派别。这种个人认同可能就是当初吸引他们加入这个组织的部分原因。[7] 同样，随着时间的推移，组织中的工作将激发成员产生自己的偏好，使他认同某些问题的某些方面或外部环境的某些派别。与外部某一派别的特定观点产生共鸣后，成员就会把这种观点引进自己的组织。[8] 因此，组织内部适应不良的行为模式可能源于外部的工作问题和工作回避。组织经常会在无意中使外部的情况戏剧化。

尽管这种映射可能不那么精确，但它为我们提供了一些诊断线索，从而有助于理解这一点，即那些存在于组织外部系统中的功能失调和障碍，可能也是组织需要解决的。事实上，如果一个人能够上到楼厅，而不是陷入组织中，他就能够抓住机会，把组织当作一个恰当的案例和实验室，找出面临的挑战，并设计一些方案，以便在组织外部采取行动。这也是组织最初的目标。[9] 我们来看下面的故事。

凯文·杰克逊（Kevin Jackson）是耶鲁大学的三年级学生，当他被邀请代表母校参加美国高等教育委员会年会时，他感到非常光荣，心里充满了期待。[10]杰克逊是个来自哈勒姆（Harlem）的黑人，他是家里的明星。在他以前，他家从没有人上过大学，家人都为他的成功而自豪。当他出发去参加那年在加利福尼亚举行的会议时，他觉得一切都很顺利。但是当会议快结束的时候，他感到非常憔悴，以至于患上了严重的头痛，即使在几年后一想起那次会议他还会头痛。

那次会议被分为几个工作组，每个工作组都分有不同的任务，这些任务需要在四天内完成。杰克逊所在的组要调查各种各样的问题，其中包括平权措施（affirmative action/为消除过去的歧视行为给现在带来的不良影响而采取的相应步骤——译者注)这一问题。前三天,杰克逊所在的小组各方面进展都很顺利。事实上,他又担起了“明星”的角色。他那个小组的主席是一个指派的黑人妇女,但很快,杰克逊就获得了指导讨论的非正式权威。尽管他感觉到在其小组中出现了紧张感,但他忽视了它的重要性。然而,在第四天也就是会议的最后一天,三个白人学生和他之间发生了严重的对抗。当时,他们已在讨论平权措施这一问题。杰克逊是唯一支持平权措施的学生。对抗开始还只是学术层次上的,但学术含量逐渐减少,最后沦为人身攻击。杰克逊最终逃离了现场。

在他思想受到伤害的状态下,杰克逊认为自己是种族主义引起的会议室冲突的受害者。然而,随着时间的流逝,他开始认识到当时会议室内还有其他人,其中包括几个黑人学生。杰克逊必须思考一下,为什么小组中的其他人,包括几个黑人成员,实际上却与那些学生一起对他进行攻击呢?

后来在回想这件事时,杰克逊意识到,作为那个小组的非正式权威,他已经变成了逐渐增大的压力的避雷针。那么,这些压力是什么呢?在杰克逊看来,在让他制订议程这一方面,小组似乎特别顺从。杰克逊把这种顺从看成了对他的信任。他没有深入探究会议开始时人们长时间沉默的原因。或许小组成员在是否让杰克逊发挥重要作用这一点上有矛盾,但他们不能够公开向一个黑人挑战。

如果小组没有被指派去讨论平权措施这一问题,这些压力可能不会表现出来。但是即使有这项任务,小组明显地把杰克逊当成了问题的具体表现:杰克逊有资格上耶鲁或领导小组的讨论吗?那个小组没有诊断在多种族社会里实施平权措施将遇到的困难,而是将这些困难戏剧化了。没有人想到去分析和利用这些压力,相反,他们让杰克逊来承受这一问题并遭受其带来的痛苦。

如果杰克逊更有经验的话,他很可能会上到楼厅,从那儿进行观察。

他会发现,不论是会议组织者还是他自己所在的小组都选出了黑人权威,而现在,自己的小组却在平权措施问题上存在分歧。或许会议组织者和这个小组已经根据自己的平权措施方式和选择采取了行动。或许杰克逊不应该意气用事,而应该将“种族冲突”看成一个信号,并据此找出推动小组与社会解决这个问题的方法。他可以建议小组从自身的冲突中把握这一问题在大社会中的动态,这就为最终解决他们的困难提供了一个背景。[11]比如,他可以说:“嘿,等一下。我们中的一些人对这个问题太过激了。当然,这样也有充分的理由,这说明我们非常在乎正在讨论的价值观。我们每个人都是这些价值观活生生的例子。我们不但为自己的个人成就自豪,也关心社会公正与否。很显然,如果我们现在只是重复社会解决这一冲突的办法,将对我们毫无好处。我们从对这个问题的讨论中学到了什么?不论是在平权措施问题的实质方面,还是关于人们解决这一问题时遇到的障碍方面,或者是为了做得更好而可能采取的方法方面,我们能提供什么建议呢?”

我们对杰克逊案例的分析说明了这些诊断原则。我们可以把它们提炼为五个基本问题,它们可以帮助我们得到一个整体的看法。

(1)焦虑是由什么引起的?

(2)焦虑代表的内部矛盾是什么?

(3)这些矛盾的历史如何?

(4)对于正处于冲突中的社会的各个部分来说,我与其他人代表什么观点和利益?

(5)我们的组织或工作组在哪些方面反映了社会问题的动态?

控制焦虑的程度:我们已经探讨过这样的原则,即必须将适应性挑战引起的焦虑控制在一定的限度内,才能使变革取得进展。此外,我还将扶持环境比作一个包容器,面对适应性变革工作的人们可以在里面完成必要的学习。这个包容器由各种类型的“胶水”构成,包括权力结构、共同的目的、同样的身份、市民社团、信得过的机构以及其他社会纽带。正如我们在20世纪90年代初看到的那样，在苏联集团内，当高强度的焦虑沉重打击了团结的根基并使社会分化瓦解时，人们常常通过加入比较小的、更具一致身份认同感的团体来与其他新成立的团体争夺社会资源，并恢复个人和社会的平衡。对一些人来说，进步有时就意味着分裂。美国从英国分离出来的独立宣言就是如此。然而，分裂势力也可能导致长期的混乱、冲突、痛苦、死亡以及社会与制度的停滞不前。

因此，尽可能控制社会不平衡的程度，对于动员人们去迎接适应性挑战具有极为重要的意义。对于权威人物来讲，这意味着要使用正式和非正式权威与影响，战略性地架构问题、协调冲突、制定组织架构和程序、提供指导和保护措施，以及维护好那些能够长期存续的规范。简而言之，领导者必须调整好工作的节奏。在缺乏权威的情况下，领导者必须估计在什么时候、用多大的力量去推动人们注意那些可能被回避的问题。

每个社会、每种文化都拥有独特的凝聚力和对焦虑的承受限度，同时，每个社会也都有自己独特的调节焦虑和恢复平衡的方法。因此，为了让人们处于有效的、恰当的焦虑水平，领导者必须清楚了解当地的焦虑症状和对焦虑的反映习惯。他必须知道当地解决危机的历史传统。

为了确定人们承受危机的限度，并找出特定背景下调控焦虑程度的方法，我们还要给这个框架增加几个问题：

(6) 社会对不平衡的典型回应是什么？不平衡包括对未来方向的迷茫、外部威胁、角色关系重新定位、内部冲突或规则失效等。

(7) 过去，社会在什么时候达到危机的爆发点？在这个时候，社会系统开始采取自我破坏行为，比如发生内战或政治谋杀。

(8) 高级权威人物传统上采取哪些行动恢复社会平衡？在我的权威范围内，我掌握了什么控制危机的机制？

将注意力引向问题。我们已经讨论过这样的原则：社会系统常常试图通过减少其内部压力的外部表现来恢复平衡。开始,他们会试图应用现有的问题解决方法。当这些方法似乎不起作用,失衡仍然存在的时候,社会系统经常会运用工作回避机制来减少普遍存在的焦虑。如果工作回避机制有效,它可以转移人们的注意力,使人们暂时忘记引起失衡的真正问题。

因此,站在楼厅上的一个重要诊断性任务,便是找出工作回避机制的模式,以便在继续行动的时候,能将人们的注意力引向要解决的问题。这样做时,做出以下假设是有用的,即人们以回避难题作为恢复平衡的代价的行为往往是无意识的。他们常常对形势做出错误的诊断。例如,当人们对自己说"要是我们拥有一位明智的领导,我们的问题就能够解决"的时候,他们并不是有意识地去回避问题。他们相信这种判断,因为这符合他们理解问题的方式。[12]

此外,回避工作和破坏性冲突都是人们应对适应性挑战的表现,尽管这种应对毫无效果。因此,领导者要做的事情是在反对这种行为的同时,又肯定问题的重要性。例如,他不能说"我们这样做是在回避问题",因为这除了惹恼人们以外,没有任何好处。相反,他可以说:"我们正在努力解决一个难题,不过我们的方式可能不对;让我们以一种更有效的方式来解决问题吧。"这样,领导者便肯定了人们的努力。

如果回避工作是适应性挑战的外在表现,那么回避工作的模式就能够为问题本身提供一些线索。这一点就如美洲豹在雨后经过森林时,生物学家发现美洲豹的足迹要比发现美洲豹容易得多。同样,当回避工作采取替罪羊的形式时,充当替罪羊的派系或人物就为工作问题提供了线索。问题是:在组织中,这个派系或人物代表了什么焦虑呢?[13]

此外,我们已经说过,权威人物就是气压计,他们也会提供很多关于问题的线索。如果某人能把他们当作信息,或者当此人处于权威人物的位置时,能把自己对形势的反应当作信息来使用,那么权威人物的行为——即使是回避工作的行为——就显示出了那些引起焦虑的问题的严重程度和性质。比如,在一次会议上,当权威人物阻止某人的报告或者在预定的时间前中止会议,这个人就可以问一问自己,问题到底出在哪儿?

正如每个社会每种文化都有其独特的回应焦虑的方式一样,它也有自己独特的回避工作的模式。有的社会倾向于把敌人外部化,有的社会则倾向于重组,希望能在结构上找出一个解决方法,还有的社会则采取责备权威、找替罪羊等工作回避机制。很显然,领导者必须熟悉社会具有的这些特定的、以彻底解决问题为代价来换取重建平衡的模式。

当组织或社会同时面临多个适应性挑战时,舞蹈就会变得更加复杂。这就好像有几个乐队在同时演奏舞曲。因此,另一个重要的诊断性任务就是将时机成熟和时机不成熟的问题区分开来。对每个问题都要采取不同的策略。成熟的问题已经引起了社会部分关键人物的注意并激起了很强的紧迫感。这时,面临的挑战就是把注意力集中于该问题的广度上。但是,不成熟的问题通常只能引起社会上一小部分人的注意,针对它们,要做的工作就是将注意力引向这些问题。这通常会遭遇正考虑其他问题的大社会的抵制。在选举权的案例中,我们已经看到了促使问题成熟的过程。

为了找出需要解决的问题和应对各种回避工作的模式,我们还要问以下几个问题:

(9) 这个社会特有的工作模式和回避工作的模式是什么?

(10) 对于目前的适应性挑战及其包含的各种问题的性质和困难,现存的工作回避模式表明了什么?

(11) 权威人物提供了什么线索?

(12) 这些问题中哪些已经成熟? 对于已成熟的问题,有哪些处理方法? 对于尚没有扎根于人们头脑中的问题,有哪些方法可以促使其成熟?

把工作交还给人们。我已经提出了这样的看法,即当某个挑战需要人们改变自己的方式，而他们却过度依赖权威人物去迎接这些挑战时，这个社会将不能适应新情况。事实上，适应性问题带来的焦虑越严重、越持久，它就越会加剧人们的依赖心理。而且，权威人物常常采用工作回避的做法，试图以此来帮助民众逃避责任和痛苦。

因此，当领导者从楼厅上观察时，就必须考虑到自己在舞池中的位置——即他拥有的正式和非正式权威。他必须估计到那些他难以察觉的、可能对其行为产生影响的压力。因为领导者常常要违背人们的期望，所以他必须敏锐地意识到这些愿望是什么，才能制定出相应的策略。如果领导者处于拥有权威的位置，那么他将面临哪些诱惑？如果他没有权威或者是在权威范围以外实施领导，例如，当他与权威人物发生直接的争辩或成为避雷针时，他会造成哪些分歧？

我们已经讨论过这一原则，即协调冲突是把工作交还给人们的一种方式。适应性工作往往牵涉到具有不同利益的派别，要领导好充满利益冲突的社会，领导者必须理解社会的利害关系和潜在的损失。从本质上讲，找出问题就是找出人们为了取得共同进步而必须实施的变革。要制定一个促使人们完成变革、认清损失或创造出双赢的解决方案的策略，就要非常清楚地了解人们生活中的利益结构。

为了找出相关各方、他们所进行的适应性工作的性质以及让他们躲避责任的陷阱，我们还需要知道以下问题：

(13) 谁的价值观、信仰或者行为的改变可以促使这些问题得到解决？

(14) 涉及的损失有哪些？

(15) 给定我的角色，我怎样才会被拖入工作回避？

如果不从楼厅上进行分析，一个人很快就会成为舞池中的一员。然而，无论楼厅有多重要，它都不应是一个逃避的地方。诊断是为了行动，评估是为了进行修正。如果某个人处于在楼厅上观察社会过程的位置，那么,直到下一轮行动开始前,他只能充当观察者的角色。实践中,在分析和行动二者之间的转化并不是件容易的工作。它涉及很多并非生而有之的技能,并且要对人类共有的障碍有所认识。下面就讨论一下这类技能和障碍。

将自己与角色区别开来

要实施领导和承担个人责任,就需要看到自己和扮演的角色之间的差异。领导者必须把民众对他行为的反应看成对他扮演的角色和代表的立场的反应。比如,大多数父母都知道,当十几岁的儿子在他们面前摔门时,那是他正在完成随成长而来的分离过程。尽管对儿子这样的行为非常反感,他们通常不会将儿子的行为个人化。儿子发脾气不是针对他们个人,而是针对他们所扮演的父母角色。事实上,许多年轻孩子的父母经历过类似的发脾气,只是方式可能有所不同。如果父母确实把这种脾气当作是针对他们个人的话,他们的回应也不会有多大作用。他们可能会大声训斥孩子,闷闷不乐或自我封闭。基于对儿子行为(对我们发脾气)的错误理解,他们可能难以满足儿子下一步的需要。

把自己与扮演的角色区别开来不是要与感情——即价值观与激情——保持距离并不再全心全意地扮演某个角色。但是,这种区别能够使一个人不被感情误导,从而把一些可能与其毫无关系的声明和事件个人化。凯文·杰克逊在平权措施这一问题上对其工作组的回应就是一个例证。下面再举一例。

1962 年 10 月,世界避免了一场核战争,部分是因为在古巴导弹危机期间,约翰·F. 肯尼迪总统能把自己扮演的角色和自己区别开来。当国家安全顾问麦克乔治·邦迪第一次向他报告在古巴发现苏联的攻击导弹时,肯尼迪当时把这件事个人化了。在邦迪报告前一个月,他还反复公开声明他决不允许在古巴布置攻击武器,并且赫鲁晓夫(Khrushchev)也一再答应不会发生这样的事情。所以，这件事让他感到自己被人背叛了，个人正处于危险之中。而且猪湾事件刚刚过去18个月，离国会选举剩下还不足一个月，他不可能负担得起另一次外交政策的失败。

肯尼迪非常愤怒，他当即就想命令空袭古巴以摧毁导弹，并且他还打电话给他的高级顾问，要求他们验证这样做的可行性。[14]但是他的高级顾问们不像他那样感到个人化的愤怒，他们对危机进行了更为冷静的思考，并且开始权衡一系列其他可替代空袭的方案。他们绞尽脑汁想弄清赫鲁晓夫在古巴布置导弹的原因，当然，他们当中没有人会认为这件事和肯尼迪本人有任何关系。即使苏联想羞辱和为难肯尼迪，那也只是针对肯尼迪扮演的角色的一个战略行动，而绝对不是针对肯尼迪本人。[15]

危机期间，肯尼迪很快对问题有了新的认识。事实上，当情况恶化时，区别自己与所扮演的角色的能力给了他心理上的灵活性，使他能够站在赫鲁晓夫的立场，设身处地地思考这一问题。这使他能对赫鲁晓夫的行为做出更为现实的解释和回应，从而没有使危机恶化。在对峙的关键时候，肯尼迪24小时内收到了两封赫鲁晓夫的信。两封信的内容完全不同。第一封听起来热情而苦恼，但其内容清晰地表明赫鲁晓夫愿意谈判和做出让步。第二封听起来生硬而冷漠，满是官腔。这两封内容截然相反的信让肯尼迪的顾问们非常吃惊。他们该做出什么样的反应？为了解决这个问题，肯尼迪听取了他兄弟罗伯特的见解，做了一个非常重要的假设，第二封信可能是官方政治和赫鲁晓夫面临的巨大压力的产物。作为一个政治家，肯尼迪明白这样的压力。另一方面，他又假设第一封信，也就是比较热情的那封，表达了赫鲁晓夫个人的感情，所以肯尼迪决定忽略第二封信。他以温和、个人化的语气给赫鲁晓夫回了一封信，表达了和解的愿望。结果这封信起了作用，一项政治交易达成了。危机得以解决。[16]

使冲突外部化

无论领导者做什么事情,总会有一些批评意见。这时,把自己和扮演的角色区别开来甚至能挽救生命。[17]做出这样的区别能够使一个人将冲突外部化,从而将注意力集中到问题上,并将冲突交给它的真正所有者。正如我们看到的那样,当约翰逊总统认为他在越南问题上没有其他选择时,他本可以采取行动将冲突外部化。但恰恰相反,他却把冲突内部化了,使冲突成为自己的冲突。在小集团的层面上,他没能使政策顾问相互系统地听取各自的观点。因此,他们的论证从来没有在总统面前被充分地推敲过。他允许那些拥有更大制度权威的人物来主导其他人。[18]在制度层面上,约翰逊让国会紧急通过东京湾决议,制造出国会意见一致的假象。缺乏辩论这一事实无意间妨碍了国会议员们对国家面临的问题的关注。约翰逊将问题放到了他们够不着的地方,从而尽量减少了外部冲突,操纵人们接受他个人的决定。在国家层面上,公众不了解实情,不能面对决定自己命运的现实。约翰逊通过选择先做出决定而后说服全国来服从的做法,使那些反对战争的人将不满集中到了自己身上。

与此相反,马丁·路德·金成功地把公民权利运动外部化了。他的战略虽没能阻止对自己的暗杀,但是在他的有生之年,这一战略却把公众的注意力集中到了适当的地方。金反复强调这一信息:冲突不是白种美国人和他之间的冲突,甚至不是黑种美国人和白种美国人之间的冲突。这个冲突是美国的价值观和美国现实之间的冲突。当拉克尔肖斯将关于环境问题的冲突交给拉斯顿和塔科马两个社区来处理,并拒绝根据 EPA 的技术专长做决定时,他也做了相似的事情。当桑格在诸如医疗卫生等权威公共机构里建立联盟,并在其内部挑起对妇女医疗问题的冲突时,她也是这样做的。

把冲突内部化会引起严重的问题。它会导致错误的诊断。即使问题不是个人问题时,它也很容易被个人化和当作个人的问题来解释。而且,把问题个人化也会导致工作回避,因为它允许人们把注意力从问题转移到个人身上,从而把责任也转移到他身上。此外,处于个人化冲突中心的个人常常感到不得不采取个人化的防卫。这又使得个人化冲突持续下去。

1984 年,当新闻媒体因为副总统候选人杰拉尔丁·费拉罗(Geraldine Ferraro)丈夫的金融交易而攻击她的时候,她把冲突内部化了。她对这种攻击采取了个人防卫。为此,她召开了一个冗长的新闻发布会,公布了所有的账目,回答了所有的提问。[19]她希望这样做能终止对她家庭的攻击。然而结果却适得其反,她回答问题越是详细,人们提出的问题就越多。她的个人防卫强化了人们对这种指控的兴趣,提出了更多的质疑,使得关于她和她丈夫的故事无休止地延续下去。然而从本质上讲,对于她的攻击并非针对她本人。媒体之所以对她进行报道,完全是因为她是一个副总统候选人。攻击不是针对候选人本人,而是针对她所扮演的角色。

对这一事例进行分析,能解释她受到新闻媒体关注的一个原因就是,媒体急于找出杰出候选人的不光彩事实。此外,反对派进行的消极面调查也是这些故事出现的一个原因。但是,正如我们从罗纳德·里根的特富龙涂层(teflon coating/美国杜邦公司发明的一种不粘锅涂料　　译者注)所知道的那样,并不是所有的泥巴都会黏。如果它真黏的时候,那就表明有人在关注,人们正在寻找论据来证实自己的怀疑。在费拉罗的例子中,如果从楼厅上看,她将看到什么?

为了把自己与所扮演的角色区别开,费拉罗可能会问:在人们看来,我代表了什么样的挑战,这种挑战使他们如此不安,以至于让我丢脸这件事会激起媒体的兴趣?就她而言,这个问题的答案非常明显。费拉罗是一个妇女,却在追求国家政治权威中的第二号角色。这个事实向全国的男人女人提出了一个重大的适应性挑战。

找出真正的问题后,费拉罗可以从各种适当的反应中做出选择。其中一种反应是转移人们的注意力。费拉罗可能会促使人们去反省他们对妇女的角色和立场所持的态度。很明显,这样做有一定难度。只要有机会,她都必须将人们对她个人和家庭的关注转移到那些潜在的问题上去。她可以说,"当然,我们所有的财政记录都可以公开,但这不是真正的问题。"当然,攻击可能不会就此打住,但是她却可以为辩论制定出一个框架,将辩论的背景限定在她作为候选人这一方面。

从本质上讲,国家让她担当了代表妇女的能力和观点的角色。她不能够逃避这个角色。她只能把这个角色所带来的冲突内部化或外部化。在竞选的绝大部分过程中,她选择了前者。她或者尽力为自己辩护,或者长篇累牍地讲那些诸如核武器竞赛、就业、教育等"国家"问题,而尽量避免以下这些问题,如妇女掌权的能力,她作为妇女将为白宫处理国家事务带来哪些新的观点,等等。

直到选举的最后四天,费拉罗才走到"自己"后面,或者更为准确地说,她才坚定地阐明了自己的独特身份所代表的挑战。在做出最后努力以获得妇女的选票时,她最终指出了她象征的问题。她没有将这些问题掩藏起来,相反,她把那些问题直接摆到了公众面前。

> 我们能够赢得奥运金牌,我们也能够训练我们女儿的足球队,我们能够在太空行走,帮助我们的孩子迈出他们人生的第一步。我们既能就贸易协议进行谈判,也能管理家庭预算。我们既能担任公司经理,也可以做个好妻子和好妈妈。我们既能担任医生,也能与6岁大的未来科学家们一起烤甜饼。我们的选择不受限制。我们能做这一切,但我们也可以不做其中任何一项……我参加竞选不仅仅是为了我自己,也是为了每一个人。它不仅是一个象征,也是一个突破。它不仅是一个声明,也是联系所有美国妇女的纽带。我的参选表明

美国相信平等。现在正是实现平等的时候。[20]

因此，对于费拉罗来讲，把冲突外部化意味着两件事：把人们的注意力从她本人身上转移到她作为候选人这一角色所代表的问题上；以合适的方式架构冲突，从而使人们理解这些冲突，不把冲突仅仅理解为他们和她的观点之间的冲突，而是理解为国家相互竞争的观点之间的冲突。妇女具备从事领导和运用权威的能力吗？妇女的工作就应该局限于家务吗？平等对于我们来说意味着什么？费拉罗的工作具有教育性质；美国人要想认真考虑她的竞选，就需要认真地思考一下这些问题。

要想进行教育，费拉罗就必须发表演讲，并以某种方式来肯定不同的观点，即使她怀疑它们的正确性。马丁·路德·金很好地表明了这一点。他肯定那些传统理念，即自由和平等，同时又怀疑它们的现实性。通过这样做，他在他挑战的那些人的眼里获得了权威，而这又提高了他提出问题的能力。把冲突外部化使他能够将公众争论引向一个新的统一。正如我们所看到的那样，费拉罗在竞选快结束时，最终在一定程度上做到了这一点。她提到了美国人平等、公平、个人言论自由的理念，反对歧视的历史斗争，以及妇女每天都在工作和家庭中担当权威的事实。

获得战略性观点对于领导者更长久地生存下来至关重要。但是，当风暴将他抛到船外，鲨鱼啮齿相向，就要葬身海底时，他怎样才能将自己与扮演的角色区别开来并将冲突外部化呢？他需要伙伴。

伙伴

即使有时候人们的希望与痛苦全都落在一个人肩膀上，领导还是不能独自行动。这种孤独战士的领导模式是一种英雄般的自杀行为。我们每一个人都有盲点，因而需要借助别人的远见。我们每一个人都有激情，因而需要别人的容忍。任何人都有可能失去走上楼厅的能力，特别是在压力增大的时候。每一个从事领导的人都需要别人帮助他将自己和所扮演的角色区别开来,并找出那些会带来攻击的潜在问题。[21]

从总体上讲,伙伴可以分为知己型和盟友型两类。知己是一个可以向其痛哭和诉苦的人。一个知己能够为忙于向别人提供支持的人提供扶持环境。试图进行领导的人们需要伙伴,他们能够帮助领导恢复原状。这些伙伴常常是朋友、配偶、爱人或者亲密的同事,他们为他提供观点,帮助他重新走上楼厅来理解发生的事情。他们帮助他思考这样的问题:"这里正在发生什么?人们因什么而焦虑?能从失误中吸取什么教训?有哪些修正行为可供选择?"

约翰·肯尼迪就有一个这样的伙伴,这个人是他的兄弟罗伯特。古巴导弹危机开始的时候,罗伯特传给肯尼迪一个纸条,使总统肯尼迪在愤怒中控制住自己,进行反思。纸条上写着;"我现在知道当年东条英机(Tojo)策划珍珠港事件时是什么样的感觉。"罗伯特不想看到他的兄弟成为另一个东条英机——不警告就采取行动,冒发动战争的危险。[22]当收到来自赫鲁晓夫的两封信时,罗伯特帮助他的兄弟走上楼厅,从赫鲁晓夫的角度来审视自己的行动。

第二种伙伴类型是盟友。盟友通常是权威在组织界线以外的合作伙伴。尽管盟友拥有共同的价值观或立场,在一些特定的战略问题上能彼此信任,但是界线的存在使得他们之间的信息交流受到了限制。[23]

联盟运作的基本方式至少有三种:不同组织间,组织内,从低级权威向上与从高级权威向下。在不同组织间的联盟中,联盟之一可以具有高级的、同等的或低级的权威,但最重要的是联盟的一方对另一方没有直接的权威。他们的联盟不是由一个组织内决定权力关系的力量形塑出来的,而是由更具弹性的间接权威关系促成的,这种间接权威关系又由各人在自己组织中的地位和两个组织间的关系决定。很显然,这种联盟广泛存在于政府部门、政府与政治运动和利益集团之间以及大型组织内部的各个部门之间。这些部门拥有共同的或重叠的任务，需要不同部门的人共同参与才能完成。比如说，威廉·拉克尔肖斯不仅在EPA有盟友，还在工业部门以及塞拉俱乐部有盟友。对于国内问题，林登·约翰逊在每一个可以想到的组织中都有盟友。

联盟并不一定要表现出来。领导经常秘密地在权威或组织界线以外开展工作，这是因为建立公开的联盟可能会使他的注意力偏离手头的工作。例如，约翰逊总统私下里打电话给罗伊·威尔金斯，鼓励他游说国会。这样一来，参议员与众议员便不会把威尔金斯的努力与约翰逊的利益混淆起来。相反，他们会把威尔金斯当成黑人利益的代表，从而使他具有更大的影响力。在幕后，约翰逊能最大限度地发挥自己的作用。

在甘地、桑格和金的策略中，从一个具有很少权威或没有权威的位置上与各种各样的权威人物结成联盟具有非常重要的作用。与此相反，查克·亚当斯没能就有缺陷的炸弹问题推动其领导加以解决。来自下级或权威结构之外的领导需要保护、鼓励和警告。他必须寻求更高级别的盟友，然而，如果他忘记了这一点，即具有更高权威的盟友必须满足更多的期望与承受更大的压力，他就会觉得遭到了挫折与背叛。

正如约翰逊在塞尔玛所做的那样，一个上级领导需要接近第一线的盟友。那儿的人们能够看到上级领导看不到的挑战。此外，在提出尖锐的问题方面，他们享有更多的自由。更多的是，他们的参与通常也是界定与解决问题所不可缺少的。他们不仅拥有架构问题所需的信息和观点，而且问题的解决方案也经常包含了需要他们完成的变革。

很显然，下级盟友可能不同意上级权威的观点。然而，即使是存在公开分歧，下级盟友也能够为上级减轻压力和防止草率解决问题。从一个组织的上级的立场来看，支持和保护下级的分歧（不论他是否同意这种反对立场）能够使有效的冲突得以生存。事实上，为了达到这样的目的，上级甚至可以安排持不同意见的下级参加一个委员会。

这和以下原则是一致的，即在高级职位上实施领导的人必须保护无权威的领导者的声音。然而，拥有权威的人怎样才能识别这些声音？我建议一种反直觉的经验规则。因为权威人物的压力是恢复社会平衡，他的第一冲动通常是压制社会上那些提出令人不安的问题的人。因此，权威人物应该保护那些他想让其沉默的人们。烦扰常常是机会的信号。通过控制他自己和检验让人们处理这些问题具有的潜在价值，他就会看到这个人的风格以外的东西。这个讨厌的人代表什么观点？异见人士也许是上级实施领导的最好资源。

聆听：把自己作为信息

楼厅不仅是一个人从上面观察他人的有利心理位置，也是他观察自己及聆听的有利位置。要想解释各种事件，领导者需要理解他本人处理和曲解他所听到的东西的方式。为了经受住领导的压力，他需要先了解自己的偏见，才能采取补救方法。比如，当某人提出一种自以为高人一等的意见时，如果领导的第一反应就是拒绝这个建议的话，他就需要充分了解这种反应，从而可以根据情景的需要灵活地聆听和回应。要弥补偏见，就要自觉地去妥协和检验自己所持观念的正确性和回应的适当性。聆听是一个试错的过程，它包括做出解释、发现不足和纠正不足。要做好聆听，就必须抱有怀疑之心。

了解自己的调子、了解自己倾向于和哪些主题发生共鸣是一个持续的过程。即使是最全面的自我反省计划，也难以提供全面的自我认识。但是，如果这种计划取得了成功，它能够提供持续学习的技巧与勇气。苏格拉底在对自己的描述中，明确地指出了智慧和对智慧的热情二者之间的重要区别。对智慧充满激情超过对智慧的拥有。好奇心是一种美德。事实上，他认为只有那种不断反省的生活才值得欣赏。

人们怎样才能进行充分的反省？尽管不同的人可能需要不同的方

法，但有两条普遍适用的原则。第一，我们通过反省自己和别人每天的成功与失败的行为来学习。特别是，我们可以从那些反复使我们陷入困境的习惯和那些让我们惊讶的行为中吸取教训。它们常常提供了一些线索，可以让我们了解独特的、由内部动力和社会力量造就的自我。我们可以自问："在这种情形下，是什么促使我做出如此不合适的行为？"或者"这种行为究竟是怎么来的？"[24]第二，我们能够利用伙伴作为防止自我欺骗的防护屏。他们可以是为了特定目的雇用来的正式伙伴，如顾问、教练或精神治疗家。但更多的时候，他们是非正式伙伴。当允许他们质疑我们时，他们就能够促进我们的反省，因为他们是可以坦率交谈的人。

在经常需要临时决策的适应性情景下，聆听和干预相伴相随。每个行动都应该被看作是一次实验。临时决策要求不断对其进行评估。实践中，领导者必须干预并保持沉着，而聆听则是为了了解干预的效果。她必须从楼厅下到舞池，再从舞池上到楼厅，并如此反复。她必须有沉默的时间。保持沉着不但能给系统对其干预留出反应时间，也可以给她聆听的时间。通过聆听，她可以完善自己对事情的解释，从而采取适当的修正行动。根据她听到的内容，她再次干预。这样一来，干预不再是简单的解决方案，而是试探水的深浅和收集信息以改进战略的方法。

如果她了解自己，她可以把自己当作聆听的工具。作为社会系统的一个成员，她不可避免地会同社会中各种各样的问题、趋势和主题产生共鸣。她可以假装是一个独奏表演者，但她事实上永远都不应成为独奏表演者。通过担任一个角色，她成为各种社会力量和期望的主体。充其量来说，她可以通过上到楼厅来短时间地超越这些影响。

然而，即使从楼厅上观察，领导者也永远不能获得完全客观的画面。这是因为他们从来就没有完全摆脱过滤器的影响，他们正是通过这种过滤器来观察问题的。他们也不可能完全避免社会力量的影响。但是，他们可以认识自己的过滤器和偏见，并且在解释事件时充分考虑它们的作用。而后，他们可以自己用心去感觉周围正在发生什么事。他们的思想和感情一旦与社会系统产生共鸣，就会立刻指示出与他们自己以及环境有关的某些东西。[25]

比如，凯洛·刘易斯（Carol Lewis）是一个计算机公司的经理，她对一位员工特别有意见。在每周的员工例会上，只要这位员工一发言，她就感到很恼火。他说话总是带有太强的感情色彩，而且很喜欢在行为和着装上与众不同。刘易斯常常感到必须让他住口，而且连续几个月她都这样做了。但是，在经过反省后，她注意到，让他沉默的时间越长，他的爆发就越感情化、越不合时宜。并且，这个人好像总是代表部门中另外一部分成员的意见。通过在会议期间的一些观察，她开始发现，尽管他的观点与部门的主流观点相冲突，但对于完成部门的任务来说，这些观点却非常恰当。于是，她的恼怒不再是试图恢复平衡的表现，而逐渐变成寻求相冲突的观点以检验主流趋势的线索。发怒成为她需要聆听的信号。

与此相似，当约翰逊·肯尼迪获悉苏联在古巴布置导弹时，他十分愤怒，并有一种被欺骗的感觉。他的感受为我们了解其他美国人面对这一问题时的情绪提供了线索。他的战略必须对社会中的这些情绪做出回应。在权衡利害得失的基础上，他必须通过语言和行动，以具有战略意义的方式——而不是条件反射式的方式——来表达这种愤怒。

寻找庇护所

要聆听自己，就需要一个可以听到自己思考的地方。在那种有多个乐队演奏的嘈杂舞池中工作的人，需要一个庇护所来恢复他的目的感、形成对问题的看法以及重获勇气和良心。当一个人成为许多相互冲突的希望的储藏库时，他可能会由于不能将自己内心的声音与外部为引起注意而发出的大声叫喊区别开来，从而在自己扮演的角色中迷失。对此，他的伙伴能帮很大的忙，这就像跑步、安静的散步或者祈祷能够驱散那些疯狂者向舞池施加的咒语一样。我们需要庇护所。

一个人要实施领导,他就必须想到自己可能会被融入音乐。他必须为此做好准备,计划好再次检视问题的时机。正如领导需要动员民众的战略一样,领导也要求有一个能有效分配和恢复其自身精神资源的战略。

保持目的感

领导是一种需要激情和消耗巨大的行为,领导者需要灵感和动力才能跳出它设下的圈子,走入一个真空。只有经过一段时间以后,领导者才会认识到,这个真空才是他创造与发展的地方。领导的情绪是如此强烈,以至于它能够压倒缺乏足够明确的目的感的人。在这个研究中,我们已经分析了领导的工作和他们为克服障碍及忍受痛苦所采取的策略。然而,领导最需要的却是目的感,即发现价值观的能力,这种价值观才使冒险具有意义。本书一开头就提出了这一点,即什么是指引领导的价值观。

目的感和明确界定的目的并不是一回事。在任何环境下,目的感都可以通过询问这些简单的问题来生成明确的目的:现在的机会是什么?我们的目的应该是什么?组织和社会充满了明确界定的目的,它们是不可缺少的。在技术性工作和适应性工作中,明确的目的是唯一最重要的指导,它就像在大海中航行的轮船上的罗盘一样。但是,目的感比任何明确目的更为宝贵,它可以使一个人退后一步,带着怀疑或欣喜的心情去检讨特定使命隐含的定向价值观。

随着时间的推移,某些具体的目的可能不再具有现实意义,或者不能解释价值观促成的行为方式。例如,在整整二百年间,确保美国国内稳定的宪法价值观一直没有变化,但是,其中某些具体的价值观却有了变化,这是由于在宪法价值观的应用过程中汲取了一些有益的经验。在国内战争以前,确保国内稳定意味着把逃跑的奴隶送交给他们的主人;而在1957年,它却意味着动用联邦军队来使小石城中学不同肤色的学生同校学习。

这种变化在商业上表现得最为明显。那些具有悠久历史和经受过考验的公司,如今却面对一个不再支持它们的市场。许多公司都在重新制定自己的目的。这些目的刻在墙上好几十年了,它们已经失去了活力和适当性。不知何故,在以前的市场环境中,它们丢失了自己的目的感,只有从无情的经验中才能重新获得。唯有保持怀疑精神,用一只眼睛盯着市场的现实,另一只眼睛盯着机构的价值观,才能产生持续的适应性变革,否则就会产生自满情绪。

然而,当我们推迟适应性变革太久,以至于革命成为必要时,适应性变革就会变成高危事业。在这种情况下,公司可能会灭亡,社会可能会堕落。我们应高度警觉以下看法,即适应性工作是一个不连续的过程。但是,我们讨论过的案例已经证明了这一点,即进步是慢慢进化和逐渐增加的。不过,问题的重点是要有目的感,它能够使人们不断地提出这样的问题:"我们下一步的适应性挑战是什么?"特别是在丰衣足食的时候,人们更应该提出这一问题。

保持目的感有助于领导者从容地对付挫折和失败。领导者需要勇气来面对每天的失败,否则他就不可能采取修正行动。而且,当领导者经过反复的试错后,却仍然看不到下一步的行动时,目的感可以帮助领导者寻找其他可以实施领导的地方。有时,领导者必须完全放弃某个组织或政治环境。然而,如果领导者不能自主决定在何处实施领导,那么,一旦他失去了自己珍视和熟悉的工作以及前进的方向,他便会产生绝望感。因此,为了避免损失,我们常常要限制我们的视野,待在原地并放弃领导。伤害积累太多会缩小我们的视野。短期内,个人的平衡可以得到恢复,但是随着时间的流逝,当人们失去了把自己的生活定位于更大的范围里的灵感时,他们的精神就会被侵蚀。而目的感可以为他们提供不竭的动力,让他们去创造新的可能性。

领导每天都在发生，它既不是少数人的特质，也不是一件稀奇的事，更不是一个人一生中仅有一次的机会。在我们的世界中，在我们的政治和商业中，我们无时无刻不面临适应性挑战。每当我们面对互相竞争的价值观的冲突时，或者遇到我们共同的价值观与我们生活的方式之间存在分歧时，我们就会面临学习新的生活方式的需要。当一个公共部门的官员必须协调相互冲突的期望时，他和他的选民就面临着这样的需要，即质疑那些他们深信不疑的假设。当一个执行者找到某个问题的解决方案，而该方案在许多方面都不属于技术性问题，而是要求下属改变态度和习惯时，他就面临教育的任务。当某个紧邻第一线的下属发现他的目标和事实之间存在差距时，他就面临着实施无权威领导的风险和机遇。

从这个角度来看，领导者必须有一个不断学习的战略。他必须推动人们面对挑战、调整价值观、改变立场并养成新的行为习惯。对于一个为自己善于处理棘手问题而自豪的权威人物来说，或许可以将此看作一次不礼貌的惊扰。但它能够减轻他们的压力，即那种认为他们必须知道答案和承受不确定性的观点带来的压力。对于那些希望在接到领导的“远见”或教练的电话后再实施领导的人来讲，这既是一个好消息，也是一个坏消息。社会的适应性变革要求领导负起责任，不要等待别人的启示和请求。只要有问题存在，你就可以实施领导。

注释

1. Max Weber，“Politics as A Vocation，”载 H. H. Gerth & Wright Mills，*From Max Weber：Essays in Sociology*（New York：Oxford University Press，1946），p. 127，原版斜体字。

2. Argyris 也认为高层领导的孤独是由于下属和上级之间的冷漠引起的相互隔离造成的结果。参见 Chris Argyris，*Overcoming Organizational Defenses：Facilitating Organizational Learning*（Boston：Allyn and Bacon，1990），p. 73。关于几个 CEO 如何看待他们的“孤独”的讨论，请参见 James Bruce，*The Intuitive Pragmatist：Conversations with Chief Executive Officers*（Greensboro，NC：Center for Creative Leadership，1986）。另请

参见 *Jeffrey Lynn Speller*, *Executives in Crisis*: *Recognizing and Managing the Alcoholic*, *Drug Addicted*, *or Mentally Ill Executive*(San Francisco:Jossey-Bass,1989)。

3. "Stunned Japanese Offer Sympathy as Some Are Struck by Symbolism," *The New York Times*,1992 年 1 月,p. A8.

4. 这些思想部分来自于 A. K. Rice Institute 和它的母组织,设置在英国伦敦的 Tavistock Institute for Human Relations 成员的研究结果。那些有兴趣在经验丰富的工作室里提升个人技巧的读者可能想对 A. K. Rice Institute 的群体关系工作室有更多的了解,该机构的全国总部设在佛罗里达州的丘辟特(Jupiter)。关于这些工作室的详细描述和他们的教育理论,请参见 A. K. Rice, *Learning for Leadership*: *Interpersonal and Intergroup Relations* (London:Tavistock,1965)。要了解有关 Tavistock 传统中的团体动态,可参见 Jonathon & Marion McCollom 主编的 *Groups in Context*: *A New Perspective on Group Dynamics*(Reading, MA: Addison-Wesley, 1990); Kenwyn Smith & David Berg 的 *Paradoxes of Group Life*: *Understanding Conflict*, *Paralysis*, *and Movement in Group Dynamics*(San Francisco:Jossey-Bass,1987);Edward R. Shapiro & A. Wesley Carr, *Lost in Familiar Places* (New Haven: Yale University Press, 1991);另外还有两本 A. K. Rice Institute 编辑出版的图书:Arthur D. Colman & W. Harold Bexton 主编的 *Group Relations Reader*(Sausalito,CA:GREX,1975);Althur D. Colman & Marvin H. Geller 主编的 *Group Relations Reader* 2(Washington,DC:A. K. Rice Institute,1985)。

5. 关于行为反思能力,请参见 Donald A. Schon, *The Reflective Practitioner*: *How Professionals Think in Action*(New York:Basic,1983);Weber,"Politics as A Vocation"。怀特曼的引言来自于"Leaves of Grass,"第 4 节,载 Walt Whitman, *Leaves of Grass*,原版(New York;Viking Compass,1959),由 Malcolm Cowley 主编,p. 28。运动员的例子由加利福尼亚大学 Michael O'Hare 教授提供。

6. Neustadt 将此描述为每个个体担负的对其选民的责任感。"总统说服议员及其他人的本质,就是诱使他们相信他对他们的要求就是他们所认可的、自己有责任去做的事,这些事情符合他们的利益,而不是他的利益。"Richard E. Neustadt, *Presidential Power and the Modern Presidents*: *The Politics of Leadership from Roosevelt to Reagan*,第三版,(New York:Free Press,1990),p. 40。

7. 社会科学已对这一推论做了很透彻的研究,它表明具有不同气质的人倾向于担当不同的角色。因此,担当某个角色的个人的行为不但表明了这个角色和形塑了这个角色的制度期望,也表明了这个人本身。参见 Glenn D. Paige, *The Scientific Study of Political Leadership*(New York:Free Press,1977),pp. 109—113。

8. 人们通常会把问题及其推论具体化,不会抽象地讨论或解决问题,而是用相关的"参与者"当作问题的代理。关于这一点,群体理论与政治科学都做了研究。参见 Wilfred R. Bion, *Experiences in Groups* (New York: Basic Books, 1961); Aaron Wildavsky,"A Cultural Theory of Leadership,"载 Bryan D. Jones 编辑的 *Leadership and Politics*: *New Perspectives in Political Science*(Lawrence, KS: University Press of Kansas, 1989),pp. 97—100。关于模仿以及人们如何从工作环境中吸取观点,请参见

"Contextual Influences:The Process of Importing and Exporting Frames of Reference",载 Smith & Berg 的 *Paradoxes of Group Life*,第八章。

9. 参见 Shapiro & Carr,*Lost in Familiar Places*,pp. 111—122,137—143。

10. 为了保护隐私,已对这个案例做了修改。

11. 参见 Pierre M. Turquet,"Leadership:The Individual and the Group,"载 Colman & Geller 主编的 *Group Relations Reader* 2,pp. 71—87。

12. 参见 Sonja M. Hunt,"The Role of Leadership in the Construction of Reality,"载 Barbara Kellerman 编著的 *Leadership:Multidisciplinary Perspectives* (Englewood Ciffs,NJ: Prentice-Hall, 1984), pp. 157—178; Bobby J. Calder, " An Attribution Theory of Leadership,"载 Barry M. Staw & Gerald R. Salancik, *New Directions in Organizational Behavior* (Chicago: St. Clair, 1977),第五章。关于归因理论的一般观点,可参见 Michael Ross & Garth Fletcher,"Attribution and Social Perception,"载 Gordon Lindzey & Elliot Aronson,*The Handbook of Social Psychology*,第三版,(New York:Random House, 1985),pp. 73—122。关于测试和评价贡献的规范性观点,请参见 Chris Argyris, *Strategy,Change,and Defensive Routines* (Boston:Pitman,1985)。

13. 参见第一章中关于纳粹统治下的替罪羊的讨论。

14. 关于 1962 年 10 月 16 日的古巴导弹危机会谈的磁带录音和手写记录,均来自 Presidential Recordings,1962 年 10 月 16 日,John F. Kennedy Library,Meeting 1, p. 27。当然,把某种特定的感情状态,比如愤怒,归因于某个千里之外的人是相当困难的。不过,从录音带至少可以清楚地看出,肯尼迪当时采取行动的决心很大。在我听来,他的反应是一种有节制的暴怒。罗伯特·肯尼迪把这种强烈的感情称为"让人头晕目眩的惊讶"和"难以置信的震撼"。罗伯特·肯尼迪,*Thirteen Days:A Memoir of the Cuban Missile Crisis*(New York:Norton,1968),pp. 2,5。在 *Thirteen Days* 编后记中, Richard Neustadt & Graham Allison 把肯尼迪总统的感情描述为以下形式的惊讶与个人愤怒:"他不能这样对我"(p. 122)。

15. 按照苏联决策者的说法,苏联政府在古巴布置导弹,一方面是为了实现与美国对等的战略地位,另一方面是阻止美国入侵古巴并推翻卡斯特罗政权。参见 James G. Blight & David A. Welch, *On the Brink: Americans and Soviets Reexamine the Cuban Missile Crisis*(New York:Hill and Wang,1989),pp. 238—239。

16. 肯尼迪,*Thirteen Days*,pp. 64—88。

17. 关于对角色与自身、角色与角色之间冲突的原因的研究,请参见"Conflict and Legitimacy in the Leadership Role",载 Bernard M. Bass,*Bass and Stogdill's Handbook of Leadership*,第三版(New York:Free Press,1990),第十五章。

18. 参见 John P. Burke & Fred I. Greenstein,*How Presidents Test Reality:Decisions on Vietnam,1954 and 1965*(New York: Russell Sage Foundation,1989)。

19. Geraldine A. Ferraro With Linda Bird Francke, *Ferraro: My Story* (New York: Bantam,1985),pp. 155—180.

20. 1984 年 11 月在加利福尼亚 Van Nuys 的 Valley College 的演讲,参见

Geraldine Ferraro, *Ferraro*: *My Story* (New York: Bantam, 1985), p. 292, 原版斜体字部分。

21. 关于军事环境下伙伴关系及其重要性的分析，请参见 Baron Hugo von Freytag-Loringhoven 少将，"The Power of Personality in War," 载 *Roots of Strategy*: *3 Military Classics*, 第 3 册，(Harrisburg, PA: Stackpole, 1991), pp. 326—341。

22. 关于他的批注，请参见肯尼迪，*Thirteen Days*, p. 9。罗伯特 · 肯尼迪并没有解释清楚他的批注要传达什么信息。和其他一些学者一样，我只是在猜测他的意思。这些学者包括 Robert C. Tucker, *Politics as Leadership* (Columbia: University of Missouri Press, 1981), p. 48。

23. 参见 Allan R. Cohen & David L. Bradford, *Influence without Authority* (New York: Wiley, 1989)。

24. Margaret J. Rioch, "'All We Like Sheep—' [Isaiah 53:6]: Followers and Leaders," 载 Colman & Bexton 编著的 *Group Relations Reader*, p. 170。

25. 参见 Wilfred R. Bion, "Selections from: *Experiences in Groups*," 载 Colman & Bexton 编著的 *Group Relations Reader*, pp. 11—20; Shapiro & Carr, *Lost in Familiar Places*, pp. 78—94; Larry Hirschhorn, *The Workplace Within*: *Psychodynamics of Organizational Life* (Cambridge: MIT Press, 1988), pp. 110—113。

致谢

本书得以付梓，全赖众多人士的帮助。对他们的感激之情，实在难以言表。

我的太太苏珊·阿巴丁协助完成了本书的文稿工作。她为廓清本书的基本概念框架、章节结构、句子和段落的细节等方面做出了巨大的贡献。此外，她用 种满怀爱意的、耐心而不放纵的态度帮我在家里把各项事务料理得井井有条。如果没有她的亲力亲为，没有她的道义与智慧上的帮助，我很难相信会有这本书的问世。

23 年来，赖利·辛德(Riley Sinder)与我一起共同思考。在这一过程中，我们产生了不少新思想，并共同在其他地方发表了其中的一部分。这些思想是本书的基础材料。赖利·辛德不辞辛劳，对本书进行了精心修订。不论是从智力上还是从我个人来说，跨学科研究并非一件易事。我应该感谢辛德，他帮助我铺就了这条道路。

我在哈佛大学肯尼迪政府学院的同事为这本书的问世投入了十年的

时间。院长格雷厄姆·艾利森(Graham Allison)与艾伯特·卡恩塞尔(Albert Carnesale)承担了开设领导学课程的风险,他们坚持认为领导的概念是可以澄清的,它的关键要素是可以通过学习掌握的。多个现在和以前的同事,如艾伦·阿特休勒(Alan Altshuler)、菲利普·海曼(Philip Heymann)、罗伯特·克利伽德(Robert Kligaard)、“荷兰人”伦纳德(Leonard)、马丁·林斯基(Martin Linsky)、欧内斯特·梅(Ernest May)、马克·穆尔(Mark Moore)、理查德·诺伊斯塔特(Richard Neustadt)、约瑟夫·奈(Joseph Nye)、迈克尔·奥黑尔(Michael O'Hare)、罗伯特·赖克(Robert Reich)、托马斯·谢林(Thomas Schelling)、伊迪丝·斯托基(Edith Stokey)与彼得·齐默尔曼(Peter Zimmerman)手把手地教会了我。他们不停地鼓励我,并给我以知识上的帮助。他们中的每一位都以不同的形式为这些思想的严谨性及将它们写入本书做出了贡献。他们每个人都做了远远超过应该做的事情,有几位甚至将原稿读了两遍。还有几位担当了知心朋友的角色。从1989年秋到1991年6月,由阿特休勒主持的教员领导学研讨班(Faculty Seminar on Leadership)提供了一个论坛,加速与丰富了创作本书的种种努力。哈佛商学院的克里斯·阿吉里斯(Chris Argyris)加入了我们的研讨班,并成为我们的忠实伙伴。特里萨·门罗(Theresa Monroe)也对我竭尽同事之谊。

我非常感谢我的同事——包括肯尼迪政府学院/哈佛大学与其他教育机构的同事——他们阅读了本书的草稿,并让我从他们的洞见中获益不少。我要感谢詹姆·大卫·巴伯(James David Barber)、尤金·巴达克(Eugene Bardach)、德里克·博克(Derek Bok)、詹姆士·麦格雷戈·伯恩斯(James Macgregor Burns)、约翰·加德纳(John Gardner)、杰罗米·卡根(Jerome Kagan)、约瑟夫·卡尔特(Joseph Kalt)、芭芭拉·凯勒曼(Barbara Kellerman)、史蒂文·凯尔曼(Steven Kelman)、沙伦·达洛兹·帕克斯(Sharon Daloz Parks)、杰罗德·波斯特(Jerrold Post)、霍华德·普林斯

(Howard Prince)、约瑟夫·罗斯特(Joseph Rost)、丹尼斯·汤普森(Dennis Thompson)、沃尔特·厄尔默(Walter Ulmer)、威廉·尤里(William Ury)与艾伦·怀尔达夫斯基(Aaron Wildavsky)。我希望他们能从本书中看到自己工作过的痕迹。

多个学术界以外的朋友也通读了全书并提出了宝贵意见。我衷心感谢巴曼·阿巴丁(Bahman Abadian)、梅里贝尔·艾尔斯(Merribel Ayers)、唐纳德·劳里(Donald Laurie)、希勒尔·莱文(Hillel Levine)、大卫·马吉利斯(David Margulies)、劳伦斯·纳文(Lawrence Navon)、斯科特·佩克(Scott Peck)和罗伯特·罗农(Robert Ronnow)。他们郑重地提出了自己的意见。

爱德华·沙比洛(Edward Shapiro)是我的心理学老师,多年来,他对我的教学与创作提出了不少宝贵意见。他帮助我将心理学的洞察力与群体关系理论应用于政治、组织与教学。对此,我表示万分感谢。

许多其他人也对本书的各个部分提供了巨大的帮助。我的父亲密尔顿·海费茨(Milton Heifetz)与长兄劳伦斯·海费茨(Laurence Heifetz)都是医生,他们帮助我分析了布坎南的案例。哈佛大学人类学系理查德·兰厄姆(Richard Wrangham)教授与马克·豪泽(Marc Hauser)教授分别阅读了本书第三章的草稿,并纠正了我关于灵长类动物行为的看法中的大小错误。多年以来,哈佛大学国际发展研究所的约翰·托马斯(John Thomas)不但给了我鼓励,也在阿基诺的素材方面给了我具体的帮助。肯尼迪政府学院的科学与国际事务教授阿斯顿·卡特(Aston Carter)校阅了我对里根星球大战计划的分析。在调研塔科马案例时,能源与环境项目执行官亨利·李(Henry Lee)提供了协助。加利福尼亚大学洛杉矶分校(UCLA)考古研究所的乔·凡·蒂尔伯格(Jo Ann Van Tilburg)博士慷慨地为伊斯特岛案例提供了协助。威廉·科瓦奇(William Kovach)、大卫·拉克斯(David Lax)、詹姆士·西伯利厄斯(James Sebenius)以及一帮叫尼曼(Nieman)的朋友帮我为这本书起了一个这么幽默的书名。

我也应该感谢我以前的学生。他们不但为我提供了从他们的故事与洞察力中获得学习的宝贵机会,许多学生还为我的教学与创作提供了必不可少的鼓励。部分学生已成为我在领导学教育领域——包括肯尼迪政府学院与其他职业或学术界——的重要合作者。在这里,我仅举出几个为本书的创作提供了鼓励与改进意见的人的名字:托马斯·贝尼特(Thomas Bennett),史蒂芬·博伊德(Stephen Boyd),詹妮·盖尔伯(Jenny Gelber),托马斯·兰迪(Thomas Landy),丹尼尔·马尔赫恩(Daniel Mulhern),马金迪·纽里沙夫(Majd Nurishafiq),休·奥多尔蒂(Hugh O'Doherty),加利亚·萨欧马(Galia Saouma)与帕梅拉·斯坦纳(Pamela Steiner)。

在这个项目的头两年,纳翰·希利亚德(John Hilliard)勇敢地担当了我的研究助手。温迪·卡米勒(Wendy Kaminer)在本书问世前的最后一年加入了我们的队伍,并将尚属凌乱的各章草稿整理成像样的书稿。在最后的冲刺阶段,玛丽·简·罗斯(Mary Jane Rose)兢兢业业,任劳任怨,帮我从哈佛的图书馆借来成百上千本书和文章,以供我校对注释用。我深深地感谢他们的智慧、精神与踏踏实实的工作。

哈佛大学出版社的编辑苏珊·华莱士·贝默(Susan Wallace Boehmer)与艾达·唐纳德(Aida Donald)为本书稿的付梓及监督印刷等最后阶段所做的工作远远地超出了标准的程序要求,而标准的要求已是非常之高。马克·贾弗(Marc Jaffe)、乔伊·哈里斯(Joy Harris)不但向我提供了有关出版业的专业建议,还就草稿提出了有用的反馈意见。琳达·希利(Linda Healey)一开始就极大地影响了本书的思想。苏珊·格兰特(Susan Grant)检查了书中是否存在带有偏见的语言。

最后,共有三个机构为本研究提供了慷慨和始终如一的资金支持。这些资金不仅为我买来了时间与各种资源,从道义上讲,它还代表了一种信任,使我在反复的疑虑中仍能坚持完成本项工作。从信任这一层意义上来说,利利(Lilly)基金会的玛丽安娜·布里奇(Marianna Bridge)、理查德·布罗霍尔姆(Richard Broholm)、克雷格·戴克斯特拉(Craig Dykstra)、弗雷德·霍夫海因茨(Fred Hofheinz)与苏珊·怀斯利(Susan Wisely)都是我的伙伴。当本研究还只不过是一些零碎的思想与一腔热情时,亨利·卢斯(Henry Luce)基金会的罗伯特·阿姆斯特朗(Robert Armstrong)与亨利·卢斯三世(Henry Luce Ⅲ)就相信它们会结出真正的果实。发展办公室的巴利·梅森(Baley Mason)当时也有同样的看法。海军研究办公室的马文·莫斯(Marvin Moss)、弗雷德·西费尔德(Fred Saalfeld)、菲利普·塞尔文(Philip Selwyn)与艾伯特·伍德(Albert Wood)给了我勇气,使我看到了本研究更广泛的应用范围。我衷心地感谢他们对我的信心。

图书在版编目(CIP)数据

并不容易的领导艺术/(美)海费茨著;伍满桂译.—北京:商务印书馆,2016(2022.8重印)
(公共管理名著译丛)
ISBN 978-7-100-12008-1

Ⅰ.①并… Ⅱ.①海… ②伍… Ⅲ.①领导艺术 Ⅳ.①C933.2

中国版本图书馆CIP数据核字(2016)第036222号

公共管理名著译丛
并不容易的领导艺术
〔美〕罗纳德·A.海费茨 著
伍满桂 译
陈振明 校

商 务 印 书 馆 出 版
(北京王府井大街36号 邮政编码100710)
商 务 印 书 馆 发 行
北京虎彩文化传播有限公司印刷
ISBN 978-7-100-12008-1

2016年6月第1版 开本710×1000 1/16
2022年8月北京第2次印刷 印张21¾
定价:98.00元